Thomas Müller / Helga Müller-Herbon
Kinder der Mitte
Die Q'ero-Indianer

Thomas Müller/Helga Müller-Herbon

Kinder der Mitte

Die Q'ero-Indianer

Lamuv Verlag

CIP-Kurztitelaufnahme der Deutschen Bibliothek

Müller, Thomas:
Kinder der Mitte : d. Q'ero-Indianer / Thomas Müller ; Helga Müller-Herbon. –
Bornheim-Merten : Lamuv Verlag, 1986.
ISBN 3-88977-049-5

NE: Müller-Herbon, Helga

1. Auflage April 1986
2. Auflage Mai 1987

Lektorat: Karl Heiner Busse
Fotos: Thomas Müller
Umschlagentwurf: Gerhard Steidl unter Verwendung eines Fotos von Thomas Müller
Gesamtherstellung: Steidl, Göttingen
ISBN 3-88977-049-5

Inhaltsverzeichnis

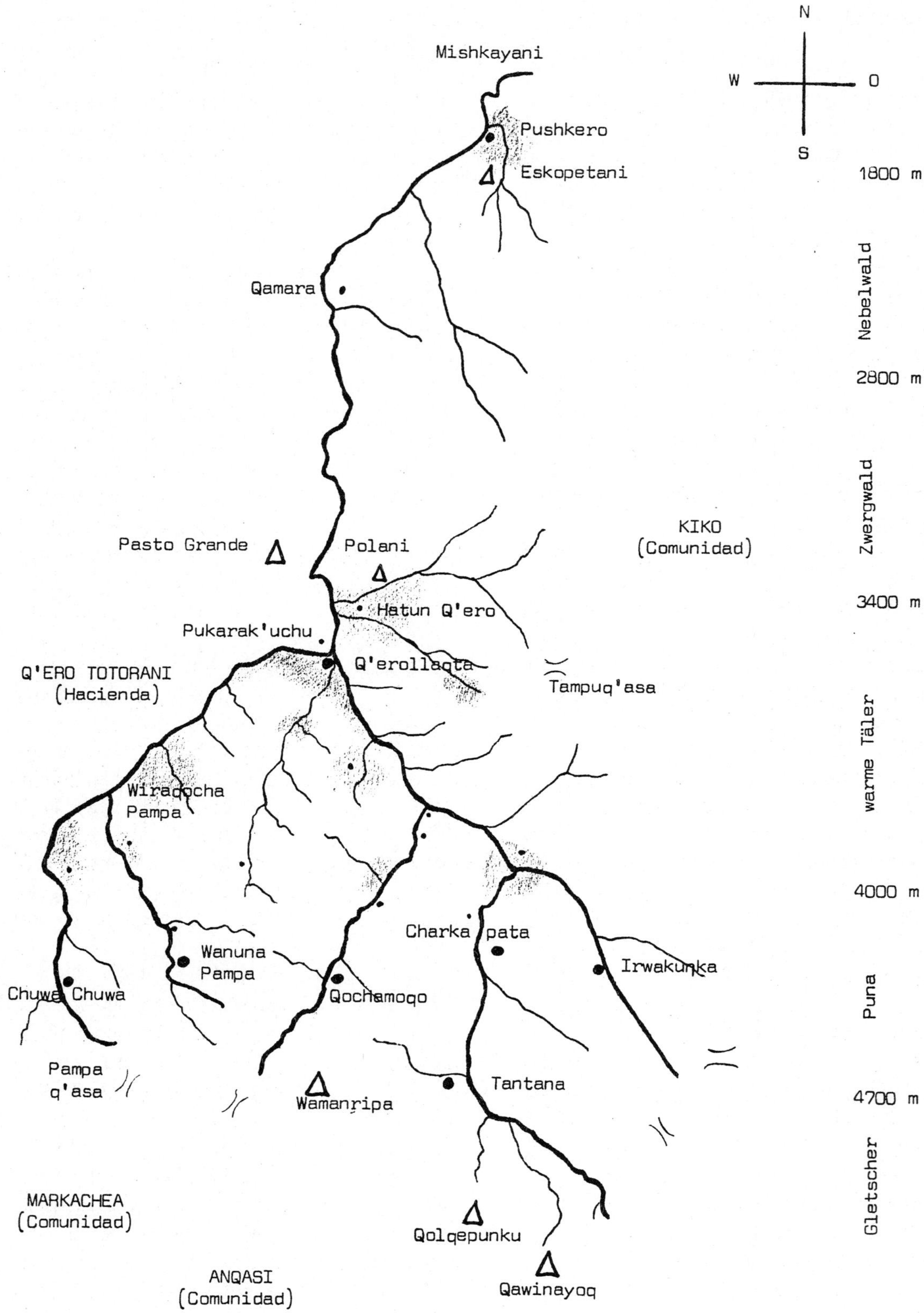
N
W
O
S
Mishkayani
Pushkero
Eskopetani
Qamara
Pasto Grande
Polani
KIKO
(Comunidad)
Hatun Q'ero
Pukarak'uchu
Q'erollaqta
Q'ERO TOTORANI
(Hacienda)
Tampuq'asa
Wiraqocha
Pampa
Charka pata
Wanuna
Pampa
Irwakunka
Chuwa Chuwa
Qochamoqo
Pampa
q'asa
Wamanripa
Tantana
MARKACHEA
(Comunidad)
Qolqepunku
ANQASI
(Comunidad)
Qawinayoq
1800 m
Nebelwald
2800 m
Zwergwald
3400 m
warme Täler
4000 m
Puna
4700 m
Gletscher

Vorwort

In den Jahren 1979 und 1980 lebten wir in Q'ero, einer indianischen Gemeinde in den peruanischen Anden. Ihre Bewohner, ausnahmslos Quechuaindianer, erzählten uns in dieser Zeit des Zusammenlebens ihre Mythen und Märchen, Fabeln und Geschichten und bemühten sich im Verlauf der vielen Gespräche aufrichtig darum, uns ihre Welt zu erklären und verständlich zu machen. Wir hatten ihnen unser Vorhaben beschrieben: Wir wollten »unserem Volk« zeigen, wie sie leben, vermitteln, wie sie denken. Sie stimmten gerne zu, daß alles, was sie erzählten, auf Tonband aufgenommen und viele Situationen fotografisch festgehalten wurden.

Mit diesem Buch nun möchten wir unser Versprechen einlösen und versuchen, so genau wie möglich wiederzugeben, was uns die Q'ero mitzuteilen hatten. Natürlich mußten wir eine Auswahl treffen und die Geschichten in eine Reihenfolge zwingen, die sie aus sich heraus nicht haben. Doch hoffen wir, daß es uns gelungen ist, dies auf dem Hintergrund des Verständnisses, das wir durch das Zusammenleben mit den Q'ero von ihrem Denken und ihrer Welt bekommen haben, in ihrem Sinne zu tun.

Viele Beobachtungen und Erkenntnisse aus den Gesprächen sind in die Einleitung eingeflossen, mit der wir dem Leser den Hintergrund zu den Geschichten liefern und zum besseren Verstehen beitragen möchten.

Die Fotografie ist in diesem Buch einerseits Ausdruck unseres Erlebens und Lernens, also unserer subjektiven Erfahrung, und immer auf den Menschen bezogen, der im Mittelpunkt unseres Interesses steht. Andererseits veranschaulicht sie den Bezug der Textinhalte zum realen Leben der Erzähler. Häufig zeigen wir ein Porträt des Erzählers in Verbindung mit der von ihm erzählten Geschichte, denn auch ein Gesicht sagt etwas aus über die Person, deren Erfahrungen der Erzählung ihre individuelle Prägung verleihen. Wir glauben, daß gerade das Zusammenwirken von Text und Fotografie einen tiefen und umfassenden Eindruck von den Menschen und ihrer Welt vermittelt.

Es ist unbedingt notwendig, sich bewußt zu sein, daß die Texte dieses Buches Niederschriften mündlicher Überlieferungen sind, die die Welterfahrung des indianischen Volkes, aber auch die Einflüsse der peruanischen Wirklichkeit von heute wiedergeben. Die Geschichten wandeln sich, gerade weil sie nicht fixiert worden sind, mit den Menschen und ihrer Situation. Durch die Aufzeichnung aber entziehen wir die Geschichten diesem Prozeß. Texte und Bilder ergänzen sich zu einer Momentaufnahme aus der Entwicklungsgeschichte der Q'ero.

Die Sprache der Erzählungen mag dem Leser eine gewisse Eingewöhnung abverlangen. Sie ist das Ergebnis unserer Bemühung, bei der Übersetzung so nah wie möglich am Original zu bleiben. Aber vielleicht trägt gerade der etwas ungewohnte Stil dazu bei, die Texte bewußter zu lesen und nicht der Versuchung zu erliegen, sie »einzudeutschen« und damit die Aussagen aus ihrem realen und gedanklichen Umfeld herauszureißen.

Es ist uns nicht möglich, allen, die unsere Arbeit in vielfältiger Weise unterstützt haben, einzeln unseren Dank auszusprechen. Doch möchten wir an dieser Stelle Dr. Oscar Nuñez del Prado herzlich für seine Mitarbeit danken. Er begleitete uns während der Aufenthalte in Q'ero und verhalf uns dazu, den Reichtum der Quechuasprache zu erfassen, was uns aufgrund beschränkter diesbezüglicher Kenntnisse nicht so möglich gewesen wäre. Er übersetzte auch die Tonbandaufzeichnungen ins Spanische.

Weiterhin danken wir unseren Freunden im Instituto de Pastoral Andina in Cuzco und im CCAIJO in Ocongate und allen anderen, die uns mit Rat und Tat geholfen haben. Die vielen Gespräche und Diskussionen mit ihnen erweiterten unsere Kenntnisse und erleichterten uns den Zugang zur indianischen Bevölkerung Perus. Und schließlich danken wir auch unseren Freunden hier in Deutschland, vor allem aber unseren Familien dafür, daß sie unsere Arbeit mit so viel Interesse an der Sache unterstützt haben.

Einleitung

Die Erzähler der Mythen und Märchen dieses Buches gehören zum Volk der Quechuaindianer, das zum großen Teil das Hochland des zentralen Andenraumes bewohnt; sein Anteil an der gesamten Bevölkerung Perus beträgt etwa fünfzig Prozent.

Den Namen Indios hatten ihnen, wie allen anderen Ureinwohnern des amerikanischen Kontinents auch, die spanischen Eroberer gegeben, die sich zunächst in Indien geglaubt hatten. Quechua war der Name ihrer Sprache, der dann zur Bezeichnung für das Volk des einstigen Inkareiches wurde. Seine Nachfahren sprechen diese Sprache bis heute.

Zu Beginn der Kolonialzeit war der Begriff Indianer eindeutig definiert. Ethnische und sprachliche Gesichtspunkte entschieden über die Zuordnung. Doch im Laufe der Zeit traten andere Aspekte in den Vordergrund, nicht nur weil die Vermischung mit der weißen Bevölkerung diese klare Trennung aufhob. Die Entwicklung des Landes und der Gesellschaft schuf andere Maßstäbe.

Die Kolonialherrschaft etablierte ein Gesellschaftssystem, das die Menschen in Herren und Diener aufteilte. Der Indianer wurde ein Mensch zweiter Klasse, unterdrückt und ausgebeutet, der Willkür der weißen Herren ausgesetzt, die die Macht im Lande hatten. An dieser Rollenverteilung änderten auch die Unabhängigkeit des Landes von Spanien und die Gründung der Republik grundsätzlich nichts, und so bildet in der peruanischen Gesellschaft der Gegenwart die indianische Bevölkerung die unterste Schicht der sozialen Pyramide.

Diese soziale Einstufung des Indianers überlagert heute seine ethnische Zuordnung. Mehr als die indianische Herkunft bestimmen letztlich Einkommen und gesellschaftliche Stellung, wer Indianer ist oder nicht.

Diese Definition ergibt sich allerdings vorwiegend aus der Perspektive des Außenstehenden, des Nicht-Indianers. Die Indianer selbst, die sich niemals Indios, sondern *Runa* (Quechua für Mensch) nennen, sehen vor allem in ihrer Kultur den unterscheidenden Faktor. Lebensform, Glaube und Weltanschauung sowie die alle verbindende gemeinsame Tradition bilden das Wesen ihres Volkes und bestimmen auch seine Abgrenzung nach außen. Sie konnten so ihre Eigenständigkeit in wesentlichen Teilen bewahren, trotz der 450 Jahre andauernden Fremdbestimmung und gegen alle Versuche der Christianisierung, Europäisierung und Assimilierung.

Der peruanische Staat der Gegenwart wird nicht von einer einzigen Kulturnation getragen, denn in seinen Grenzen leben auch heute noch zwei Völker eher nebeneinander als miteinander. Weder die Vermischung indianischer und weißer Bevölkerung von früher Zeit an noch gegenseitige, wenn auch ungleichgewichtige Beeinflussungen haben eine innere Verbindung geschaffen, zu einer Einheit geführt.

Eine Grenzlinie verläuft mitten durch die Gesellschaft. Sie trennt die beiden Völker und Kulturen und markiert in gleicher

Weise die Aufteilung der Klassen in der peruanischen Gesellschaft: indianische Unterschicht einerseits und weiße Ober- oder mestizische Mittelschicht andererseits. Aus dieser kulturellen und sozialen Teilung ergibt sich eine besondere gesellschaftliche Problematik.

Die Ausübung der Macht im Staat und die Bestimmung der Zielrichtung auf wirtschaftlicher, politischer und gesellschaftlicher Ebene liegen in den Händen der weißen Oberschicht, die sich vor allem am Vorbild der westlichen Industrienationen orientiert, ihre Entscheidungen ohne – und damit meist gegen – die indianische Bevölkerung trifft und durchsetzt. Deren Bedürfnisse finden in der gegenwärtigen Politik wenig Berücksichtigung, nicht zuletzt deshalb, weil dies den wirtschaftlichen Interessen der Mächtigen widerspräche. Darüber hinaus verhindern jedoch auch die kulturellen Unterschiede, daß Einklang zwischen den beiden Gruppen hergestellt wird. Die Werte und Normen, die ihr jeweiliges Denken und Handeln bestimmen, kennzeichnen noch heute zwei verschiedene Welten.

In der Weltanschauung der Runa ist der Mensch ein Teil des Kosmos neben den Göttern, Tieren und Pflanzen, nicht bemächtigt, sich die Erde untertan zu machen. Die Harmonie aller dieser Elemente ist lebensnotwendig und daher oberstes Ziel. Jeder einzelne muß durch sein Verhalten zum Bewahren der Harmonie beitragen. Macht in den Händen von Menschen stört dieses Gefüge und gefährdet das Gleichgewicht im Kosmos und somit auch die eigene Existenz. Ihre Weltordnung, erschaffen von ihren Vorfahren, den »Inkas«, bildet die Grundlage ihres Daseins, regelt die menschliche Handlungsweise. Die Grundsätze sind keine realitätsfremden Gebote, sondern schlagen sich nieder in der sozialen Ordnung der Runa ebenso wie in allen anderen Bereichen des Lebens.

Das in ihrer Weltanschauung verwurzelte Verlangen nach Harmonie und der Vorrang der Gemeinschaft vor dem Individuum widersprechen in vieler Hinsicht den Werten und Zielen des europäisch orientierten Teils der Bevölkerung, dem Streben nach individuellem Besitz, nach Gewinn und Zuwachs auf allen Ebenen.

Dieses Verhalten, aggressiver und aktiver als das indianische, hat in der Vergangenheit die Beziehung zwischen diesen beiden Gruppen bestimmt und zu den heutigen gesellschaftlichen Positionen geführt. Auch in der Gegenwart gehen die Aktivitäten von der europäisch orientierten Seite aus. Kommunikation und Kontaktaufnahme sind einseitig und von ähnlichen Motiven geprägt wie schon zur Zeit der spanischen Conquista. Die Eroberung des Landes findet auch heute noch in kleinen Schritten, auf verschiedenen Ebenen und mit unterschiedlichen Methoden statt.

Das Vordringen der Bevölkerungsgruppe der Mestizen in bisher indianische Gebiete stellte in vielen ländlichen Regionen eine reale Bedrohung für die Runa dar. Durch die Aneignung von Grundbesitz beispielsweise werden die indianischen Kleinbauern ihrer ohnehin bescheidenen Existenzgrundlage beraubt und gezwungen, abzuwandern. Unterstützung von seiten des Staates gegen diesen zunehmenden Druck können sie nicht erwarten, denn der steht auf der Seite der Stärkeren in diesem Konflikt, fördert durch seine Politik geradezu die Initiative der Mestizen.

Schwerwiegender als die direkte Konfrontation sind jedoch die vielfältigen Einflüsse der »zivilisierten« Welt, die die indianische Ordnung und damit die geistige Existenzgrundlage zersetzen und dadurch die Möglichkeiten der Indios mindern, aus eigener Kraft ihre Situation verändern zu können. Zwar ist es den Runa in den vergangenen Jahrhunderten gelungen, sich gegen die Infiltration zur Wehr zu setzen oder sie aufzufangen. Der passive Widerstand, die Verweigerungshaltung, mit der sie diesen Einflüssen begegneten, bestimmt auch heute noch vielerorts ihr Verhalten.

Doch die Methoden der Neuzeit sind äußerst subtil und in ihrer Gesamtheit für die Runa schwer zu durchschauen. Sie entziehen sich der hergebrachten Verweigerungsmethode, sie zielen auf die Schwächung ihrer Gemeinschaft, ohne deren Schutz und Rückhalt der einzelne keine andere Wahl mehr hat, als sich anzupassen an die »andere Welt«.

Voraussetzung für seinen Weg in die moderne Gesellschaft ist, daß er die Verbindung mit seiner eigenen Kultur löst, seine Identität wechselt, denn sozial aufsteigen kann nur, wer kulturell umsteigt. Als Indianer kann er es nicht. Die notwendige Abkehr von der eigenen Kultur aber macht in der Folge die Solidarität mit der indianischen Bevölkerung unmöglich.

Eine wichtige Rolle in diesem Prozeß spielt die Schule. Sie stellt die Weichen für die Zukunft des einzelnen, ist damit aber auch ein ganz entscheidender Faktor für die weitere Entwicklung der peruanischen Gesellschaft.

Das Wissen, das gegenwärtig in der Schule vermittelt wird, und die Lehrmethoden orientieren sich sehr stark am europäischen Vorbild. Der Unterricht auf dem Land wird in spanischer Sprache abgehalten – auch wenn die Schüler nur Quechua sprechen, das offiziell als zweite Landessprache anerkannt ist –, mit Schulbüchern, deren Themen nur wenig Bezug zur Realität der Landbevölkerung haben. Inhalt und Perspektive des Lehrstoffs spiegeln das Denken und die Lebensform der Stadtbevölkerung wider, der Runa kommt allenfalls als Dienstbote vor. Wer in dieser Schule lernt, nimmt dabei zwangsläufig die fremden Werte mit auf. Oft ist dies der erste Schritt in die Entfremdung von der eigenen Kultur. Kenntnisse, die dem Runa in seinem eigenen Lebensbereich von Nutzen sein könnten, werden ihm nicht vermittelt.

In dieser Weise wirkt die Schule nicht als förderndes und aufbauendes Element im Leben der indianischen Bevölkerung, sondern wie eine Absperrhürde, mit deren Hilfe aussortiert wird, wer für die Gesellschaft nützlich sein könnte – immer aus der Perspektive der Herrschenden. Wem es nicht gelingt, diese Hürde zu überwinden, geht leer aus. Wer es schafft, wer also bereit und in der Lage ist, »umzusteigen«, hat nun theoretisch die Möglichkeit, den mühsamen sozialen Aufstieg zu beginnen. Doch in den meisten Fällen werden die Illusionen bald zerstört.

Für viele, die im Lauf dieses Prozesses auch ihre angestammten Siedlungsgebiete verlassen haben, endet die Hoffnung, in der Stadt ein besseres Auskommen, vielleicht das kleine Glück zu finden, in den trostlosen Slums der Großstädte, wo die Lebensbedingungen noch schlechter sind als auf dem Land. Dort müssen sie dann feststellen, daß diese Gesellschaft keinen Platz für sie hat, sie auf die unterste gesellschaftliche Stufe verweist, ohne reelle Aufstiegschance. Erst den folgenden Generationen mag es gelingen, sich allmählich einzugliedern und den Aufstieg zum »Mestizen« zu schaffen.

Der Weg zurück ist meist versperrt, nicht nur aus praktischen Gründen, sondern auch weil die Verbindung zu ihrer Kultur und zu ihrer Gemeinschaft, die sie verleugnen mußten, unwiederbringlich zerrissen ist.

Die Menschen stehen in dieser Situation zwischen zwei Welten – die eine verweigert ihnen ein menschenwürdiges Dasein, die andere können sie selbst nicht mehr akzeptieren. Die Zahl der in diesem Sinne Heimatlosen wächst ständig und rapide. Die Wege, deren Endstationen die Slums der Großstädte sind, beginnen in allen Teilen des Landes.

Die Ursachen dieser unheilvollen Entwicklung liegen offenkundig im Bereich der Politik und der gesellschaftlichen Konstellation. Der Vorrang, den die Industrie vor der Landwirtschaft, die Stadt vor der ländlichen Region genießt, entspricht ganz der Perspektive und Zielsetzung der herrschenden Oberschicht, die in ihrer Gesamtheit die

Interessen der Industriestaaten wesentlich besser vertritt als die des peruanischen Volkes.
Eine Regierung aber, die sich stärker an den Bedürfnissen der indianischen Landbevölkerung orientiert, wie die von Juan Velasco Alvarado 1968 bis 1975, schafft sich Feinde im Inland und muß auf vielen Gebieten gegen die Interessen des ausländischen Kapitals handeln, das seine Macht und seinen Besitz im Land mit allen Mitteln zu erhalten versucht. In ganz Lateinamerika sind die Fälle kaum zu zählen, in denen Regierungen gestürzt und Hoffnungen begraben wurden aufgrund ausländischer Einmischung und Einwirkung. In Peru wurde der Versuch, eigene Wege der Entwicklung zu beschreiten, unter anderem mit einer umfassenden Agrarreform, schon etwa 1975 vorläufig beendet.
Man kann der herrschenden Klasse, der »Elite« des Landes, eine patriotische Gesinnung, die von ihr selbst sehr betont wird, nicht generell absprechen, doch beruht diese eben auf ihren ureigenen, die andere Hälfte der Bevölkerung nicht berücksichtigenden Vorstellungen.
Ein großer Teil der weißen Oberschicht Perus kennt die »andere Welt« in ihrem eigenen Land nicht, hat keinerlei Kontakt zu ihr. Die Bereitschaft, sich mit der Kultur der indianischen Bevölkerung auseinanderzusetzen, wenn ihre Existenz überhaupt akzeptiert wird, ist äußerst gering.
Eine Ausnahme bildete die Bewegung des »Indigenismo«, eine kulturell-soziale Bewegung, die, von Intellektuellen ins Leben gerufen, vor allem in den dreißiger Jahren aktiv war. Sie berief sich auf die indianische Vergangenheit Perus und hob vor allem in der Literatur indianische Kulturelemente hervor. Ihr Einfluß wirkte auch in den politischen Parteien des Landes.
Doch blieb die Beschäftigung mit dem Indianer weitgehend theoretisch und ließ die Distanz zu ihm weiter bestehen. Es ging weniger um die reale Begegnung mit dem Runa als Mitbürger der Gegenwart als vielmehr um den Indianer, wie man ihn, teilweise stark idealisiert und romantisiert, sehen wollte.
Aus den erzählenden Texten des vorliegenden Buches sprechen nun die Runa selbst, die Runa von heute, die den vorher erwähnten und vielen anderen Schwierigkeiten alltäglich ausgesetzt sind. Die Erzähler stammen aus einer Gruppe, die aufgrund ihrer Abgeschiedenheit viele Traditionen bewahren konnte, einer Gruppe, die noch am Anfang des Weges hinaus aus ihrer Welt steht. Wir wünschen ihnen, daß sich ihnen ein anderer Weg eröffnen möge.
Die Q'ero – so heißt diese Gruppe – unterscheiden sich in mancher Hinsicht, vor allem durch den Stand ihrer Entwicklung, von der großen Mehrheit der indianischen Bevölkerung und können daher unter einigen Aspekten nicht als repräsentativ gelten. Wir werden im folgenden näher auf die Ursachen und Folgen dieser Besonderheiten eingehen.

Q'ero – der Siedlungsraum

In Q'ero leben 94 Familien, etwa 500 Menschen. Ihr Gebiet umfaßt insgesamt zirka 150 Quadratkilometer und reicht von über 5 000 Meter hohen, eisbedeckten Gipfeln bis hinunter in den tropischen Regenwald. Es liegt am äußersten Rand der Ostkordillere, wo die Täler steil vom Hochgebirge ins tropische Tiefland abfallen. Seine rauhe Landschaft hat die Menschen geprägt und bestimmt ihre Lebensweise.

Alle Verbindungen zur Außenwelt führen über die hohen Pässe, die Q'ero von drei Seiten einschließen. Der kürzeste Weg zur Straße erfordert einen zwölfstündigen Fußmarsch, die nächste kleine Stadt liegt zwei Tagesmärsche entfernt.
Q'ero ist umgeben von mehreren ähnlich strukturierten Comunidades, mit denen es früher einmal eine Einheit gebildet hatte. Sie gehörten dann später alle zum Besitz einer einzigen Hacienda. Als diese unter den Erben aufgeteilt wurde, entstanden die heutigen Gemeinden, die sich aber nach wie vor miteinander verbunden fühlen. Q'ero stellt sowohl geographisch als auch kulturell ihr Zentrum dar.
Die Q'ero nutzen ihr sich über mehrere Klimazonen erstreckendes Gebiet in drei Ebenen. Die Hochtäler dienen als Weiden für ihre Haustiere. Dort, in etwa 4 500 Meter Höhe, liegen auch die Hauptsiedlungen. In der wärmeren Region um 3 400 Meter werden Kartoffeln angebaut. Auf zirka 1 800 Meter, im immergrünen Nebelwald, pflanzen sie Mais.
Insgesamt ist der Anteil von kultivierbarem Land gering und auf wenige Stellen beschränkt. Der meiste Raum wird von Felsgebirge, Steinwüste sowie Gletschern eingenommen oder ist für den Ackerbau zu steil.
Fragt man die Q'ero, warum ihre Hauptsiedlungen ausgerechnet im kältesten und unwirtlichsten Teil ihres Gebietes liegen, so ist ihre Antwort, daß sie »schon immer dort gelebt haben«. Zwei Gegebenheiten werden vor allem eine Rolle dabei spielen. Zum einen sind die Hochtäler der Lebensraum ihrer traditionellen Haustiere, der Lamas und Alpacas. Nur dort wachsen die harten Grasarten, die sie als Futter brauchen. Zum anderen ist ihr Gebiet im oberen Bereich weitläufiger als im tiefer gelegenen, wärmeren Teil. Die fünf von Gletschern geformten Hochtäler bieten wesentlich mehr Platz für die 94 Familien, die dort verteilt in fünf größeren und einigen kleineren Siedlungen leben. Hier stehen ihre Wohn- und Lagerhäuser, hier spielt sich das Familienleben ab. Alle Aktivitäten rund um die Tiere finden hier statt, bis hin zu den ihnen gewidmeten Festen und Zeremonien.
Die Häuser, die alle nur aus einem etwa 20 Quadratmeter großen Raum bestehen, sind aus Naturstein gebaut. Die mannshohen, mit Lehm verfugten Mauern tragen ein mit Hartgras gedecktes Walmdach. Man betritt das Haus durch eine niedrige Tür, seine einzige Öffnung, die meist in Richtung Sonnenaufgang weist und mit einer selbstgezimmerten Holztür verschlossen werden kann.

Die Inneneinrichtung ist einfach und im wesentlichen immer gleich: ein kleiner Lehmherd auf dem Boden, daneben ein Behälter mit Brennmist, darüber ein Gestell für Brennholz, dazu ein großer flacher Mahlstein. Geschlafen wird auf Fellen in einer Ecke nahe beim Herd. Ein Holzgestell an der Schmalseite des Hauses dient als Ablage. Die Kleidung für den täglichen Gebrauch hängt über Balken, kleine Gegenstände werden in Wandnischen aufbewahrt.
Die Geräte für den Ackerbau, Werkzeug, Hausrat sowie die gesamten Lebensmittelvorräte haben ihren Platz im benachbarten Lagerhaus, das auf gleiche Weise konstruiert ist. In unmittelbarer Nähe der Häuser befindet sich der Pferch für die Tiere, dabei eine kleine Hütte für den Wachhund. Wasser wird in schmalen Gräben direkt zu den Häusern geführt.

Den Kern einer Siedlung bilden jeweils die Häuser miteinander verwandter oder verschwägerter Familien. Aus anderen Tälern zugezogene Familien haben sich in geringem Abstand um diesen Kern niedergelassen. Die Größe der Siedlung ist abhängig von der im Tal vorhandenen Weidefläche, doch das beruht nicht auf einer bewußten Planung.
In etwa 3 800 Meter Höhe laufen die fünf Hochtäler in zwei größere zusammen. Dort beginnen die Anbaugebiete für Kartoffeln der jeweils oberhalb gelegenen Siedlungen. Zum Teil besitzen die Familien ein weiteres Haus oder zumindest eine Hütte bei den Äckern, wo sie während der Arbeit wohnen. Gelegentlich weiden Schafe, vereinzelt auch Kühe in dieser Zone.
Wo sich die beiden Täler vereinen, liegt der Zentralort Q'ero Llaqta, umgeben von den größten und besten Anbauflächen. Die Familien aller Siedlungen besitzen dort Ackerland an den weiten, meist terrassierten Hängen.

Q'ero Llaqta, das Zentrum der gesamten Comunidad Q'ero, wird nur zeitweise, während der Arbeiten in dieser Ebene, bewohnt. Mehrere Generationen einer Familie teilen sich eines der Häuser, die auch aufgrund des milderen Klimas erheblich größer angelegt sind. Gemeinschaftliche Einrichtungen wie Schule, Kirche und Versammlungsplatz bilden den Mittelpunkt des Ortes und sind Schauplatz aller kommunalen Ereignisse. Hier werden die Versammlungen abgehalten, die öffentlichen Zeremonien durchgeführt und Feste gefeiert, zu denen sich die Q'ero aus allen Tälern einfinden.
Außerhalb dieser Zeit lebt der Lehrer im Ort mit den Schülern allein, die jedoch jedes Wochenende hinaufziehen zu ihren Familien. Aber häufig ist Q'ero Llaqta ganz und gar verlassen.
Im weiteren Verlauf verengt sich das Flußtal zu einer Schlucht. Die Vegetation an den steilen Hängen wird immer dichter, und bald schon beginnt der Nebelwald, die Ceja de Montana. An einigen Stellen haben die Q'ero den Urwald gerodet und Maisfelder angelegt. Dazwischen liegen verstreut kleine Bambushütten, die Schutz vor der nächtlichen Kälte und dem fortwährenden Regen bieten. Der dem Flußlauf folgende Weg zu den Feldern ist so steil und schlüpfrig, daß als Lasttiere nur Lamas ihn bewältigen können, nicht aber Pferde und Maulesel.
Hinter den Maisfeldern endet das Gebiet der Q'ero, seine Grenze ist allerdings nicht genau bestimmt. Sie betreten diese Region nicht, die ihnen äußerst gefährlich erscheint, so wie das gesamte östliche Tiefland. Es ist für sie eine Art Jenseits, in dem der Tod und die bösen Mächte lauern, das Chaos herrscht. Sie fühlen sich nur in den Bergen sicher und zu Hause, in der Nähe ihrer Götter.
Oft erzählten sie uns von einer Ruinenstadt dort unten im Wald sowie von einem befestigten Weg dorthin. Reste eines solchen Weges existieren tatsächlich. Er führte einst durch die Maisfelder über die Höhen hinauf ins Gebirge und ist eines der zahlreichen architektonischen Zeugnisse einer früheren Besiedlung. Auf mehreren Anhöhen rund um Q'ero Llaqta finden sich Ruinen von Rundhäusern, die wahrscheinlich aus der frühen Inkazeit (Kilke) stammen. Auch die heute noch genutzten, sehr sorgfältig und aufwendig konstruierten Terrassenanlagen sind mit Sicherheit vorspanischen Ursprungs. In den Hochtälern sind die einzigen sichtbaren Überreste der Ver-

gangenheit Nischengräber in den Felsen. Diese Chullpas wie auch die Ruinen sind als Wohnorte böser Geister gefürchtet und werden möglichst gemieden.

Die Tierwelt Q'eros ist so vielgestaltig wie seine Landschaft. Die Felsregion ist Domäne der Vicuñas (ein Wildkamel, seine domestizierte Form ist das Alpaca), die in kleinen Rudeln in der Nähe der Gletscher umherstreifen. Dies ist auch Revier des Kondors, des prächtigen Geiervogels. Er wird gefürchtet als Räuber junger Haustiere, gilt aber gleichzeitig als heiliges Tier, wie das Vicuña auch. Adler, Falken und Bussarde sind häufig zu beobachten, auch Brachvögel, Wildgänse sowie unzählige kleine Vögel, in der wärmeren Zone vor allem Papageien und Kolibris.
Puma und Fuchs, beide auch Bewohner der kalten Region, sind dort die ärgsten Widersacher der Menschen, denn sie ziehen als Beute deren Haustiere oft den schnelleren Hirschen vor. Das größte Tier des Waldgebietes ist der Bär, der wie auch die dort vorkommende Viper dem Menschen gefährlich werden kann. Einigen der Wildtiere werden wir in den Märchen und Fabeln begegnen.
Das Leben in der rauhen Umgebung ist beschwerlich, auch für die Q'ero, und dies trotz ihrer Anpassung an diese Umwelt. Es erfordert viel Kraft, ständig große Höhenunterschiede überwinden und fast täglich weite Strecken zurücklegen zu müssen. Doch schwerer wiegen die äußerst harten klimatischen Bedingungen. Die Feuchtigkeit der Luft ist extrem hoch. Wie in einem Kamin ziehen die Wolken durch die engen Täler aus der Waldregion herauf. Oft füllt schon morgens um zehn dichter Nebel die Täler bis hinauf zu den Gletschern und löst sich erst bei Sonnenuntergang auf.
Während der Trockenzeit von Anfang Mai bis Ende Oktober scheint häufiger die Sonne, doch dann sinken die Temperaturen vor allem nachts oft weit unter den Gefrierpunkt. In diesen Monaten fällt kaum Regen, und die Landschaft färbt sich gelb, die Weiden vertrocknen. Jedes Jahr verhungern dadurch zahlreiche Lamas und Alpacas, oft kurz bevor der Regen einsetzt.
Von November bis April dauert die Regenzeit, eigentlich die warme Jahreszeit. Aber nun bricht die Sonne nur selten durch die dichte Bewölkung, es regnet fast täglich, und die Feuchtigkeit durchdringt alles. Die Q'ero verbringen diese Zeit vorwiegend in ihren Häusern der oberen Region, da zwischen Dezember und März kaum Arbeit auf den Äckern anfällt. Sie widmen sich der Pflege ihrer Tiere und genießen die Muße im Kreis der Familie.

Subsistenzwirtschaft – Ackerbau und Viehzucht

Die Q'ero sind in der Lage, sich mit nahezu allem für sie Lebensnotwendigen selbst zu versorgen. Sie erzeugen ihre Nahrung selbst, stellen Kleidung und andere Textilien aus der Wolle ihrer Tiere her, bauen ihre Häuser ausschließlich mit vorhandenen Materialien. Ihre Technik ist darauf abgestellt, fast ohne fremde Hilfsmittel auszukommen. So benutzen sie zum Beispiel hölzerne Stifte statt Eisennägeln, obwohl sie solche kennen, oder verwenden Lederriemen, Lianen oder aus Gras geflochtene Seile, um Holzbalken zu verbinden. Nur in wenigen Fällen sind sie auf fremde Erzeugnisse angewiesen – notfalls können sogar diese noch vorübergehend ersetzt werden, etwa das Petroleum für die Dochtlampen

durch Talg. Die Q'ero sind also wirtschaftlich weitgehend unabhängig, auch wenn sie den einen oder anderen Artikel kaufen oder im Tauschhandel erwerben.
Wichtigstes Erzeugnis der Landwirtschaft und damit Grundnahrungsmittel ist in Q'ero die Kartoffel. Mit der Kartoffel, so sagt der Q'ero ernährt Mutter Erde die Menschen, so wie sie Tiere und Pflanzen auf ihre Weise versorgt. Nur die Kartoffel hält er für wirklich lebensnotwendig und bewertet alle anderen Produkte als wohl schmackhaften, aber doch entbehrlichen Luxus.
Obwohl das gemäßigte Klima der unteren Regionen die Kultivierung anderer Pflanzen, zum Beispiel von Getreide und Bohnen, erlauben würde, pflanzen die Q'ero außer Kartoffeln lediglich etwas Mais im Waldgebiet und drei Knollengewächse – die süße Oca (dem Sauerklee verwandt), Anu (eine Verwandte der Kapuzinerkresse) und Ollucu –, die allerdings die Ernährung kaum um fehlende Nährstoffe bereichern. Sie werden auch nur in geringen Mengen angebaut, da sie nicht lange zu lagern sind.

Etwa 30 Sorten Kartoffeln wachsen auf den Äckern in Q'ero, alle verschieden in Geschmack, Farbe und Konsistenz. Eine spezielle Bitterkartoffel gedeiht in den höchsten und kältesten Anbaugebieten. Sie wird nach der Ernte mit Hilfe eines traditionellen Verfahrens durch abwechselndes Wässern, Gefrieren und Trocknen zu Chuñu oder Moraya verarbeitet. Diese Kartoffeln sind lange haltbar und dank ihres geringen Gewichtes leicht zu transportieren.
Zwischen Mitte Juli und Oktober werden die Kartoffeln gepflanzt, der Zeitpunkt richtet sich nach dem erwarteten Beginn der Regenzeit und der Höhenlage. Von Februar bis Ende Mai, in jedem Fall aber vor Beginn der Frostperiode, erfolgt die Ernte. In den verschiedenen Anbaugebieten liegen grundsätzlich alle privaten und Gemeinschaftsäcker zusammen, bilden ein »Suerte«. So können sie besser von eigens dafür bestimmten Wächtern vor Wildschaden und Plagen geschützt werden.
Das Land liegt nach der Ernte jeweils fünf Jahre lang brach, so daß der Anbau zwischen sechs Flächen wechselt – eine, bedingt durch die absolute Monokultur, ausgesprochen extensive Nutzung des Bodens, die durch Fruchtwechsel erheblich verbessert werden könnte. Doch die Q'ero sehen dazu keinen Grund, sind solchen Vorschlägen gegenüber skeptisch.
Es ist schwierig, die Produktionsmengen der Q'ero zu kalkulieren. Sie selbst können keine exakten Angaben machen. Allem Anschein nach erreichen sie eine höchstens geringfügig bessere Ernährung als der Durchschnitt der peruanischen Landbevölkerung, deren tägliche Kalorienaufnahme erheblich unter 2 000 Kalorien pro Person liegt. Vor allem aber ist die Ernährung einseitig, es fehlen Vitamine und Eiweiß. Geringe Ausdauer bei körperlicher Leistung und mangelnde Abwehrkraft gegen Krankheiten sind die Folge. Auch der wenige Mais, der einer Familie pro Jahr zur Verfügung steht, kann den Mangel nicht ausgleichen.
Die Q'ero säen den Mais im Januar, also mitten in der Regenzeit, unter schwierigen Bedingungen und überlassen ihn dann sich selbst. Nur einige Familien befreien den Acker zwischendurch einmal von wucherndem Unkraut, Ende Juli gehen dann alle gemeinsam hinunter zur Ernte. Es kommt dann vor, daß der größte Teil des Maises den Bären, Papageien und Mäusen zum

Opfer gefallen und kaum etwas verblieben ist.
Lamakarawanen transportieren in zweitägigem Marsch den Mais zu den oberen Häusern, wo er an den Kolben getrocknet und aufbewahrt wird. Er dient später vor allem der Herstellung von Chicha (Maisbier), aber geröstet auch als Wegzehrung für lange Reisen.
Einige wildwachsende Früchte wie Granatäpfel und Yakung sowie Kürbisse bereichern die Verpflegung während des Aufenthalts in der Waldregion. Doch nur Pfefferschoten nehmen die Q'ero in kleinen Mengen mit hinauf.
Die Technik, mit der die Q'ero ihre Kartoffeln und den Mais anbauen, unterscheidet sich kaum von den im 15. Jahrhundert im Inkareich angewandten Verfahren. Alle Arbeiten werden mit Grabstock und Krummhacke ausgeführt, in der traditionellen Aufgabenteilung zwischen Mann und Frau. Die Bearbeitung mit Hilfe von Zugtieren und Pflug wäre auf den kleinen Feldern mit ihrem steinigen Boden und der dünnen Humusschicht nicht möglich. Neben den genannten Geräten gehören Beil, Machete, Haumesser für Holzarbeiten, Spitzhacke, vielleicht noch ein Hammer und eine Schaufel zum gebräuchlichen Werkzeug.
Die Q'ero sind zugleich Bauern und Hirten. Beide Bereiche, Ackerbau und Viehzucht, bilden zusammen ihre Lebensgrundlage. Während der Ackerbau ausschließlich der Produktion von Nahrungsmitteln dient, erfüllen die Tiere verschiedene Funktionen. Wie groß ihre Bedeutung für die Q'ero ist, läßt sich unter anderem daran ablesen, daß im Verlauf des Jahres zahlreiche große Feste und Zeremonien für die Tiere durchgeführt werden. Die Zeremonien für den Boden und seine Produkte sind demgegenüber viel einfacher und seltener.
An erster Stelle stehen die traditionell andinen Haustiere Lama und Alpaca. Ihnen gilt die größte Fürsorge, in den meisten Familien bilden sie die stärksten Herden.
Die männlichen Lamas dienen vor allem als Lasttiere. Obwohl sie über längere Strecken nur etwa 25 Kilogramm tragen können, sind sie als geschickte Kletterer auf den schmalen und steilen Wegen allen anderen Lasttieren überlegen. Sie sind abgerichtet, in Karawanenform ihrem Leittier zu folgen.
Die sehr grobe und harte Wolle der Lamas wird nur zu Säcken, Seilen und Decken, nicht aber zu Kleidung verarbeitet. Die Herde einer Familie zählt, je nach deren Größe, fünf bis 25 männliche Lamas, die getrennt von den weiblichen weiden und nur während der Deckzeit zu ihnen gelassen werden.
Das Alpaca ist etwas kleiner und zierlicher als das Lama. Seine sehr feine Wolle, die alle zwei Jahre geschoren werden kann, ist für die Q'ero wichtigstes Erzeugnis für den Tauschhandel. Nur einen kleinen Teil verwenden sie selbst, zur Herstellung ihrer reichverzierten, farbigen Festkleidung.

Die Lebensgewohnheiten von Alpaca und Lama sind ähnlich. Beide sind menschenscheue Tiere, die zum Scheren beziehungsweise Beladen regelrecht eingefangen werden müssen. Die bis zu 50 Alpacas zählende Herde einer Familie weidet zusammen mit den weiblichen Lamas und den Schafen in den Hochtälern oberhalb der Siedlungen. Jeden Abend werden sie zu den Häusern getrieben, in deren unmittelbarer Nähe sie die Nacht verbringen. Das Hüten ist im allgemeinen Aufgabe der Kinder, seltener übernehmen es die Frauen oder alte Männer. Es ist keine leichte Arbeit, denn die Tiere verteilen sich im Lauf des Tages weit über die Hänge und müssen immer wieder von den Hirten zusammengeholt werden. Besonders bei Nebel besteht die Gefahr, daß sie verlorengehen und vom Puma oder Fuchs angefallen werden.

Das Schaf verdrängt in Q'ero genau wie im übrigen Peru das Alpaca als wichtigsten Wollieferanten. Es bietet den Vorteil, jährlich geschoren werden zu können, die Herden wachsen schneller. Einige Familien gewinnen bereits mehr Schafwolle, als sie für den eigenen Bedarf benötigen, und könnten sie daher vermarkten. Doch die Qualität ist so minderwertig, daß sie kaum Abnehmer finden oder sehr schlechte Preise erzielen. Deshalb tauschen oder verkaufen sie vorzugsweise die feine Alpacawolle und verwenden die Schafwolle für die eigene Kleidung.

In der Rangordnung der Haustiere folgt das Schaf gleich hinter Lama und Alpaca und hat dementsprechend auch in den Ritualen einen wichtigen Platz eingenommen.

Das Fleisch aller drei Tierarten dient den Q'ero in sehr geringem Umfang auch als Nahrung. Man schlachtet höchstens aus Anlaß eines Festes einmal ein Schaf, ansonsten begnügt man sich mit dem Fleisch verhungerter oder den Überresten der von Pumas gerissenen Tiere. Sie zerteilen und trocknen das Fleisch, ohne es aber wie sonst üblich einzusalzen, da ihnen der Preis für Salz heute zu hoch ist. In kleinen Portionen in der Kartoffelsuppe mitgekocht, ist das sehr intensiv schmeckende Trockenfleisch eine willkommene Bereicherung des Speisezettels.

Eine weitere wichtige Funktion erfüllen die Lamas und Alpacas als Lieferanten von Dünger. Vor der Aussaat treibt man die Herden auf die Äcker, um so den Boden vorzubereiten. Später werden die jungen Kartoffelpflanzen mit getrocknetem, zerriebenem und mit Herdasche vermengtem Mist gedüngt. Der getrocknete Schafmist dient ausschließlich als Brennmaterial, wie auch der in geringen Mengen vorhandene Kuh- und Pferdemist.

Pferde finden sich im Besitz fast jeder Familie in Q'ero. Seine Bedeutung als Statussymbol, als das es einst übernommen worden war, hat das Pferd mittlerweile verloren. Nur selten wird es als Reittier genutzt, häufiger für den Transport kleinerer Lasten in die Stadt oder innerhalb Q'eros, wenn der Einsatz einer ganzen Lamakarawane nicht lohnt oder zu umständlich ist. Die Pferde weiden frei und unbeaufsichtigt in der Nähe der Pässe, wo sie immer wieder zur leichten Beute für Viehdiebe aus anderen Ortschaften werden.

Auch Kühe gehören zum Viehbestand einiger Familien, doch werden sie kaum für die Versorgung mit Milch oder Fleisch eingesetzt. Dann und wann verkauft jemand ein Tier, so zum Beispiel wenn der Familienvater das Amt des Bürgermeisters übernimmt und für die damit verbundenen Aufwendungen Geld benötigt oder eventuell auch für den Ankauf eines Kofferradios. Die Kühe leben das ganze Jahr hindurch auf den tiefer gelegenen Hängen, wo die Weiden feuchter und üppiger sind. Sie verwildern mit der Zeit und können dem Menschen durchaus gefährlich werden. Ein Rudel herrenloser Tiere streift am Rand des Waldes auf etwa 2 800 Meter Höhe umher, davon ist auch in einem der Mythen die Rede.

Die in Peru praktisch in jedem Bauernhaus anzutreffenden und als Festbraten so geschätzten Meerschweinchen halten die Q'ero kaum, Hühner hingegen etliche. Die wenigen frei herumlaufenden Schweine treten vor allem als Verursacher von Konflikten in Erscheinung, wenn sie den Kartoffelacker des Nachbarn oder sein Weideland »umgraben«.

Handel – Tauschgeschäft und Vermarktung

Die Q'ero betreiben vorwiegend Tauschhandel, der allerdings mit der alten Form des Warentausches zwischen Bewohnern unterschiedlicher Naturräume nur noch wenig zu tun hat. Ihre Handelspartner sind vor allem Händler. Die Q'ero ziehen das direkte Tauschgeschäft dem Umweg über das Geld vor, da sie so Wert und Gegenwert konkret vor Augen haben. Die Händler ihrerseits lassen sich gerne darauf ein, weil sie auf diese Weise das Geschäft zweifach zu ihrem Vorteil beeinflussen können, indem sie den Preis ihrer Ware so hoch wie möglich, den Wert der Waren des Kunden aber möglichst niedrig ansetzen.

In der Hauptsache tauschen die Q'ero die Wolle ihrer Alpacas und in geringen Mengen Trockenkartoffeln, in besonderen Fällen, etwa für eine größere Anschaffung, auch einmal ein Tier oder Webarbeiten. Sie erstehen damit traditionelle Bedarfsartikel wie Kokablätter, Salz und Gewürze, Töpferwaren, Werkzeug und Haushaltsgerät, Zutaten für die Opfergaben, aber in zunehmendem Maß auch neuartige Dinge, von Gummischuhen bis zum grellfarbenen Kunstfaserpullover, vom Plastikeimer bis zum Kofferradio, Petroleum für Lampen und immer häufiger auch Schnaps (verdünnten Industriealkohol!).

Der Handel ist für die Q'ero eine Möglichkeit des Kontaktes mit der Außenwelt. Er ist fast die einzige Gelegenheit, bei der sie mit anderen Menschen zusammentreffen, und dementsprechend groß ist die Auswirkung dieser Beziehungen auf ihre Vorstellungen von der Situation und dem Geschehen außerhalb Q'eros. Die stärksten Einflüsse und Impulse für Veränderungen gelangen auf diesem Weg über die Händler aus der Welt der Mestizen in ihre abgeschlossenen Bereiche. Da letzten Endes die Mestizen, die auf dem Land eine immer größere Rolle spielen, die zukünftige Entwicklung auch der indianischen Bevölkerung beeinflussen oder gar bestimmen werden, verdienen diese »Kontaktpersonen« besondere Beachtung. Auch die Erzählungen dieses Buches beschäftigen sich vielfach mit den Mestizen und ihrer Macht.

Wandernde Händler kommen das ganze Jahr hindurch nach Q'ero. Die meisten tragen ihre Waren über weite Strecken auf dem Rücken, nur wenige benutzen Pferde. Sie können daher keine größeren Gegenstände mitbringen. Koka, etwas Alkohol, Radiobatterien, Zucker und Salz in kleinen Mengen holen sie aus ihrem Bündel, das sich dafür mit Wolle füllt. Sie verlangen für ihre Waren Preise, die oft um ein Vielfaches höher liegen als in der Stadt, denn die Nachfrage ist groß, das Angebot gering.

Für die Wolle, auch für Webarbeiten oder Tiere bieten sie wenig. Trotzdem schätzen die Q'ero diese Form des Handels, da sie so nicht gezwungen sind, ihre vertraute Umgebung zu verlassen. Sie können die Händler auch beauftragen, auf der nächsten Reise bestimmte Artikel mitzubringen.

Im allgemeinen verstehen sie sich gut mit diesen Händlern, die häufig selbst Kleinbauern waren oder es sogar noch sind. Deren Welt unterscheidet sich nicht wesentlich von der ihren. Auch wenn im Einzelfall der Händler einen Q'ero übervorteilt oder betrügt und sich ihm dadurch als Widersacher darstellt, spüren doch beide, daß sie denselben Mechanismen unterworfen sind und die gleichen Nöte haben. Doch unter den Händlern gibt es auch andere, erfolgreichere, die durch ihre absolute Skrupellosigkeit so weit gekommen sind.

Häufig besteht auch eine private Verbindung durch die Patenschaft des Händlers für eines der Kinder der Familie. Beide Sei-

ten erhoffen sich dadurch Vorteile, doch tatsächlich zieht den Nutzen aus der Beziehung vorwiegend der Händler. In vielen Fällen wird die Gevatterschaft rücksichtslos ausgenutzt.
Für die Q'ero sind die kleinen Händler, die von einer Comunidad zur anderen ziehen und manchmal mehrere Tage bei ihnen bleiben, eine wichtige Nachrichtenquelle. Doch erfahren sie von ihnen nicht nur die Neuigkeiten aus der Umgebung, sondern bekommen auch ganz andere Dinge zu hören. So sind beispielsweise die Weltuntergangsgeschichten, die in Q'ero kursieren, auf den Einfluß nordamerikanischer Sekten zurückzuführen, die zum Teil die Händler einsetzen, um ihre Lehre bis in die abgelegensten Winkel zu tragen.
Jeden Sonntag wird in den beiden Städtchen, zu denen die Q'ero Verbindung haben, Markt abgehalten. Dort finden sich dann die Kleinbauern aus der Umgebung ein, die wandernden Händler, aber auch solche, die ihr Geschäft nur auf den Märkten betreiben. Rund um die Plaza liegen die Ladengeschäfte, in denen alles verkauft wird, wofür auf dem Land Bedarf besteht, von Lebensmitteln über Kleidung und Gebrauchsartikel aller Art bis zum Werkzeug. Sie gehören in der Regel Mestizen, die oft zugleich Besitzer der Lkws sind, mit denen alle Waren für die Region über die einzige Verbindungsstraße antransportiert werden. Andere betreiben neben ihrem Ladengeschäft einen ambulanten Handel in größerem Stil. Die Monopolstellung dieser Gruppe im Handel steht in wechselseitiger Beziehung zu ihrer lokalpolitischen Machtposition.
Viele Q'ero, vor allem die älteren, gehen nur ungern in die Stadt. Sie fühlen sich dort unsicher, betreten sie daher am liebsten in kleinen Gruppen und beschränken den Aufenthalt auf die unbedingt erforderliche Zeit. Bedächtig und umständlich tätigen sie ihre Einkäufe, um dann aber so schnell wie möglich wieder ihren Heimweg anzutreten. Da in der Stadt die Geschäfte mit Geld abgewickelt werden, sind die Q'ero darauf angewiesen, ihre Wolle auch dort zu verkaufen, denn eine andere Möglichkeit, an Bargeld zu kommen, besteht höchstens darin, als Tagelöhner zu arbeiten, und diese Gelegenheit bietet sich ihnen selten. Die in anderen Comunidades häufig wahrgenommene Möglichkeit, als Saisonarbeiter in die Goldminen zu gehen, wurde bisher nur von einem einzigen jungen Q'ero akzeptiert.
So sind sie abhängig von den Aufkäufern in der Stadt, die die Konditionen diktieren. Die gleichen Händler können durch ihr Versorgungsmonopol auch die Bedingungen für den Verkauf bestimmen. So kann es vorkommen, daß eines Sonntags der knapp gewordene Zucker nur in Verbindung mit einer Dose Thunfisch verkauft wird. Solche Manipulationen treffen natürlich jene am stärksten, die wie die Q'ero über nur wenig Bargeld verfügen.
Aussagekräftig für die Beziehungen zwischen Runa und Mestizen ist die Form der Patenschaft, das Compadrazgo. Auch die Q'ero werden in absehbarer Zeit zunehmend den Methoden ausgesetzt sein, die die stetig wachsende ländliche Mittel-

schicht zum Ausbau ihrer Vormachtstellung einsetzt.
Es gibt Händler, die in »ihrem« Gebiet Compadre von mehr als hundert Patenkindern sind. Sie sichern sich so Vorteile bei ihren Geschäften, indem sie ausnutzen, daß sich diese Familien ihnen verpflichtet fühlen. Sie lassen die Runa oder deren Kinder für sich arbeiten und versuchen darüber hinaus ständig, ihren Einfluß in der Region zu stärken. Das Compadrazgo macht sich bezahlt, wenn es darum geht, Entscheidungen einer Comunidad zum eigenen Vorteil zu beeinflussen, etwa wenn es um Landkauf oder darum geht, sich Stimmen für eine Amtswahl zu sichern.
Zu Recht fragt man, warum der Runa dies alles mit sich geschehen läßt, sich dieser Ausbeutung und Ausnützung freiwillig aussetzt. Zunächst geht er davon aus, daß der Gevatter seiner Verpflichtung gegenüber dem Patenkind und seiner Familie nachkommen wird, daß er Unterstützung und Schutz gewähren wird. Hört er von schlechten Erfahrungen anderer, so wiegt er sich doch in der Hoffnung, daß sein Compadre anders und besser sei. Von dessen weiteren hundert Patenkindern weiß er nichts oder will es nicht wahrhaben. Er bewundert den Mestizen wegen seines Reichtums und seiner Macht, sieht aber diese Überlegenheit nicht als Folge eines auf eigenen Gewinn ausgerichteten Verhaltens an, sondern erklärt sie sich aus dessen besonders glücklicher Beziehung zu übernatürlichen Mächten. Den Zusammenhang zwischen Ausbeutung und Reichtum, im Großen wie im Kleinen, durchschauen sie nur schwer. Auch die Schule fördert entsprechende Einsichten nicht, so daß dieses Problem auch in höher entwickelten Regionen bestehenbleibt. Nur grundlegende Veränderungen auf vielen Ebenen könnten die Situation der Runa verbessern.
Von den Q'ero selbst betätigt sich bis heute niemand als Händler. Einen Versuch erlebten wir, als ein junger Mann einen Sack voller Kokablätter mitbrachte. Er wollte sie pfundweise verkaufen, zum gleichen Preis wie die auswärtigen Händler, was ihm die anderen sehr verübelten. Er konnte sich mit dieser Neuerung nicht durchsetzen, die Ablehnung war zu stark.
In geringem Ausmaß findet auch Tauschhandel mit den benachbarten Comunidades statt. So tauschen die Q'ero ihre im Waldgebiet geernteten Pfefferschoten Stück für Stück gegen Maiskolben, da andere Gemeinden keinen Anteil an der Waldregion, dafür aber bessere Bedingungen für den Maisanbau haben. Andere Bauern, die kein Gelände in der hohen, kalten Region besitzen, kommen nach Q'ero, um Trockenkartoffeln einzuhandeln, für deren Herstellung starker Frost notwendig ist. Allerdings ist die Produktvielfalt innerhalb des erreichbaren Gebietes zu gering, als daß großer Bedarf für diesen Tauschhandel bestünde.
Unter den Q'ero gibt es kaum Handel. Alle Mitglieder der Comunidad bauen die gleichen Produkte an und besitzen die gleichen Tiere, so daß kein Anlaß besteht, etwas zu tauschen. Doch kann es vorkommen, daß jemand darauf angewiesen ist, von anderen etwas zu erwerben. Jung verheiratete Leute, deren Eltern nicht in der Lage sind, ihnen ausreichend Saatgut und Tiere für die Gründung des eigenen Haushalts mitzugeben, arbeiten darum manchmal bei anderen mit. Sie erhalten dann für die Arbeit auf dem Acker einen Anteil an der Ernte oder Wolle für das Hüten von Tieren. Diese kann dann die Frau zu Kleidung weiterverarbeiten und zum Beispiel einem verwitweten Mann verkaufen, der niemanden hat, der für ihn webt. Das Ausleihen von Lastenlamas für das Einbringen der Ernte wird dem Besitzer der Tiere mit einem Teil der transportierten Produkte vergütet. Für alle diese Fälle existieren feststehende Tauschwerte, nach denen die Arbeiten und die Güter bewertet und gegeneinander abgerechnet werden.
Eine andere Regelung gilt, wenn eine Familie in eine Notlage gerät, etwa durch starke Ernteverluste. Wenn ihre Versorgung da-

durch gefährdet ist, helfen Verwandte und Nachbarn, so gut sie können, mit ihren Produkten aus. Entweder werden sie im folgenden Jahr zurückerstattet, oder aber die Schuld wird durch Arbeit abgetragen. Dieses System garantiert jedem eine ausreichende Absicherung und macht somit Almosen überflüssig.

Q'ero in diesem Jahrhundert – Veränderungen und Probleme

Über die Entwicklung Q'eros im Verlauf der letzten 60 bis 70 Jahre können die ältesten Bewohner ausführlich berichten, denn diesen Zeitabschnitt haben sie selbst bewußt miterlebt. Während weiter zurückliegende Ereignisse, die sie nur aus der Überlieferung kennen, mythologisiert werden, ist das Wissen über die jüngste Geschichte Q'eros durchaus sachlich fundiert.

Erst im vorigen Jahrhundert wurden Q'ero und die umliegenden Gebiete Teil eines riesigen Großgrundbesitzes, aus dem dann später infolge von Erbteilung mehrere, immer noch sehr große Haciendas entstanden.

Die Q'ero mußten die besten Äcker ihres Geländes für den Hacendado bestellen und seine Herden auf ihrem Gebiet weiden. Doch den größten Wert des Besitzes stellte die Arbeitskraft der Runa dar. Der Hacendado setzte die Männer auf seinen übrigen Ländereien ein oder vermietete sie an andere Großgrundbesitzer. Jeder verheiratete Mann war verpflichtet, eine bestimmte Zeit außerhalb Q'eros zu arbeiten, jedes Jahr ein- oder zweimal fünf Wochen, einmal drei Wochen lang. Hinzu kamen jährlich ein bis zwei Reisen nach Cuzco, wenn mit Lamakarawanen die Ernte der Hacienda auf den Markt gebracht werden mußte, sowie die Arbeit als Pongo (Hausdiener) im Haus des Hacendados.

Insgesamt verbrachten die Familienväter also mehrere Monate pro Jahr mit Arbeiten für den Hacendado. Damit erwarben sie das Recht, auf ihrem Land leben und sich von den Produkten der ihnen verbliebenen Äcker ernähren zu dürfen. Eine Bezahlung mit Geld oder Naturalien gab es nicht. Die Männer mußten sich sogar während der Arbeiten außerhalb Q'eros selbst versorgen. Nur etwas Koka, Schnaps oder Maisbier, vielleicht ein oder zwei Brote wurden gelegentlich vom Aufseher verteilt.

Dennoch liebten und verehrten die Q'ero in vielen Fällen ihren Patron, akzeptierten ihn als Oberhaupt und billigten seine Führung auch in internen Angelegenheiten der Gruppe. All die Willkür und Ausbeutung ertrugen sie in dem Glauben, daß dieser Zustand von den Göttern gewollt sei, und in der Überzeugung, daß eines Tages ihr Messias, ihr Inka oder Inkarrí, die Macht der Spanier brechen und die indianische Ordnung wiederherstellen würde. Ihre passive Haltung entsprang dieser Vorstellung. Die Q'ero unternahmen keinerlei Versuch, diese Situation zu ändern.

In den dreißiger Jahren dieses Jahrhunderts übernahm dann ein wahrhaftiger Tyrann die Hacienda Q'ero, ein Mann, der überall nur »der Verrückte« genannt wurde. Erst seine unmenschliche Grausamkeit machte den Q'ero dieses Leben im Fronverhältnis unerträglich.

1958 veranstaltete eine Gruppe von Professoren der Universität Cuzco eine Expedition nach Q'ero. Nach ihrem Besuch betrieben sie auf Drängen der Q'ero die Umwandlung der Hacienda in Eigentum der Comunidad. Sie wurde 1963 vollzogen – noch fünf Jahre vor dem Beginn der Agrarreform unter der Regierung Juan Velasco Alvarado.

Rückblickend muß man feststellen, daß diese Umwandlung – zu jener Zeit sicherlich in guter Absicht veranlaßt – viele Nachteile gebracht hat. Q'ero wurde nicht in die Agrarreform einbezogen, da die Voraussetzungen dafür nicht mehr gegeben waren. Und so ist bis heute ihr Landbesitz noch nicht rechtlich abgesichert, denn die Q'ero waren mit der für sie neuen Situation ganz und gar sich selbst überlassen, nachdem

verschiedene politische Gruppen durch ihre Einmischung noch Unstimmigkeiten unter den Mitgliedern der Comunidad heraufbeschworen hatten.
Alleine aber waren die Q'ero auch nicht in der Lage, die notwendigen Schritte zu unternehmen, wie es ihnen auch nicht gelang, eine langfristig taugliche Form für die Neuverteilung des Bodens zu finden. Einen Teil der ehemaligen Haciendafelder machten sie zu Gemeinschaftsäckern, ansonsten nahm sich jede Familie davon, was sie brauchte. So wurde der Ackerboden de facto zu Privatbesitz, obwohl er Eigentum der gesamten Comunidad ist. Das vorspanische System, nach dem jedes Jahr den Familien entsprechend ihrem Bedarf Land zum Bebauen zugeteilt wurde, funktioniert nicht mehr. Durch diese Privatisierung sind Konflikte schon vorprogrammiert.
Die negativen Auswirkungen der nicht konsequent zu Ende geführten Umwandlung zeigen sich auch im sozialen Bereich. Während der langen Zeit der Fremdbestimmung durch den Hacendado war der Handlungsspielraum der gewählten Autoritäten Q'eros beschränkt auf die internen Angelegenheiten der Gruppe. Die wichtigen Aufgabenbereiche wie Arbeitsorganisation und Verwaltung oblagen der Entscheidungsgewalt des Hacendados.
Als er nun diese Funktion nicht mehr wahrnahm, entstand ein Vakuum, das bis heute nicht ausgefüllt ist, da Wissen und Erfahrung, die nötig wären, um die Führung selbst zu übernehmen, durch die lange Unmündigkeit abhanden gekommen sind.
So üben die Autoritäten der Q'ero weiterhin ihre Ämter nur in ihrem traditionell reduzierten Bereich aus, ohne sich bewußt zu sein, daß nun auch darüber hinausgehende Aufgaben in ihrer Verantwortung liegen. Die daraus resultierende Führungsschwäche hemmt die Entwicklung der Gruppe und behindert die Lösung fast aller ihrer Probleme.
Erschwerend kommt hinzu, daß durch die Umstrukturierung der von der Agrarreform erfaßten Comunidades überall die traditionellen Ämter durch neue ersetzt wurden. Damit entstand in Q'ero die paradoxe Situation, daß die innerhalb der Gruppe akzeptierten, überlieferten Ämter von der Behörde nicht mehr anerkannt werden, umgekehrt aber die offiziellen Ämter kaum Bedeutung in Q'ero besitzen. Die Verbindung zur Außenwelt wird dadurch gestört, die Isolation verstärkt.
Für die Alten in Q'ero bedeutete die Auflösung der Hacienda vor allem die Befreiung von der Mühsal der Fronarbeit. »Wir ruhen aus von der Plackerei jener Tage«, sagen sie seitdem. Tatsächlich reduzierten sie ihre Anstrengungen auf das absolut notwendige Minimum, als der Druck von außen wegfiel. Noch heute lehnen sie alles ab, was mit den Zwängen in Verbindung zu stehen scheint, denen sie damals ausgesetzt waren. So pflanzten sie fortan nichts mehr, das sie unter der Herrschaft des Hacendados hatten anbauen müssen. Bohnen, Weizen, Gemüse – all dies scheint für die Q'ero Symbol der einstigen Strapazen und Ausbeutung zu sein. Sie weigern sich, diese Produkte zu übernehmen, obwohl sie ihnen als Nahrungsmittel durchaus zusagen.
Die Ablehnung ist, zumindest in dieser Intensität, eine Reaktion auf die Zwänge der Hacienda-Zeit, aber auch Bestandteil einer Verweigerungshaltung, die die Q'ero generell gegenüber allem Europäischen einnehmen. Diese kommt auch in ihrer Mythologie vielfach zum Ausdruck.
Die jüngeren Generationen haben die Untätigkeit, das »Ausruhen«, der Alten als Normalzustand kennengelernt und sich daran orientiert, nicht an deren früheren Leistungen. Diejenigen jungen Männer, die eher in den Mestizen ihre Vorbilder sehen, schätzen die Taten und Erfolge ihrer Großväter gering. Sie werden ihrerseits aber von den Alten als Faulpelze und Nichtsnutze angesehen, da sie nach dem Maßstab herkömmlicher Werte wenig leisten.
Für die Zunahme der Konflikte zwischen den Generationen trägt auch die Schule

Verantwortung. So relativ gering ihr Nutzen für die Q'ero ist, macht sich ihr Einfluß auf die Jugendlichen doch bemerkbar. Sie lernen dort Dinge, die die Älteren nicht recht verstehen, ihnen rätselhaft erscheinen. Dadurch verlieren die Jugendlichen teilweise die Achtung vor Wissen und Erfahrung der Alten und den Respekt vor ihrer Autorität. Die Weitergabe des Wissens und die Fortführung der Traditionen werden zudem erschwert durch die Veränderung der Familienstruktur - durch die Auflösung der Großfamilien in Kernfamilien. Der Kontakt zwischen den verschiedenen Generationen ist zurückgegangen und damit auch die Möglichkeit, den Jungen Kenntnisse und Erfahrungen zu vermitteln. Zwar erlernen die Heranwachsenden schon frühzeitig alle lebensnotwendigen praktischen Fertigkeiten, doch die geistige Erziehung im Sinne ihrer Kultur kommt zu kurz, wenn sie schon bald nach der Heirat das elterliche Haus verlassen und einen eigenen Haushalt führen. Denn die Übermittlung von Wissen, zum Beispiel die Unterweisung in den religiösen Praktiken zieht sich über viele Jahre hin. Sie erfolgt nicht in konzentrierter abstrakter Form, sondern durch Anschauung und Weitergabe von persönlichen Erfahrungen, auch in Form von Erzählungen und Mythen.

Je früher dieser Lernprozeß endet, desto mehr Wissen geht auf Dauer verloren, da das Begreifen von Zusammenhängen, das tiefere Verstehen erst dem schon Erwachsenen aufgrund seiner eigenen Lebenserfahrung möglich ist. Viele junge Q'ero wollen heute von den Überlieferungen nichts mehr hören, das Radio kommt ihrem wachsenden Interesse an der Außenwelt mehr entgegen. Unter dieser Entwicklung beginnt allmählich der Zusammenhalt und Gemeinsinn der Gruppe zu leiden.

Einen Fall möchten wir schildern, als Beispiel für die Auswirkungen der Störung ihrer sozialen Ordnung und für die Unfähigkeit, die entstehenden Probleme zu lösen.

Fast jede Kleinfamilie besitzt heute eigene Herden von Lamas, Alpacas und Schafen. Da meist nur ein oder zwei Kinder als Hirten zur Verfügung stehen, treiben sie alle Tiere zusammen auf ein und dieselbe Weide. Auch die Schafe grasen also auf den für Lamas und Alpacas unbedingt erforderlichen Hochweiden mit den harten Grassorten, anstatt auf den feuchteren Wiesen der tieferen Region. Die Weiden der Hochtäler sind dadurch einer völligen Überbeanspruchung ausgesetzt, von der sie sich nicht erholen können. Das hat zur Folge, daß immer mehr Tiere verhungern. Vor allem sterben sie während der Trockenzeit, wenn die kärglichen Reste von gelbem Gras ganz und gar nicht mehr ausreichen. Der traditionell vorgeschriebene Wechsel der Weide - jede Familie muß nach einem Tag die Tiere auf eine andere Fläche treiben - hat seinen Sinn verloren, seit sich die Nutzung ganz auf die Hochweiden konzentriert, die dadurch ohne Unterbrechung genutzt werden.

Früher, als die Herden im Besitz von Großfamilien waren, verteilte man die drei Tierarten jeweils mit mehreren Hirten auf die für sie geeigneten Weiden und konnte so das Weideland wesentlich besser nutzen. Das wäre auch heute bei entsprechender Organisation möglich, doch einer solchen »Veränderung« steht die mangelnde Einsicht der einzelnen Mitglieder der Comunidad im Weg, aber auch die diesbezügliche Unfähigkeit ihrer Anführer.

Doch nicht nur die internen Schwierigkeiten machen den Q'ero zu schaffen. Sie leiden auch unter den Auswirkungen der die ländlichen Regionen vernachlässigenden Politik des Staates Peru. Die Landbevölkerung wird besonders hart getroffen von dem rapiden Preisanstieg. Der Abstand zwischen dem Wert ihrer eigenen Produkte und den Preisen für Lebensmittel und Industrieerzeugnisse wird täglich größer. Immer weniger bekommen sie beim Tausch oder Verkauf für ihre Wolle und Kartoffeln; sie müssen darum auf einige der ohnehin

wenigen Dinge, die sie benötigen, ganz verzichten.
Auf der anderen Seite nehmen die »Verlokkungen der Zivilisation« ständig zu, vor allem wenn die fliegenden Händler sie ihnen bis ins eigene Haus tragen. So werden viele verleitet, ihr weniges Geld für nicht gerade lebensnotwendige Artikel wie Kofferradios oder batteriebetriebene Plattenspieler, leider auch häufig für Alkohol auszugeben, statt es zum Beispiel für die Verbesserung ihres Speisezettels einzusetzen.
Dieser wachsende Einfluß, die sogenannte Coca-Cola-Conquista, geht vorwiegend von den immer weiter in ländliche Gebiete vordringenden Mestizen aus. Die Mitglieder dieses neuen Kleinbürgertums betreiben ihre Geschäfte nicht mehr aus der Ferne. Sie halten nicht mehr Distanz, wie es die Hacendados taten, die in den meisten Fällen in der nächsten Stadt lebten. Sie stehen in direktem Kontakt mit der Landbevölkerung und nutzen ihre Monopolstellungen im Handel oder als – zumeist korrupte – Beamte, um sich auf Kosten der Bauern zu bereichern.
Nicht selten gelingt es einem von ihnen, eine Familie so weit in die Verschuldung zu treiben, daß diese gezwungen ist, ihr Land oder ihre Tiere für einen erbärmlichen Preis an ihn zu verkaufen oder ihren Anteil an der Comunidad aufzugeben. Dieser letztgenannten Bedrohung sind die Q'ero bisher noch nicht ausgesetzt, doch ist es wohl nur eine Frage der Zeit, bis auch sie diese direkte Konfrontation erleben.

Die Familie

Auf unsere Frage, ob sie sich vorstellen könne, an einem anderen Ort ohne ihre Familie zu leben, sagte die siebzehnjährige Carmena: »Und mit wem würde ich dann lachen und singen und tanzen, mit wem würde ich mich beraten?«
Das Leben in der eigenen Familie ist nicht nur aus wirtschaftlicher Notwendigkeit heraus für die Q'ero die einzig denkbare Existenzform. Es ist auch Grundlage der persönlichen Sicherheit und Geborgenheit des einzelnen, da er über die Familie eingefügt ist in die Gruppe und über diese in den Kosmos. Die Familie ist Bestandteil der Weltordnung, vertreten durch ihr Oberhaupt, das für sie die Zeremonien durchführt und stellvertretend für sie in den Versammlungen an den Entscheidungen der Gruppe mitwirkt.
Trotz der Auflösung der Großfamilie bleibt die Verwandtschaft von großer Bedeutung. Enge persönliche Beziehungen beschränken sich auf den Kreis der Verwandten, Freundschaften außerhalb dieses Rahmens gibt es nicht. Ehepartner müssen jedoch verschiedenen Familien entstammen.
Die Solidarität innerhalb des Familienverbandes äußert sich in vielerlei Regelungen, die die Existenz der Kernfamilie absichern und ihre beschränkten Möglichkeiten erweitern. So werden in dem Fall, daß ein Mann stirbt, seine Frau und seine Kinder bis zu einer erneuten Heirat versorgt, vorwiegend von den Brüdern des Mannes oder der Frau. Verwaiste Kinder werden selbstverständlich aufgenommen, Alte und Kranke ernährt.
Zwischen Familienmitgliedern, vorwiegend Brüdern und Vettern, funktioniert noch das System des Ayni, des Tausches von Arbeitskraft. Dabei wird die Mithilfe zum Beispiel beim Bestellen des Ackers durch die zeitlich genau entsprechende Gegenleistung abgegolten. Vor allem größere Arbeiten sind auf diese Weise einfacher und schneller zu bewältigen, wenn sich auf dieser Basis mehrere Männer zusammentun.
Es gibt innerhalb der Gruppe keine Arbeitsteilung, wohl aber in der Familie, wo die verschiedenen Aufgaben klar unter den einzelnen Mitgliedern aufgeteilt sind.
Der Mann verrichtet alle als körperlich schwer angesehenen Tätigkeiten, wie das Umgraben des Bodens und andere Arbeiten auf dem Feld, den Hausbau, das Beladen der Tiere. Er trägt die Verantwortung

für das Wohlergehen der Familie. Von seinem Fleiß hängt vor allem die Versorgung der Familie ab, und er hat die Aufgabe, die Götter freundlich und wohlwollend zu stimmen. Er beteiligt sich an den Gemeinschaftsarbeiten und Versammlungen, den beiden wichtigsten sozialen Einrichtungen. Aber auch das Spinnen grober Wolle und die Herstellung von Seilen und Säcken gehört zu seinen Pflichten. Das Weben der Zierbänder für die Röcke der Frau und die Anfertigung ihres traditionellen Hutes haben eher symbolischen Charakter, sind Ausdruck der Zuneigung und Hochachtung gegenüber der Frau.
Der Frau fällt der zeitlich größere Anteil an der Arbeit zu. Sie beteiligt sich an allen Arbeiten für die Familie: beim Ackerbau, der Versorgung der Tiere und so weiter. Daneben führt sie den Haushalt, kümmert sich um die Kinder und stellt die Kleidung für die gesamte Familie her, vom Spinnen über das Weben bis zum Nähen.
Sie teilt die Lebensmittel ein, trägt also die Verantwortung dafür, daß die Vorräte bis zur nächsten Ernte ausreichen. Auch obliegen ihr im wesentlichen die Vorbereitungen der zahlreichen Familienfeste, vor allem die Herstellung des Maisbiers. Der Mann und die Kinder helfen bei vielen Tätigkeiten mit, wenn sie nicht anderweitig beschäftigt sind.

Schon frühzeitig beginnen die Kinder, bestimmte Aufgaben zu übernehmen – an erster Stelle das Hüten der Tiere –, und wachsen so allmählich in die Verantwortung hinein. Die Arbeitsteilung innerhalb der Familie entspricht ganz dem Rollenverständnis der Q'ero von Mann und Frau, das in ihrer Weltanschauung verankert ist, welche dem männlichen und dem weiblichen Teil der Schöpfung ganz spezifische Eigenschaften zuspricht. Aus dieser Zuordnung heraus ist es beispielsweise unabdingbar, daß der Mann mit dem Grabstock die Erde öffnet und die Frau das Saatgut einsetzt.
Ehepartner finden sich ohne Vermittlung oder Einmischung der Eltern, häufig während der großen gemeinsamen Feste. Die Kriterien bei der Wahl des Partners sind recht einheitlich. Merkmale wie Schönheit und Intelligenz sind dabei von untergeordneter Bedeutung. Als gute Frau gilt diejenige, die gut weben und kochen kann. Als Zeichen ihrer Tauglichkeit zur Mutter werden breite Hüften und großer Busen angesehen. Der Mann soll arbeitsam sein, offen und heiter und physisch leistungsfähig. Doch auch bei den Q'ero gibt letztendlich die individuelle Anziehungskraft den Ausschlag, wie sie sagen: »die Art, wie jemand spricht, lacht und sich bewegt«.
Vor der Eheschließung besteht für die Jugendlichen sexuelle Freiheit, um sich so »kennenzulernen«. Dementsprechend sind weder die unehelichen Kinder noch deren Mütter gesellschaftlich geächtet. In den meisten Fällen übernehmen die Großeltern ein solches Kind, und die junge Frau kann unbelastet eine Ehe eingehen.
Insgesamt wird in Q'ero die Sexualität kaum tabuisiert, die Freude an allem mit ihr Verbundenen ist offen und herzlich, erotische Späße erfreuen sich großer Beliebtheit.
Mit der Eheschließung, die durch die Hochzeitszeremonie und eventuell zusätzlich durch eine kirchliche Trauung vollzogen wird, findet diese Freiheit ihr Ende. Wer das Gebot der ehelichen Treue übertritt, setzt damit sein Ansehen in der Gruppe aufs Spiel. Zu ernsten Konflikten kommt es allerdings nur, wenn sich die Untreue über längere Zeit hinzieht und damit den Be-

stand der Familie gefährdet. Zur Trennung kommt es äußerst selten. Sie setzt voraus, daß einer der beiden Haus und Comunidad verläßt, wobei der gesamte Besitz beim zurückbleibenden Ehepartner verbleibt.

Die Beziehung zwischen den Eheleuten kann man durchaus als partnerschaftlich bezeichnen. Zwar ist nur der Mann nach außen Vertreter der Familie und trägt die Verantwortung für sie, doch die Frau wird grundsätzlich als kluge und umsichtige Beraterin anerkannt und geschätzt. Wichtige Entscheidungen werden nach gemeinsamer Erörterung getroffen.

Für die Q'ero bedeutet der Tod nicht das Ende der Ehe, denn sie glauben, daß die Lebensgefährten im Himmel wieder zusammenfinden und dann untrennbar verbunden bleiben. Darum wählen Witwer fast immer ebenfalls verwitwete Partner, um mit ihnen ohne jegliche Zeremonie zusammenzuleben, da jeder von ihnen später ja zu seinem ersten Gefährten zurückkehren wird.

Die Versorgung der alten Menschen ist dadurch sichergestellt, daß der jüngste Sohn im Haus der Eltern bleibt. Er lebt mit seiner Frau und seinen Kindern bei ihnen und übernimmt in dem Maß, wie die Kräfte der Eltern nachlassen, die Arbeiten und die Führung des Haushalts. Wenn sie sterben, erhält er den gesamten Besitz, also Tiere, Äcker und Hausrat, und übernimmt auch die Verantwortung in Nachfolge seines Vaters, hat also zum Beispiel einen körperbehinderten Bruder zu versorgen.

Aus dem Besitz der Eltern erhalten die älteren Geschwister, wenn sie mit etwa zwanzig Jahren das Haus verlassen, um zu heiraten, einige Tiere als Grundstock für den Aufbau einer eigenen Existenz, sofern der Tierbestand des Vaters dafür ausreicht. Bekommt ein junges Paar diese Unterstützung vom Vater der Frau, so lebt der Schwiegersohn bis zu zwei Jahre in dessen Haus und arbeitet für ihn, bis er dadurch die Grundlage geschaffen hat, einen eigenen Haushalt gründen zu können.

Die durchschnittliche Kinderzahl liegt bei drei überlebenden. Die Kindersterblichkeit ist sehr hoch – fast die Hälfte der Kinder erreicht das dritte Lebensjahr nicht –, und auch die Mütter sind durch die Geburt häufig gefährdet. Die Q'ero erfahren keinerlei moderne medizinische Betreuung.

Der Ehemann und eine erfahrene ältere Frau helfen normalerweise bei der Entbindung. In Hockstellung bringt die Frau das Kind zur Welt, für komplizierte Fälle kennen sie verschiedene Techniken, um die Niederkunft zu erleichtern. Die Nabelschnur wird mit einer Tonscherbe durchtrennt, die speziell für diesen Zweck einen Moment vorher aus einem Topf auf der Feuerstelle gebrochen wurde. Eine Reihe von Ritualen begleitet den gesamten Vorgang.

Das Neugeborene wird möglichst bald getauft, oftmals recht wenig formvollendet. Erst im Alter von zwei Jahren wird die Aufnahme des Kindes als vollwertiges Mitglied der Familie durch eine Zeremonie bestätigt. Ein Gevatter und die Eltern nehmen gemeinsam den ersten Haarschnitt vor, und bei dieser Gelegenheit bekommt es Tiere zugeteilt – symbolhaft in Form von Maissamen – als Grundstock für seine spätere Herde.

Bis ungefähr zum sechsten Lebensjahr wachsen die Kinder vorwiegend unter der

Obhut der Mutter heran. Sie lernen nach und nach von ihr, kleine Arbeiten im Haus zu verrichten sowie die Grundlagen des Tierehütens. Auch der Vater betreut und versorgt sie, doch seine eigentliche Erziehungsaufgabe beginnt erst, wenn die Kinder auf ihre Aufgaben als Männer und Frauen vorbereitet werden. Von nun an begleitet der Sohn seinen Vater, die Tochter ihre Mutter bei allen Beschäftigungen. So erlernen sie alle notwendigen Fertigkeiten. Schon mit etwa acht Jahren kann ein Junge seinem Vater bei allen Arbeiten helfen, bereits mit zwölf Jahren ist er in der Lage, ihn zu vertreten, auch bei Versammlungen, und gilt als Erwachsener.

Ein Teil der Kinder besucht ab dem siebten Lebensjahr für zwei bis vier Jahre die Schule in Q'ero Llaqta, lebt also die Woche über von den Eltern getrennt. Der traditionelle Lernprozeß wird durch diese Unterbrechungen jedoch nur geringfügig verzögert, denn der Unterricht fällt durch häufige Abwesenheit und Wechsel der Lehrer oft für längere Zeit aus. Entsprechend gering ist daher auch der Nutzen der Schule. In den achtzehn Jahren seit ihrer Einrichtung haben nur einige wenige das Lesen und Schreiben erlernt, die meisten Q'ero sind Analphabeten und sprechen kein Spanisch.

Die frühzeitige Anleitung zur Übernahme von Verantwortung ist ein wesentliches Merkmal der Erziehung in der Familie. Da es in Q'ero keine Trennung zwischen der Welt der Erwachsenen und der Kinder gibt, lernen diese durch Anschauung die Verhaltensregeln und Normen, die für alle gleichermaßen gelten. Dabei spielen die Stetigkeit im Verhalten der Erwachsenen sowie die Konstanz ihrer Umwelt eine große Rolle. Die Kinder können auf ihr Handeln im Prinzip immer gleiche Reaktionen erwarten, wodurch ihre persönliche Sicherheit und damit auch ihre Ausgeglichenheit sehr gefördert wird.

Für uns war es oftmals überraschend zu erfahren, daß ein kleines Mädchen, das mit Stolz und Ernsthaftigkeit der Mutter bei der Hausarbeit half, erst vier Jahre alt war. Der siebenjährige Sohn des Nachbarn versorgte zwei Wochen lang alleine die Herden, da die Eltern auf dem Feld arbeiteten, und seinen elfjährigen Bruder beobachteten wir bei einer anderen Gelegenheit, als er selbständig eine kleine Opferzeremonie durchführte, weil die Schafe im Pferch nicht zur Ruhe kommen wollten.

So selbstverständlich, wie die Eltern von den Kindern das Erfüllen ihrer Aufgaben erwarten, so gelassen reagieren sie auf Fehler oder Mißgeschicke. Schelte und Vorwürfe sind kaum notwendig, denn auch schon für kleine Kinder ist es nicht schwierig, die Folgen zu begreifen, die beispielsweise das Zerbrechen eines Topfes hat, und so lernen sie schnell, mit den Dingen vorsichtig umzugehen. Da sie keine besonderen Spielsachen besitzen, sondern allen Hausrat benutzen dürfen, machen sie diese Erfahrung schon sehr früh.

Auch ältere Kinder werden nicht bestraft. Wenn sie einen Fehler gemacht haben – zum Beispiel kann ihnen ein Tier beim Hüten abhanden kommen –, wird womöglich kein Wort darüber verloren. Das Kind weiß, was es zu tun hat, denn es hat oft genug das Verhalten der Eltern in einer solchen Situation miterlebt. Es wird schon in der Morgendämmerung aufbrechen, um das Tier zu suchen, ohne weitere Aufforderung oder Ermahnung.

Auch in der Q'ero-Familie kommen Streitigkeiten vor, unter Erwachsenen und Kindern, oft bedingt durch unausweichliches

Zusammenleben auf engem Raum. Doch gibt es eine Reihe von Möglichkeiten, diese Konflikte beizulegen. Vorwiegend geschieht dies während der zahlreichen Familienfeste. Das Oberhaupt der Familie bringt den Streitpunkt im Verlauf der Durchführungsrituale zur Sprache, der dann unter Beteiligung aller diskutiert und geklärt wird. Damit ist die Angelegenheit abgeschlossen, sie wird vergessen und niemandem nachgetragen.

Wirkliche Feindschaften, die bei ihrer Art des Zusammenlebens schlimme Folgen hätten, kommen nicht vor. Das allen gemeinsame Bestreben, die Harmonie zu bewahren, ist die Grundlage, auf der mit verschiedenen Mitteln Konflikte bewältigt werden.

Die ganze Lebenssituation der Q'ero sowie die Tatsache, daß an alle Mitglieder die gleichen, von allen erfüllbaren Ansprüche gestellt werden, lassen von vorneherein wenig Aggression entstehen.

Die Comunidad Q'ero

Keiner der Q'ero kann sich ernstlich vorstellen, an einem anderen Ort zu leben. »Hier haben wir schon immer gelebt«, sagen sie und drücken dies auch in ihrer mündlichen Überlieferung aus.

Q'ero bedeutet für sie zum einen die Gruppe, in die der einzelne eingefügt ist, die Gemeinschaft, die durch die gemeinsame Tradition verbunden ist. Was sie äußerlich von den Bauern anderer Comunidades unterscheidet, ihre Kleidung, ihre speziellen Webmuster, ihre Musik, das empfinden auch sie selbst als Kennzeichen eines Q'ero, damit identifizieren sie sich.

Zum anderen ist Q'ero auch die Umgebung, die Täler, die Flüsse, die Berge, die Schneegipfel wie »Wamanripa« und »Qolqepunku«. Sie sind Wohnsitze der Götter, ihrer Götter. Der Erdboden, das ist ihre Erde, die Kartoffeln und Weide für sie, die Q'ero, wachsen läßt, die sie aufzieht und versorgt wie eine Mutter.

All das zusammen ist nicht nur die Basis ihrer realen Existenz, sondern auch ihres Urvertrauens in die Welt. Die Gruppe verschafft den einzelnen soziale Sicherheit. Sie ermöglicht ihnen, ein so großes und unwegsames Gebiet zu nutzen, denn nur gemeinsam können sie die notwendigen Einrichtungen erstellen und schwierige Aufgaben bewältigen.

Die Q'ero nennen ihre Dorfgemeinschaft Comunidad. Ihre Organisationsform entspricht aber nicht der einer »Comunidad Campesina«, wie sie im Zuge der Agrarreform bei vielen ehemaligen Haciendagemeinden geschaffen wurde. Sie hat Ähnlichkeit mit der Organisation der kolonialzeitlichen Gemeinde, in Anlehnung an das vorspanische Ayllu, ist aber in vieler Hinsicht geprägt durch die Einflüsse der Hacienda und deren ungeordneter Auflösung.

Die Comunidad Q'ero ist basisdemokratisch organisiert. Oberstes Entscheidungs- und Verwaltungsgremium ist die Versammlung der Familienoberhäupter. Sie wählt für die verschiedenen Aufgabenbereiche ihre Vertreter, die ihre Ämter in ständigem Kontakt mit der Versammlung ausüben.

Wenn Entscheidungen anstehen, die die gesamte Comunidad betreffen, läßt der Alcalde (Bürgermeister) durch seine Assistenten die Versammlung einberufen, zu der sich die Familienväter aus allen Siedlungen in Q'ero Llaqta einfinden.

Der Anlaß kann ein akutes Problem sein, die Planung einer Gemeinschaftsarbeit oder die Wahl eines neuen Amtsträgers. Während der Versammlung kann jeder Teilnehmer Anregungen und Vorschläge einbringen, eigene Probleme oder einen Konfliktfall vorstellen. Auch beispielsweise die Entscheidung, ob jemand ein zusätzliches Stück Land bebauen darf, um die wachsende Familie versorgen zu können, wird von der Versammlung getroffen.
Für die Durchführung und Beachtung der gefaßten Beschlüsse haben die gewählten Amtsträger zu sorgen, die auch den Vorsitz in der Versammlung haben und deren Stimme besonderes Gewicht besitzt. Sowohl die Versammlung als auch die verschiedenen Ämter sind als Institutionen ausschließlich abhängig von der Anerkennung und Achtung, die ihnen die Mitglieder der Comunidad entgegenbringen. Grundlage ihrer Autorität ist die soziale Kontrolle, die nach traditionellen Normen das Verhalten in der Gruppe regelt. Eine Schwächung der Tradition bedeutet unweigerlich einen Autoritätsverlust der Institutionen, eine Gefährdung der bestehenden sozialen Ordnung.
Es kommt immer häufiger vor, daß Männer der Versammlung fernbleiben und einzelne ihre Beschlüsse mißachten. Früher, so erzählen die Alten, genügte der Tadel einer Autorität, um jemanden zur Ordnung zu rufen, heute wird ein solches Verhalten mehr und mehr hingenommen.
Es ist bezeichnend, daß gerade die Männer aus dem wegen seiner großen Weiden wirtschaftlich besser gestellten Teil Q'eros sich am stärksten aus der Gemeinschaft zurückziehen. Sie haben mehr Kontakt zur Außenwelt und beginnen sich an den Mestizen zu orientieren, wodurch ihr Interesse an der Comunidad nachläßt und somit auch ihre Bereitschaft, Verantwortung zu übernehmen. Sie stellen sich kaum noch für Ämter zur Verfügung.
Doch trotz ihrer schwächer werdenden Position erfüllt die Versammlung zur Zeit noch ihre Funktion als oberste Instanz für alle internen Belange der Comunidad und schafft so die Voraussetzung für ein geordnetes Zusammenleben.

Die Q'ero sind darauf angewiesen, alle gemeinnützigen Einrichtungen selbst zu erstellen, da wie in vielen ländlichen Gebieten Perus keinerlei staatliche Infrastruktur besteht. In gemeinschaftlicher Arbeit werden Wege angelegt und gewartet, die in dem schwierigen Gelände zum Teil mit Mauern abgestützt oder mit Stufen ausgearbeitet werden müssen. Jedes Jahr müssen die Brücken, vor allem die im feuchten Nebelwald, repariert oder erneuert werden, da das Holz schnell verfault. Auch die öffentlichen Gebäude: die Kirche, das Lagerhaus der ehemaligen Hacienda und die Schule, halten sie selbst instand.
Gerade die Schule hat ihnen schon viel Arbeit abverlangt. Mittlerweile stehen in Q'ero Llaqta drei Schulgebäude, zwei von ihnen ungenutzt. In den vergangenen achtzehn Jahren, seit die Schule besteht, haben immer wieder neue Lehrer die Verbesserung oder den Bau einer neuen Schule gefordert, haben dies zur Bedingung gemacht für ihr Verbleiben und die Abhaltung des Unterrichts. Das letzte Schulgebäude nun, nach offizieller Norm mit Wellblechdach und großen Fenstern – allerdings ohne Glas –, ist das untauglichste von allen, da es den Bedingungen in Q'ero am wenigsten entspricht.
Ausgaben für solche und andere Zwecke bestreitet die Comunidad durch die Bewirtschaftung von Gemeinschaftsäckern. Dafür werden größtenteils die ehemaligen Felder

der Hacienda in den verschiedenen Anbaugebieten benutzt. Die dort produzierten Kartoffeln verarbeiten die Q'ero überwiegend zu Trockenkartoffeln, die leichter zu transportieren sind und beim Verkauf einen höheren Preis erzielen. Einen großen Teil davon behalten sie zurück, um ihn während der gemeinsamen Feste zu verzehren oder etwas davon den dörflichen Autoritäten als Anerkennung zukommen zu lassen.

Jede Gemeinschaftsarbeit ist ein soziales Ereignis. Zwischen den jungen Männern entstehen regelrechte Wettkämpfe, bei denen sie ihre Kräfte und ihre Geschicklichkeit im Umgang mit dem Grabstock messen. Mehrere Männer arbeiten jeweils in einer Gruppe zusammen, die schnellste gibt dann das Tempo an, und unter viel Lachen und Geschrei sind im Nu große Flächen gepflügt. Die Arbeit läuft aber ohne jede Hast ab. In den langen Pausen erzählen sich die Männer Neuigkeiten.
Die etwa im Abstand von einem Monat stattfindenden Gemeinschaftsarbeiten bekunden und festigen zugleich den Zusammenhalt der Gruppe. Wer ohne einsichtigen Grund fernbleibt, setzt sich heftiger Kritik aus, profitiert er doch von den Anstrengungen aller, ohne sich selbst zu beteiligen.
Die in Q'ero bestehenden Ämter unterscheiden sich nicht nur in ihrer Funktion, sondern auch in ihrer Bewertung. Innerhalb der Comunidad anerkannt und der internen Struktur angepaßt sind die traditionellen Ämter, die ihre Legitimation von der Versammlung erhalten. Sie werden jedoch von den staatlichen Lokalbehörden nicht akzeptiert, die die Einrichtung der offiziellen Ämter verlangen.
Oberste Autorität in der Comunidad Q'ero sowie ihr oberster Repräsentant nach außen ist der Alcalde. Sein Amt, das jedes Jahr von einem anderen Mann ausgeübt wird, gleicht dem eines Bürgermeisters. Der Alcalde trägt während seiner Amtszeit die politische und religiöse Verantwortung für die Comunidad, er ist zuständig für die Durchführung der gemeinsam getroffenen Beschlüsse. Sein Erfolg wird daran gemessen, ob und wie es ihm gelingt, Probleme zu bewältigen und Unheil von der Gruppe abzuwenden, wozu eine schlechte Ernte ebenso zählt wie eine besonders hohe Zahl von Todesfällen.
Das Amt ist mit großen Ausgaben verbunden, die der Ausübende aus eigenen Mitteln bestreitet. So muß er jeden Auftrag, den er einem anderen Mann im Namen der Comunidad erteilt, mit einer Portion Kokablättern bekräftigen und ist verpflichtet, bestimmte Feste auszurichten.
Er wird bei seiner Arbeit für die Comunidad von zwei bis vier Assistenten unterstützt. Sie haben unter anderem die Aufgabe, Versammlungen und Gemeinschaftsarbeiten anzukündigen. Zu diesem Zweck benutzen sie die »Posoni« oder »Pututu«, aus großen Meeresmuscheln gefertigte Blasinstrumente, deren dumpfer Klang dann in allen Tälern erschallt und die Männer von überall her zusammenruft.
Die Amtszeit des Alcalden beginnt Karneval, im Zusammenhang mit dem größten und wichtigsten Fest des Jahres. Bei seinem feierlichen Einzug in Q'ero Llaqta tragen seine Assistenten ein von ihm selbst gedichtetes Lied vor. Am darauffolgenden Tag findet das »Gespräch über die Erde« statt. Früher war dies der Moment, in dem das Ackerland für das kommende Jahr ihrem

Bedarf entsprechend unter den Familien aufgeteilt wurde. Heute, da die Felder de facto privater Familienbesitz sind, wird nur noch allgemein über die Arbeiten für die bevorstehende Ernte gesprochen.
Am Anschluß daran beginnt das Fest, an dessen erstem Tag der Alcalde die gesamte Comunidad bewirten muß. Im Verlauf der Antrittszeremonie richtet der Alcalde auch seine Bitte um Beistand bei der Erfüllung seiner Aufgaben an die Götter. In einer der ersten Versammlungen, die unter seiner Leitung stattfinden, wird schon sein späterer Nachfolger bestimmt.
Jeder erwachsene Mann kann zum Alcalden gewählt werden, Voraussetzung ist lediglich, daß er bereits verschiedene Ämter von untergeordnetem Rang ausgeübt und die Ausrichtung einiger großer Feste übernommen hat. Dadurch ergibt sich fast zwangsläufig ein Durchschnittsalter von etwa vierzig Jahren für den Alcalden.
Ein Mann, der sich der sozialen Verpflichtung entzieht, indem er keine oder nur wenige Aufgaben übernimmt, genießt in der Gruppe wenig Achtung. Er gilt nicht als »Kuraq«, als erfahrener Mann, dessen Stimme Gewicht hat in der Gemeinschaft.
In der Rangordnung folgt auf den Bürgermeister der Mandon. Auch er wird gewählt, bestimmt aber die Dauer seiner Amtszeit selbst. Wenn man mit ihm zufrieden ist, kann er einige Jahre dieses Amt ausüben. Aufgabe des Mandon ist die Organisation aller Gemeinschaftsarbeiten. Er leitet die Arbeiten und überwacht die Teilnahme – so wie es früher der Mandon für den Hacendado tun mußte, als Mittler zwischen diesem und den Q'ero. Das Amt stammt aus der Zeit der Hacienda.
Alcalde und Mandon bilden zusammen mit dem dritten, dem Teniente Gobernador, die eigentliche lokale »Regierung«. Das Amt des Teniente Gobernador wurde erst während der Agrarreform eingerichtet, es ist das einzige der behördlich anerkannten, also nicht traditionellen Ämter, das in der Comunidad Bedeutung hat.
Der Teniente Gobernador vertritt die polizeiliche und richterliche Gewalt des Staates. Er untersteht dem Präfekt des Verwaltungsbezirks und hat dessen Anweisungen auszuführen. So ist er zum Beispiel im Fall einer Vorladung eines Q'ero verantwortlich für dessen termingerechtes Erscheinen vor Gericht. Innerhalb der Gemeinde schlichtet er in Übereinstimmung mit den anderen Autoritäten und der Versammlung Streitigkeiten, steht aber auch ansonsten dem Alcalden und dem Mandon bei ihrer Arbeit zur Seite. Das Ansehen dieses Amtes ist relativ gering, wohl auch weil es immer wieder mißbraucht wurde.

Die übrigen offiziellen Ämter, wie Presidente, Vicepresidente und Secretario, spielen im Leben der Comunidad praktisch keine Rolle.
Jedes Jahr werden einige Männer gewählt, die die Aufgabe haben, in der Zeit zwischen Aussaat und Ernte die Felder in den verschiedenen Anbaugebieten zu bewachen. Sie sind auch verantwortlich für die Verar-

beitung der Gemeinschaftsernten zu Trokkenkartoffeln. Die Arariwa, wie sie genannt werden, haben Sorge dafür zu tragen, daß die Äcker nicht von den vielzähligen Räubern wie Hirsch, Maus, Fuchs und Schwein heimgesucht werden. Einzige Maßnahme gegen Plagen und Seuchen sind Opfergaben an die Götter, damit diese das Unheil abwenden mögen. In den letzten Wochen vor der Ernte leben die Arariwa in direkter Nähe der Felder, um sie ständig zu überwachen.

Der Contador, »Buchhalter« der Gemeinde, registriert die Produktion der Gemeinschaftsäcker zur Kontrolle für die Weiterverarbeitung. Er tut dies mit Hilfe von Khipu (Knotenschnüren), wie sie in ähnlicher Form im Inkareich benutzt wurden. In verschiedenfarbigen Schnüren werden dabei durch eine bestimmte Anordnung unterschiedlicher Knoten Zahlen und Vorgänge festgehalten. Auch für das Abmessen von Mengen benutzen die Q'ero zum Teil traditionelle Techniken und Maße.

Neben den beschriebenen existiert noch eine Reihe anderer öffentlicher Ämter in verschiedenen Bereichen der Organisation der Comunidad. Zu den für sein Ansehen in der Gemeinde wichtigen Verpflichtungen eines Mannes gehört auch die Erfüllung von Aufgaben im Rahmen der religiösen Feste. Schon junge Männer übernehmen solche Funktionen, etwa als Tänzer bei einer Pilgerfahrt oder als Träger des Kreuzes. Die mit größeren Kosten verbundene Ausrichtung von Festlichkeiten fällt den Älteren zu.

Soziale Anerkennung unter den Q'ero entsteht vor allem aus dem Einsatz des einzelnen für die Gruppe, was normalerweise durch die Ausübung von öffentlichen Ämtern geschieht. Je mehr Pflichten ein Mann im Laufe seines Lebens übernommen hat, desto größer ist sein Ansehen. Seine Erfahrung wird von allen geschätzt und sein Rat gerne in Anspruch genommen.

Unabhängig von seiner »Laufbahn« kann ein Mann Schamane sein, wenn er die persönlichen Voraussetzungen dafür mitbringt. Er muß von den Göttern dazu bestimmt sein und eine Lehre bei einem »Meister« absolvieren, insbesondere für die ranghöchste Stufe des Schamanen dauert diese oft viele Jahre. Nach ihren Wirkungsbereichen und Fähigkeiten unterscheidet man Seher, Medizinmänner und Priester. Dies sind die einzigen Ämter, die auch Frauen bekleiden können, von allen anderen sind sie ausgeschlossen; sie können daher nur indirekt auf die Entscheidungen und das Geschehen in der Comunidad Einfluß nehmen.

Ein konfliktfreies Zusammenleben gibt es auch in Q'ero nicht, doch kommt es nur äußerst selten zu heftigen Auseinandersetzungen. Aggressivität wird vor allem in spielerischen Wettkämpfen ausgelebt. Kommt es zu Streitigkeiten zwischen Mitgliedern der Comunidad, werden sie im allgemeinen in der Versammlung oder durch die Autoritäten beigelegt, auf der Basis von Normen, die durch Brauchtum und Sitte gleichsam Gesetzeskraft besitzen. Die mündlichen Überlieferungen in Form von Erzählungen und Märchen tragen dazu bei, diese Normen in anschaulicher Weise weiterzugeben. Gerade diese nicht fixierte Form ermöglicht es, daß die Normen gegebenenfalls auch veränderten Situationen angepaßt werden können. Dauerhafte Feindschaften aufgrund eines Streits kennen die Q'ero nicht, auch verlaufen die Auseinandersetzungen selbst meist ruhig.

An zwei Beispielen möchten wir die Entstehung und den Ausgang von Konflikten schildern:

Luis, der bei allen als Querkopf bekannt ist, hatte seine Herde auf den Acker seines Nachbarn getrieben, um ihn zu düngen und später zu bestellen. Auf die Ermahnungen der eingeschalteten Autoritäten reagierte er nicht. Zu diesem Zeitpunkt wäre die Strafe für sein Vergehen noch der Verlust des Lamamistes gewesen. Doch er fühlte sich im Recht, obwohl dieses Stück Land schon vor einigen Jahren seinem Nachbarn

Pablo von der Versammlung zugesprochen worden war. Da die Beschwerden Pablos nichts bewirkten, wurde dieser selbst aktiv und trieb seine Schweine auf den von Luis inzwischen bestellten Acker, wo sie im Handumdrehen die gesamte Saat vernichteten. Dies war ein schweres Vergehen, denn die Saat ist, auch wenn sie in fremdem Boden liegt, unantastbar, da sie für jedermann die Grundlage seiner Existenz bildet.

Nun war es mittlerweile für Luis und Pablo zu spät geworden, diesen Acker zu bepflanzen. Die Autoritäten und die Versammlung, die sich dann mit dem Fall beschäftigten, entschieden darum nach ausführlichen Gesprächen und Anhörung der Kontrahenten, daß Pablo im kommenden Jahr zur Strafe einen Acker des Luis düngen müsse, dieser aber andererseits keinen Ersatz für die verlorene Saat bekomme. Während der gesamten Zeit lebten die zwei ohne Feindseligkeiten nebeneinander und begannen auch bei der »Verhandlung« nicht, zu streiten. Daß sie sich beide falsch verhalten hatten, sagten ihnen die anderen Männer in aller Offenheit, und es wurde ihnen bewußt, daß ihr Ansehen in der Comunidad gelitten hatte.
Ganz anders verlaufen Streitigkeiten mit Personen, die nicht zu Q'ero gehören, denn sie können nicht auf diese Weise in dem vorgesehenen traditionellen Rahmen beigelegt werden. Ein Beispiel: Ein Mann namens Vicente Mamani aus einem kleinen Ort an der Straße hatte vor achtzehn Jahren mehrere Pferde zu Martin Quispe gebracht, damit dieser sie für zwei Jahre in Q'ero weide. Unter den Pferden befand sich auch eine trächtige Stute, und so waren sie übereingekommen, das Fohlen als Bezahlung einzusetzen.
Nachdem nun das Geschäft schon lange wie besprochen abgewickelt war, forderte Vicente von Martin immer wieder Geld, mit der Begründung, daß der Preis für Fohlen inzwischen wesentlich höher liege. Martin bezahlte tatsächlich.
Als 1979 Vicente Mamani Teniente Gobernador seines Ortes wurde, stellte er kraft seines Amtes ein Dokument aus, in dem er von Martin die Übergabe zweier Pferde, der vermeintlichen Nachkommen seiner Stute verlangte, um so den einstigen Handel rückgängig zu machen, da Martin seinen erneuten Geldforderungen nicht nachkommen wollte. Als Mamanis Sohn mit dem amtlich besiegelten Schriftstück nach Q'ero kam, konnte es keiner der anwesenden Q'ero lesen, und so wollte Martin aus Angst vor den Drohungen, ins Gefängnis zu kommen, die Pferde herausgeben.
Dieses Mal konnten wir zwar diesen offensichtlichen Viehdiebstahl noch verhindern, doch einige Wochen später kam der Sohn während unserer Abwesenheit mit Verstärkung wieder und holte die Pferde und Martin ab. Sie brachten ihn in die Stadt zum Friedensrichter, einem Schwager des Vicente Mamani, der ihn nötigte, ein Dokument zu unterschreiben, in dem er die freiwillige Abtretung der Pferde an Mamani bestätigte. Als wir Martin später fragten, ob er nicht gegen Mamani vorgehen wolle, sagte er: »Für uns gibt es kein Recht.«
Tatsächlich ist es für die Q'ero, wie für viele andere Bauern, schwer, wenn nicht unmöglich, ihre Rechte zu verteidigen und berechtigte Forderungen durchzusetzen. Sie sind von vornherein unterlegen, da sie weder lesen noch schreiben können, noch die Rechtslage und Rechtspraxis kennen. Hinzu kommt, daß die meisten keinen Identitätsnachweis besitzen, also nicht registriert

und damit auch nicht rechtsfähig sind. Die negativen Erfahrungen, die die Q'ero in vieler Beziehung bei ihren Kontakten mit der Außenwelt gemacht haben – sei es nun die Willkür der Behörden oder die Korruption der Beamten –, tragen wesentlich dazu bei, daß sie sich abkapseln. Sie versuchen, Auseinandersetzungen auszuweichen, und meiden darum nach Möglichkeit, bis auf wenige Ausnahmen, den Kontakt.
Auch zu den benachbarten Comunidades unterhalten sie kaum Beziehungen, nur selten finden Heiraten über die Grenzen Q'eros hinweg statt. Zuwanderung aus anderen Gemeinden gibt es fast nicht. Das hat dazu geführt, daß die 94 in Q'ero lebenden Familien nur dreizehn Familiennamen tragen, schon bald werden es nur noch elf sein. Unter diesen Umständen nehmen die Fälle von Heirat unter Verwandten zu.
Es zeigt sich, daß die für die Erhaltung der indianischen Kultur positive Zurückgezogenheit auch ausgesprochen ungünstige Begleitumstände aufweist. Die notgedrungene Selbstisolierung schirmt die Q'ero auch vor Impulsen ab, die ihre eigene Entwicklung fördern könnten. Es besteht die Gefahr der Erstarrung. Zudem vergrößert sich der Abstand zwischen der sich entwickelnden und verändernden Außenwelt und den Q'ero immer schneller. Auf Dauer wird ihre Isolation nicht schützen vor der offensiven Politik, die im Indianer vor allem ein Hindernis auf dem Weg des Fortschritts sieht. Die Menschen und Ideen, die unvermeidlich in ihren Raum eindringen werden, dürften, so wie es heute aussieht, stärker sein, da sie sich im Gegensatz zu den Q'ero in Übereinstimmung mit den erklärten Werten und Zielen der im Lande Herrschenden befinden.

Religion und Weltanschauung

Zu Beginn haben wir bei der Charakterisierung der Quechuaindianer ihre soziale Situation und ihre kulturelle Identität als wesentliche Merkmale hervorgehoben. Es ist unerläßlich, sich mit dem Bereich der immateriellen Kultur zu befassen, will man die Runa verstehen. Denn dies ist der Hintergrund, vor dem ihr Handeln und Verhalten erst in ihrem Sinn erkennbar wird. Die Religion verleiht ihrer sozialen und kulturellen Ordnung Kraft und Gültigkeit. Sie ist untrennbar mit dem täglichen Leben der Gemeinschaft und des einzelnen verbunden, denn sie ist Ausdruck der gemeinsamen Weltanschauung und nicht Angelegenheit des persönlichen Glaubens.
Bei der Beschreibung der Religion und Weltanschauung entsteht die Schwierigkeit, daß die dafür notwendige Trennung der einzelnen Elemente und das Schematisieren im Widerspruch stehen zur Auffassung der Runa, für die die Gesamtheit von wesentlich größerer Bedeutung ist als das Detail. Das Gefühl aber für das Zusammenwirken aller Elemente kann man mit Worten nicht vermitteln.
In ihrer Weltanschauung steht der Mensch nicht über den anderen Elementen des Kosmos, sondern ist mit ihnen gemeinsam eingefügt in eine Ordnung, deren Harmonie sich nur aus dem geregelten Zusammenspiel aller ergeben kann. Eine Störung in diesem Gefüge hat Chaos zur Folge, das die Existenz des Menschen wie des gesamten Kosmos gefährdet.
In diese Weltanschauung sind viele Erfahrungen eingeflossen, die das Volk im Verlauf der letzten Jahrhunderte, vor allem seit der Eroberung durch die Spanier, gemacht hat. Vor der Ankunft der Spanier hatte sich von Cuzco ausgehend das Inkaimperium in kurzer Zeit ausgedehnt, wobei die lokalen Religionen von der inkaischen Staatsreligion überlagert, aber nicht vernichtet wurden. Die unterworfenen Stämme erkannten die stärkeren Götter der Sieger an und stellten sie über die eigenen.
Mit dem Zerfall des Inkareiches und seiner sozialen Ordnung verloren auch dessen Götter an Bedeutung. An ihre Stelle traten die »christlichen Götter« (Gott, Jesus, die Heiligen), denn sie waren offensichtlich

überlegen, so wie die Spanier im Kampf gegen das Inkareich.
Die gewaltsame Missionierung, die Vernichtung des Heidentums, richtete sich vor allem gegen die Religionspraktiken als Ausdruck der Ungläubigkeit und ging kaum über eine formale »Christianisierung« hinaus. Die indianischen Götter aber lebten weiter, versteckt hinter christlichen Namen und Symbolen, und damit auch die wesentlichen Inhalte der Religion. Gerade äußerliche Anpassung ermöglichte ihre dauerhafte Verteidigung.
Die Grausamkeit und Ungerechtigkeit, das Plündern und Töten im Namen des Christengottes trugen dazu bei, daß sich auch offener Widerstand bildete. Dem Willen und Befehl ihrer eigenen Götter gehorchend, setzten sich die Indianer gegen die Unterdrückung durch die Weißen zur Wehr. Bis in die Mitte des 18. Jahrhunderts flammten immer wieder Rebellionen auf, vereinzelt auch noch im 20. Doch alle, auch die größten Aufstände im 16. und 17. Jahrhundert, die große Volksmassen hatten mobilisieren können, wurden niedergeschlagen.
Das Scheitern dieser Versuche, die indianische (Welt-)Ordnung wiederherzustellen, bewirkte einen allmählichen Übergang vom aktiven in einen passiven Widerstand. Es begann das Warten auf den Messias, der diese gottgewollte Zeit der Unterdrückung beenden und die Machtverhältnisse umkehren würde.
Auf der Grundlage dieses Glaubens lebte unter dem Deckmantel des scheinbar angenommenen Christentums die indianische Religion weiter. In dem Freiraum, den sich die Runa auch durch ihr Verhalten den Weißen gegenüber schufen, konnte sich ihre Kultur ganz im Zeichen des passiven Widerstandes weiterentwickeln.
Andererseits weisen heute die Mythen von Inkarrí, dem Messias, auch deutlich inhaltliche Einflüsse des Christentums auf. Die Figur Inkarrí selbst, aber auch die Vorstellung von Zeit und Raum ist von der Weltanschauung der christlichen Religion geprägt.
Die Frage, ob es sich bei der heutigen andinen Religion um eine Synthese oder lediglich um Synkretismus von indianischer und christlicher Religion handelt, ist nicht gültig zu beantworten, auch weil dies vom eigenen Glaubensstandpunkt abhängt. Außerdem ist das Entwicklungsstadium, in dem sich die verschiedenen Regionen befinden, nicht einheitlich.

Zudem muß man bedenken, daß durchaus Werte und Vorstellungen, deren Herkunft wir für christlich-europäisch halten, unter anderen Namen schon vor der Ankunft der Spanier existiert haben. Es ist schwer zu sagen, welchen Raum christliche Weltanschauung im Glauben der Runa einnimmt. Etwas Aufschluß darüber geben die Aussagen der Q'ero. Wichtig ist, sich vor Augen zu halten, daß die Erzählungen der Q'ero ihre Welterfahrung vom Stand des Jahres 1979/80 aus wiedergeben und keine archaischen Überlieferungen ohne Bezug zur jeweiligen Gegenwart darstellen.
Inkarrí oder Inka personifiziert die indianische Weltordnung, der sich die Q'ero als

»Enkel der Inka«, wie sie sich bezeichnen, zugehörig fühlen. Inkarrí ist nicht Schöpfer der Welt, wohl aber Erschaffer der Ordnung und steht in Verbindung mit allen göttlichen Wesen. Über ihm steht nur der christliche Gott, der Schöpfer, an der Spitze der Hierarchie.

In Inkarrí finden Handeln und Denken der Runa ihre Erklärung, auf ihn führen sie alle Traditionen zurück. Er ist der Kulturschöpfer, und darum auch zentrale Figur ihrer Mythologie. Doch erfährt er keine rituelle Huldigung oder Anbetung.

Noch ist der Zeitpunkt seines Erscheinens nicht gekommen, die Zeit, in der er die indianische Weltordnung wiederherstellen wird. Noch verharrt Inkarrí in einer imaginären Stadt im Urwald, in die er nach dem Sieg der Spanier geflohen war, und bildet sich von neuem. Die Runa drücken es so aus: »Inkarrí wächst unter dem ganzen Land, und sein Kopf hat sich bereits erhoben, die Macht der Spanier läßt nach. Es liegt an Gott, wann er (Inkarrí) sich ganz erhebt, um die Macht der Spanier zu beenden.«

Bei den Runa bestand in vorspanischer Zeit die Vorstellung, daß die Zeit in Zyklen abläuft. Jeder Zyklus endet mit einer Katastrophe, durch die die Verhältnisse umgekehrt werden: Auf die Zeit des Mondes folgt die der Sonne, auf Chaos folgt Ordnung, die Menschen der einen Schöpfung werden vernichtet und neue geschaffen. Dieser Logik zufolge müßte auf den gegenwärtigen Zyklus, die Zeit der Sonne, in der wir leben, nach einer neuerlichen Katastrophe wieder eine Zeit der Dunkelheit, des Mondes, des Chaos folgen, müßten die heutigen Menschen vernichtet werden und die der Vergangenheit wiederkehren.

Doch in bezug auf die Vorstellung von der Zukunft hat eine Wandlung stattgefunden, verursacht durch das Eindringen des Christentums und seiner anderen, linearen Zeitauffassung. Die kommende Zeit wird nicht mehr als Wiederholung des Vergangenen gesehen, sondern als etwas Neues und anderes, eine paradiesische Ära, in der die Menschen ohne Mühsal und ohne zu altern leben werden.

Die Wiederherstellung der Ordnung durch Inkarrí findet jedoch noch in der jetzigen Zeit statt. Sie wird keine Neuschöpfung sein, sondern nur Korrektur der durch die Spanier gestörten Ordnung. Erst kurz darauf wird unsere Zeit durch eine Katastrophe zu Ende gehen und die neue beginnen. Wenn auch die Vorstellung von den großen Zeiträumen sich gewandelt hat, so ist doch im Kleinen das Denken in zyklischen Abläufen geblieben. Aus dieser Mischung und der parallelen Existenz verschiedener Konzepte ergibt sich teilweise eine Verwirrung, der mit Logik nicht beizukommen ist.

»Pacha« ist das Wort, mit dem Zeit und Raum im weltanschaulichen Sinn bezeichnet werden. Zeit und Raum sind für den Runa nicht trennbar. »Kay Pacha« ist »diese (unsere) Zeit«, aber auch »diese (unsere) Welt«. In dieser Welt leben die Götter, die Menschen, die Tiere und Pflanzen und alle übrigen Elemente der Natur zusammen und unterliegen alle gemeinsam den gleichen Gesetzen der Zeit. Das Gleichgewicht aller Kräfte im Kosmos ist Voraussetzung für ein harmonisches Zusammenleben.

Pacha ist also in erster Linie der Kosmos. Da seine Komponenten Zeit und Raum sind, heißen auch sie Pacha. In vielen Zusammenhängen kommt diese Bedeutung zum Ausdruck. »Pacha Illarin« meint einerseits den Anbeginn der Zeit und die Erschaffung der Welt, andererseits steht es für den Tagesanbruch. »Pachakuti« ist der Name einer kleinen Pflanze, die das Wiedererblühen der Weide nach der Trockenzeit anzeigt, aber auch die Bezeichnung für den zyklischen Wechsel der Zeit, der in Form einer Katastrophe stattfindet. Nach welchen Regeln ist nun diese Weltordnung, der Kosmos, aufgebaut? Wichtigstes Prinzip des Aufbaus der Weltordnung ist das Yanantin. »Yana« ist der andersgeschlechtliche Partner, also Freund/Freundin, Geliebter/Geliebte oder Gemahl/Gemahlin, die

Endung »-tin« bedeutet »mit«. Yanantin ist die lebensbefähigende Verbindung männlich – weiblich, im Gegensatz zum unvollständigen und unproduktiven Einzelnen. Das Yanantin hat Ähnlichkeit mit dem chinesischen Prinzip Yin und Yang.
Jedem Teil sind bestimmte Eigenschaften und Merkmale zugeordnet. Das Männliche ist »Phaña« (rechts) und stärker als das Weibliche, das in »Lloq'e« (links) steht.

Alles Lebendige unterliegt der Einteilung nach diesem Prinzip. Nicht nur Menschen und Tiere sind lebendig, sondern alles, was einem Zyklus von Entstehen und Vergehen unterworfen ist, auch die Götter und Geistwesen. Der Blitz, der aufleuchtet, Steine, die sich vom Fels lösen und mit der Zeit zu Staub zerfallen, ebenso wie Quarze, die beim Aufeinanderschlagen Funken erzeugen. Als lebendig, aber nicht im physischen Sinn gelten auch Dinge, die beseelt oder von einem Geistwesen bewohnt sind, wie etwa Steine und Felsen von auffälliger Gestalt. Auch können tote Dinge in der Verbindung zum Menschen Leben bekommen. So hat das Haus, aus toten Steinen gebaut, Leben, wenn es bewohnt wird.
Alles Lebendige hat sein Yana, seinen Partner. Bei den Menschen oder Tieren ist dies ganz klar der andersgeschlechtliche Partner. In allen anderen Bereichen richtet sich die Zuordnung nach den entsprechenden wesentlichen Merkmalen, beim Männlichen nach der Aktivität. Der passive Teil ist weiblich, häufig nicht klar definiert, sondern als die notwendige Ergänzung des Männlichen nur als »sein Yana«, »sein Links« oder »seine Prinzessin« bezeichnet.
Für alles gilt, daß es Leben nur durch die Verbindung von männlich und weiblich geben kann. Ein gutes Herdfeuer verlangt zwei verschiedene Sorten Brennmaterial, denn Schafmist allein brennt nicht, Holzscheite verbrennen zu rasch. Erst beides zusammen ergibt ein gleichmäßiges und dauerhaftes Feuer: der »weibliche« Schafmist spendet die Wärme und dauerhafte Glut, das »männliche« Holzscheit aber erzeugt die aktive Flamme, die Kombination schafft Leben. In den Erzählungen der Q'ero werden wir dem Yanantin in unterschiedlichsten Zusammenhängen begegnen.
Die Götter und Geistwesen sind sowohl »gut« als auch »böse«. So gibt es etwa den »guten« Blitz (Buen Qaqha oder Alto Qaqha) und den »bösen« Blitz (Mal Qaqha). Beide zusammen sind der Blitz, der den Namen Santiago San Felipe Qaqha trägt – Santiago der »Gute« und San Felipe der »Böse«.
Das heißt, der Blitz, wie die anderen Götter auch, ist weder absolut »gut« noch »böse«, sondern trägt beides in sich, doch überwiegt situationsbedingt das eine oder das andere. Als »böse« bezeichnet der Runa die strafende Macht eines Gottes, als »gut« sein Wohlwollen. Nur einige Geistwesen, in denen das »Böse« stark überwiegt, bedeuten Gefahr schlechthin, unabhängig und unbeeinflußbar. Ansonsten hängt es vom Verhalten des Menschen ab, ob ein Gott ihn straft, indem er ihm Schaden zufügt, oder ihn belohnt, indem er es ihm wohlergehen läßt. Eine Handlung, die gegen die Normen verstößt und damit das Zusammenleben der Gruppe stört, hat immer eine Bestrafung durch die Götter zur Folge.
Durch Rituale und Brandopfer kann das »Gute« aktiviert werden. Insgesamt ist das »Gute« stärker als das »Böse« und wird von daher mit dem Männlichen in Verbindung gebracht, wogegen das »Böse« eher in Be-

ziehung zum Weiblichen steht. Doch sowohl die männliche Gottheit als auch seine Frau schließen jeweils »Gut« und »Böse« ein.
In der zeremoniellen Praxis vermögen die Frauen einen mäßigenden Einfluß auf das »Böse« in der Götterhierarchie auszuüben und durch ihre demütige Haltung durchaus Positives von ihm zu erlangen, während die Männer im Kontakt mit dem »Guten« sich bemühen, die Götter gnädig und gerecht zu stimmen.
Das gemeinsame Streben ist darauf ausgerichtet, den Zustand der Ausgeglichenheit von beidem zu bewahren oder zu befördern. Auch in anderen Bereichen, etwa in der traditionellen Pflanzenheilkunde gilt das Prinzip, daß das Wohl des Menschen in dem Ausgleich der Gegensätze liegt (eine Krankheit, die als »heiß« gilt, wird mit einer »kalten« Medizin behandelt, so entsteht »Kushka«, das heißt Ausgeglichenheit).
Das »Gute« wird mit »Phaña« (rechts), das »Böse« mit »Lloq'e« (links) bezeichnet. Obwohl das Weibliche dem »Links« zugeordnet ist, bedeutet dies aber nicht, daß das Weibliche mit dem »Bösen« identisch ist. Die Begriffe »Phaña« und »Lloq'e« stehen für eine ganze Reihe von Inhalten, zugeordnet nach dem dualistischen Prinzip von Männlichem und Weiblichem, das eben nicht eine ausschließlich geschlechtliche Definition ist.
Eine Vielfalt von Göttern und Geistwesen, von besonderen Orten, Erscheinungen und heiligen Dingen spielt im Glauben der Q'ero eine Rolle. Wir werden uns im folgenden auf diejenigen beschränken, die für sie von größter Bedeutung sind, da wir lediglich beabsichtigen, das Verstehen der Erzählungen dieses Buches zu erleichtern.
Die Gottheiten des andinen Kosmos teilen sich in väterliche und mütterliche. Während die gesamte Götterhierarchie, in die auch die »christlichen Götter« integriert sind, väterlich ist, sind Pachamama und ihre ältere Schwester, die Jungfrau Maria, die häufig als eine Person gesehen werden, mütterlich.
Pachamama ist Mutter aller Lebewesen und Dinge. Mama oder Mutter steht auch für Beständigkeit. Diese Bedeutung kommt auch in anderen Zusammenhängen zum Ausdruck, so heißt etwa der Gletscher »Mama Rit'i« (Quechua für Schnee). Pachamama begründet als mütterliches Prinzip ganz besonders das Vertrauen in die Beständigkeit des Kosmos. Sie vereint Zeit und Raum, verbindet Vergangenheit, Gegenwart und Zukunft, denn sie ist ewig.
Sie ist als »Mutter Erde« die Mutter aller Menschen, Tiere und Pflanzen, denn sie spendet Leben und erhält es. Sie beherbergt alle, auch die Götter, und läßt die Nahrung wachsen, mit der sie alle aufzieht und ernährt. Ihre Liebe ist vorbehaltlos und gilt allen gleichermaßen. Sie ist genügsam, fordert nichts außer einigen kleinen Opfergaben und gewährt ihre Gunst, ohne daß der einzelne darauf Einfluß nehmen kann. Wenn sie einmal straft, etwa weil ihr nicht die nötige Achtung entgegengebracht wurde, dann trifft dies in den meisten Fällen nicht einen einzelnen Menschen, sondern die gesamte Gruppe, deren Weiden dann schlecht und deren Tiere und Äcker weniger fruchtbar werden.
Nur an wenigen Tagen im Jahr ist Pachamama aktiv. Dann erwartet sie besondere Aufmerksamkeit und Ruhe, niemand darf darum den Boden bearbeiten. Doch nicht einmal in dieser Zeit nimmt sie Gestalt an, wie es die Götter tun. Es existiert in Q'ero keine konkrete Vorstellung von ihrem Sein. Auch hat Pachamama kein Yana, keinen Partner, denn sie ist zwar das mütterliche Prinzip, aber nicht weiblich im Sinn der dualistischen Weltordnung und gilt daher als »in sich ausgeglichen«. Sie nimmt von daher eine Sonderstellung ein, die gerade auf ihre außerordentliche und elementare Bedeutung zurückzuführen ist.
Innerhalb der Götterhierarchie sind Macht und Aufgaben genau festgelegt. Die bestehende Ordnung basiert auf Prinzipien, die

auch eine Einordnung hinzukommender Wesen, wie etwa der christlichen, zuläßt, ohne daß das gesamte Gefüge durcheinandergerät.
Der Wohnort eines Gottes zeigt seinen Rang an. Je höher dieser liegt, desto größer ist seine Macht in der Hierarchie. Je tiefer sein Wohnort liegt, desto stärker überwiegt das böse Element. Auf der Ebene des Erdbodens leben die verschiedenen Geistwesen.
Eine weitere räumliche Trennung gibt Aufschluß über eine andere, grundsätzliche Verschiedenartigkeit der Götter. Alle andinen Gottheiten leben mit den Menschen zusammen in »Kay Pacha«, in dieser Welt, ebenso auch ein Teil der christlichen Wesen. Sie stehen also in direkter Verbindung mit den Menschen. »Gottvater« und »Jesus Christus im Himmel« hingegen leben in »Hanaq Pacha«, im Himmel. Dies zeigt einerseits ihre immense Macht, denn kein anderer Gott lebt so hoch oben, andererseits aber auch ihren großen Abstand zum Menschen. Sie haben keinen direkten Einfluß auf sein Leben, die Kommunikation mit ihnen ist gering. Aber erst die Nähe von Menschen und Göttern, wie sie mit den Anden-Göttern besteht, macht es möglich, daß sowohl göttliche Gunst als auch Strafe hier und sofort, also unmittelbar nach der sie auslösenden Handlung wirksam werden und den Menschen nicht erst in ferner Zukunft erwarten.
In »Sinchi Alto«, das bedeutet »ganz hoch oben«, lebt also »Dios Padre Eterno« oder »Gottvater«, der Schöpfer. Seit er seine Macht über diese Welt seinem Sohn Jesus Christus gegeben hat, steht er nicht mehr in direkter Verbindung mit ihr, da dieser Sohn auf die Erde gekommen ist. Die Macht, die der Gottvater noch besitzt, liegt außerhalb dieser Welt, im Reich der Toten.
Jesus Christus, der häufig mit Inkarrí identifiziert wird, weicht stark von der christlichen Vorstellung ab. Fragt man die Q'ero nach ihm, so sagen sie, daß es nur einen Christus gibt, den »Taytanchis Jesucristo Hanaqpachapi« (unser Väterchen Jesus Christus im Himmel). Doch in Gesprächen wird deutlich, daß sie die Figur des Gekreuzigten in jeder Kirche als einen eigenen Christus mit entsprechend anderen Machtbereichen ansehen.
Jeder Taytacha am Kreuz hat sein Yana, die Jungfrau Maria, die Virgen, als Heiligenfigur zum Beispiel der Kirche des Nachbarortes. Doch die eine Jungfrau Maria als Mamacha oder Mamanchis (unsere Mutter) ist die ältere Schwester von Pachamama.
Hanaq Pacha, der Himmel, ist der Ort, wo die Verstorbenen »an Gottes Seite« leben, in einer dem irdischen Dasein sehr ähnlichen Weise, jedoch ohne die Mühsal des Erdenlebens.
Die höchste Ebene dieser von Menschen bewohnten Welt ist »Alto« (hoch). Mächtigster Gott ist der Blitz, »Qaqha« genannt, mit seinem Yana »Mal Qaqha«. Er gleicht im Wesen den Göttern, die die Berge bewohnen, den Apu, die auch »Auki Roal«, »Roal« oder »Pukara« heißen können. Sie wohnen zusammen mit ihrem Yana, der »Ñust'a« (Prinzessin) im Inneren, im Herzen des Berges, dessen Namen sie tragen. In manchen Fällen gehört noch eine Gefolgschaft von Bediensteten zu ihnen (zum Beispiel Apostel, Doctores, Abogados und Vocales).
Mit diesen Göttern, die den für sie wichtigsten Teil der Hierarchie bilden, haben die Runa engen Kontakt. Ihr Leben und ihr Verhalten sind dem der Menschen sehr ähnlich und verständlich, sie sind nicht unfehlbar. Mit ihnen können die Menschen mit der Hilfe eines Schamanen sprechen.
Die Zuständigkeiten und Aufgaben sind unter den Apu genau aufgeteilt. Der »Llapa Atipaq«, ein Auki Roal, ist der mächtigste Gott einer Region. Für den Raum Cuzco ist es der Ausangate, der den höchsten Schneeberg der Gegend gleichen Namens bewohnt. Nur Jesus Christus besitzt mehr Macht, der Blitz ist ihm gleichgestellt, alle anderen Apu der Umgebung sind ihm untergeben.

Der »Llaqta Michiq«, der Hüter des Ortes, ist der oberste lokale Apu. In Q'ero ist dies der Wamanripa, wie Ausangate ein Schneeberg, was als Zeichen großer Macht gilt. Die ihm untergeordneten kleineren Apu erfüllen spezielle Aufgaben, so etwa als Beschützer eines Tales oder als Apu der Lamas und Alpacas. Die Apu können in bestimmten Situationen Gestalt annehmen, vorwiegend die eines Kondors oder eines Vicuñas, oder aber eines kleinen Mannes mit weißer Haut und kostbarer Kleidung eines Mestizen.

Der Erdboden, genannt Pampa, ist von einer Vielzahl Geistwesen bevölkert, die alle unter dem Begriff »Lloq'e« zusammengefaßt sind. Sie sind vorwiegend böse, besitzen allerdings nur wenig Macht und erfahren keinerlei Ehrerbietung. Die Q'ero sehen in ihnen den Geist der Mumien der Vorfahren, der je nach Ort seines Wirkens verschiedene Namen und Erscheinungsformen aufweist. Er kann »Soq'a« heißen, mit seinem Yana »Soq'a Paya«, »Ch'aki-« oder »Charan Sirena«, »Phausiruna« oder »Machula« und so weiter, je nachdem ob er in einer Höhle, einem Wasserfall, einem See oder einer alten Grabstätte wohnt. Sie alle können, wie auch der »Anchancho« mit seinem Yana »Juanikilla«, Krankheiten verursachen.

Letzterer jedoch kann auch demjenigen zu unverdientem Reichtum verhelfen, der mit ihm zu reden versteht. Dies ist eine Fähigkeit, die die Runa vor allem den Mestizen zuschreiben, deren Wohlstand ihnen oft nicht mit rechten Dingen zustande gekommen zu sein scheint.

Um alle Geistwesen des Lloq'e ranken sich phantastische Vorstellungen und Geschichten, zu denen immer wieder neue hinzukommen. Die Strafe ereilt einen Runa, wenn er gegen die Normen und Regeln der Gruppe verstoßen hat, eine wirksame Abschreckung für den einzelnen und damit ein äußerst wirksames Mittel der sozialen Kontrolle.

»Sinchi Lloq'e«, »ganz tief unten« in der Erde, ist der Bereich des Teufels, des absolut Bösen, von dem für den Runa unbeeinflußbare Gefahr ausgeht. Als »Magia« aber kann das Böse Menschen dazu verhelfen, Unerklärliches zu vollbringen, häufig zum Schaden anderer. Die Fähigkeit, sich diese gefährlichen Mächte dienstbar zu machen, besitzen fast nur der Weiße oder der Mestize. Der Runa kann sich selbst vor ihnen nicht schützen, allenfalls kann er mit einer Fürbitte an seinen Schutzgott erreichen, daß dieser das Böse dazu bringt, den zugefügten Schaden wieder rückgängig zu machen, oder er kann auf ein Wunder von »Dios Padre Eterno« hoffen und darauf, daß die Götter ihn davor bewahren, von dem Bösen erfaßt zu werden.

Seine persönliche Beziehung zu den Göttern drückt der Runa mit dem Begriff »Estrella« (spanisches Wort für Stern) aus. Im Moment der Geburt übernimmt ein Gott, ein Apu, das Patronat über diesen Menschen. Er ist von nun an sein Beschützer und sein wichtigster Bezugspunkt unter den Göttern. Er ist für ihn zuständig, mit ihm steht der Runa in enger Verbindung, mit den übrigen Göttern hingegen nur zu bestimmten Gelegenheiten und Zwecken, etwa mit dem Apu der Lamas und Alpacas. Schutzpatron kann jeder Apu oder auch der Blitz sein. Während die Apu für die Tiere oder Ackerprodukte allgemein bekannt und für alle in dieser Funktion zuständig sind, erfährt der Mensch erst, wenn er eine eigene Familie gründet, vom Schamanen den Namen seines Schutzpatrons, seines

Estrella. Bis zu diesem Zeitpunkt ist der Estrella nicht für ihn aktiv, denn der junge Mensch untersteht der religiösen Verantwortung seines Vaters und damit dessen Estrella.

Auch der Apu als Estrella teilt sich in Phaña und Lloq'e, rechts und links. Sie nehmen den Menschen jeweils an der rechten und linken Hand und »führen ihn durchs Leben«. Zwischen diesen Polen entsteht das Gleichgewicht, das der Runa braucht, um im Gefühl der Sicherheit, hervorgerufen durch den Schutz und die Kontrolle der Götter, leben zu können.

Voraussetzung für ein gutes Leben im Einklang mit den Göttern ist allerdings, daß der Runa die erforderlichen Zeremonien für seinen Estrella durchführt. Krankheit in der Familie oder Mißgeschick bei der Tierzucht etwa lassen darauf schließen, daß das Verhältnis zu seinem Estrella gestört ist. In diesen Fällen wird er zum Schamanen gehen, der mit dem Apu sprechen kann, um zu erfahren, wo die Ursache dieser Beziehungsstörung liegt, was er falsch gemacht hat.

Hier wird offenbar, wie klar und einsichtig für den Runa die so kompliziert und verworren wirkende Hierarchie ist. Denn für den einzelnen wirken in seinem Estrella die großen Kräfte zusammen, die sein persönliches Schicksal bestimmen.

Das Zusammenwirken von Apu und Pachamama wird an den Opfergaben deutlich, in denen grundsätzlich beide mit ihrem Teil bedacht werden müssen. In diesem Kontext werden sie als »Alto Estrella« (Apu) und »Pacha Estrella« (Pachamama) bezeichnet. Erst in der Gemeinsamkeit bilden sie das Fundament für Leben und Beständigkeit. Dieses Zusammenspiel von mütterlichem und väterlichem Prinzip stellt die höchste Form des Yanantin dar, das den gesamten Kosmos umfaßt. Diese allerhöchste Ebene wird vom Runa jedoch nicht mehr mit Begriffen bedacht, sondern nur emotional erfaßt und in umschreibender Form zum Ausdruck gebracht. Ausdruck seines Vertrauens in diese Welt und die eigene Existenz ist für den Runa sein Estrella. Von der Harmonie des Kosmos, dem Gleichgewicht der Kräfte, die sich in Estrella für ihn verbinden, ist seine persönliche Stabilität abhängig. Von jeder Störung ist er direkt und wesentlich betroffen, erschüttert sie doch die Basis seines Vertrauens zutiefst.

Außerhalb dieser in Estrella zusammenlaufenden Kräfte stehen jedoch die Geistwesen, die einerseits zwar die Einhaltung der sozialen Normen unterstützen, andererseits aber auch völlig unberechenbar dem Menschen Schaden zufügen können. Dies gilt besonders für den Qayqa, die Seele eines Verstorbenen, die nicht in den Himmel gelangen kann, weil dieser Mensch in seinem Leben einen bösen Charakter hatte oder die Totenzeremonie von seinen Verwandten nicht ordnungsgemäß durchgeführt wurde. Dieser Qayqa geistert vor allem während der Nacht in der Nähe der Siedlungen umher und macht denjenigen, der mit ihm zusammentrifft, krank.

Die Q'ero unterscheiden zwischen den leichten, in ihren (rationalen) Ursachen bekannten Krankheiten wie Schnupfen oder Grippe und den schwerwiegenden, langwierigen, oft tödlich endenden Krankheiten wie etwa der stark verbreiteten Tuberkulose. Die ersten nennen sie »Onqoy«, empfinden sie eigentlich nur als ein vorübergehendes Unwohlsein, das aber bettlägerig macht – nur dann wird es als Krankheit anerkannt. Die zweiten sind »Onqoqyay« und werden in den meisten Fällen als Bestrafung durch einen der Götter oder ein Geistwesen angesehen.

Helfen können dem Runa dann nur Zeremonien für den Estrella oder der Schamane, der ihn vielleicht mit Hilfe der Götter heilen kann, indem er den Grund für die Bestrafung in Erfahrung bringt und ihm so ermöglicht, sein Verhalten zu korrigieren. Dies hat tatsächlich dann Erfolg, wenn es sich um psychosomatische Erkrankungen handelt.

Wenn Krankheit als Strafe für ein Fehlverhalten angesehen wird, könnte das andererseits auch heißen, daß jede schwere Krankheit grundsätzlich Folge eines falschen Verhaltens ist. Doch dieser Schluß trifft nicht immer zu, denn Geistwesen wie der erwähnte Qayqa oder Sinchi Lloq'e können den Menschen auch ohne eigenes Verschulden krank machen, ihn ohne Grund attackieren. Das aber bedeutet, daß der Mensch sich niemals absolut sicher fühlen kann, denn es gibt Mächte, die ihm Böses wollen, vor denen ihn auch sein Estrella nicht immer beschützen kann, da er nicht allmächtig ist. Aus dieser Unberechenbarkeit ergibt sich eine demütige Haltung, die menschlichen Hochmut und Selbstgerechtigkeit kaum zuläßt.

Das Wissen der Q'ero in der traditionellen Medizin ist noch beachtlich, doch die Anwendung nimmt ab und weicht einer fatalistischen Haltung gegenüber der Krankheit. Die Schamanen, die im Bereich der Heilung eine wichtige Rolle spielen, haben in Q'ero schon viele Fähigkeiten eingebüßt, auch Pflichtbewußtsein und Lauterkeit verloren, so daß die Alten sie nicht mehr recht anerkennen und ihnen nicht wirklich ihr Vertrauen schenken wollen, was immer eine Voraussetzung für den Erfolg ihrer Tätigkeit war. Doch werden ihre Dienste durchaus noch in Anspruch genommen.

Unter den Schamanen existiert eine Rangordnung. Je nach ihrem Können und ihren Aufgaben tragen sie verschiedene Namen, die sich auch je nach der ausgeübten Funktion ändern können. Ein grundsätzlicher Niveauunterschied besteht zwischen denjenigen, die direkt mit den Göttern sprechen können – sie heißen Altomesayoq oder Rimaqniyoq – und denen, die mit den Göttern nur einseitigen Kontakt durch Brandopfer aufnehmen können.

Es gibt in Q'ero, wie auch in den Nachbargemeinden, nur einen Altomesayoq. Oft von Geburt an ist der Altomesayoq dazu bestimmt, diese Aufgabe zu erfüllen, denn schon zu diesem Zeitpunkt haben mehrere mächtige Apu das Patronat über ihn übernommen. Es kommt jedoch auch vor, daß Götter sich ihren Priester später erwählen, indem sie ihn mit Blitzschlägen zeichnen. Auf jeden Fall muß der Auserwählte eine mehrjährige Lehre bei einem oder mehreren Meistern absolvieren, denen er auch als persönlicher Assistent dient. Abgeschlossen wird diese Ausbildung durch eine komplizierte und körperlich ungewöhnlich anstrengende Zeremonie, die »Purificacion« und »Carpacion« (Reinwaschung und Weihung), die seine Annahme als Altomesayoq durch die Götter bedeutet. Nur selten kommt es zur Ablehnung.

Nach erfolgter Weihe erhält er von seinem Apu eine Reihe besonderer Steine, »Khuya« genannt. Sie bilden zusammen mit anderen, die er von seinem Meister oder seinen Vorfahren bekommen hat, den Mesal, seine Zeremonialrequisiten. Jeder dieser Steine hat eine besondere Form, die eines Tieres, eines Paares, einer Kugel etwa, und seine feste Bedeutung, ebenso wie das kleine Kreuz, das ihm sein Meister übergeben hat. Mit der Mesa ist dem Altomesayoq die Macht gegeben, die Götter zu sich zu rufen, um mit ihnen zu sprechen.

Die Position des Altomesayoq in der Comunidad ist stark, denn seine Macht verschafft ihm Ansehen, aber auch furchtsamen Respekt. Seine Aufgabe besteht hauptsächlich darin, im öffentlichen, vor allem aber im privaten Bereich als Vermittler zwischen Menschen und Göttern Unstimmigkeiten zu begleichen. Er kann die Götter im Namen einer Person oder Familie um etwas bitten, kann Krankheiten diagnostizieren und heilen, die von den Göttern geschickt wurden, und kann weissagen.

Auch als Ratgeber für schwierige Entscheidungen und Richter bei Streitigkeiten tritt er auf. Durch die Anrufung der Götter und sein Zwiegespräch mit ihnen erhält sein Urteil großes Gewicht, der Altomesayoq selbst bleibt dabei neutral. Auch in der Versammlung werden seine Ratschläge geachtet.

Wir gehen bewußt nicht näher auf die Techniken und Riten der Schamanen ein, sondern beschränken uns auf die knappe Beschreibung ihrer Stellung und Aufgaben, da es nicht möglich ist, im Rahmen dieser kurzen Einleitung das Thema zufriedenstellend zu behandeln, eine verkürzte oder vereinfachende Darstellung aber allzuleicht nur einer Mystifizierung Vorschub leisten würde, die der Sache genausowenig gerecht wird wie eine rationalistische Betrachtung. Es ist für den Europäer generell schwierig, diesen Bereich zu erfassen, da er immer ein Außenstehender bleibt, der nicht im andinen Kosmos zu Hause ist.

Die Altomesayoq, die wir in Peru kennenlernten, waren außergewöhnliche Persönlichkeiten mit besonderer Kenntnis des andinen Menschen und seiner Welt. Der Respekt, der ihnen entgegengebracht wird, hängt auch ab von ihrem Lebenswandel und einem die Tradition achtenden Verhalten seiner Umgebung. Hier liegt auch ein Grund für die nachlassende Anerkennung des Altomesayoq in Q'ero, der in den Augen vieler diese Bedingungen nicht ganz erfüllt. Von den Stadtindianern aber, aus deren Sicht Q'ero insgesamt noch stark traditionsverbunden ist, wird er weiterhin sehr geschätzt.

In Q'ero gibt es etwa zehn Pampamesayoq, Schamanen niedrigeren Ranges, die auch ein großes Maß an Verantwortung in der Gemeinde tragen. Sie übernehmen vielfältige Aufgaben, deren wichtigste das Heilen von Menschen und Tieren, das Abwenden von Plagen sind. Sie können durch das Lesen in Kokablättern weissagen und so auf viele Fragen Antwort geben. Beispielsweise gehen junge Paare, bevor sie sich vermählen, zu einem Pampamesayoq, um zu erfragen, ob sie zusammen ein gutes Leben führen werden. Oder ein Hirte möchte von ihm wissen, wo sich seine weggelaufenen Tiere befinden. Die meisten Pflanzenheilkundigen sind zugleich auch Pampamesayoq.

Das Amt wird nicht unbedingt nur von Männern ausgeübt, die eine Lehrzeit absolviert haben und geweiht sind, sondern häufig erfüllen auch ältere, erfahrene Männer diese Funktion.

Es besteht keine festgelegte Trennung zwischen den Zeremonien, die der Familienvater selbst durchführen kann, und denjenigen, für die er einen Pampamesayoq beauftragt. Im Fall einer Krankheit wird zunächst immer das Familienoberhaupt ein »Despacho«, ein Brandopfer, darbringen. Bleibt dies ohne Erfolg, ruft man einen Pampamesayoq aus der Nachbarschaft. Er bekommt für seine Bemühungen eine kleine Menge Kartoffeln oder Kokablätter.

Besteht jedoch ernste Gefahr für den Kranken oder hält die Krankheit länger an, so begibt sich das Familienoberhaupt zu einem Altomesayoq. Unter Umständen bedeutet das eine mehrtägige Reise, wenn er einen Schamanen mit überregionalem Ruf aufsucht, und hohe Kosten, die je nach Schwie-

rigkeit des Falles oder Wichtigkeit des Anliegens den Wert von ein oder zwei Lamas betragen können.
Dem Pampamesayoq steht für die Kommunikation mit den Göttern nur das Brandopfer zur Verfügung, das heißt, er kann lediglich Bitten oder Wünsche an sie richten, erhält aber keine direkten Antworten oder Auskünfte von ihnen. Er versucht mit dem Opfer die Apu freundlich zu stimmen. Dafür benutzt er eine reiche Symbolsprache mit einer regelrechten Grammatik. So bestimmt er mit der Farbe der verwendeten Watte oder des Papieres und des Tuches, auf dem das Opfer angerichtet wird, an welchen Gott er sich richtet.
Die Menge der Kokablätter – es können bis zu sechsunddreißig ausgewählt schöne und große Blätter sein –, drückt die Position und Macht des Gottes aus. Dann folgen verschiedene Zutaten, wie zum Beispiel Samen, farbige Bohnen, Maiskörner, kleine Stückchen von Meeresmuscheln, bunte Zuckerperlen, Reis und vieles andere mehr. Mehr als hundert Zutaten stehen zur Verfügung, die alle in ihrer Bedeutung festgelegt sind. Zunächst wird mit einigen von ihnen das Grund-Despacho zusammengestellt, als »Nahrung« für den Gott. Handelt es sich um einen besonders mächtigen Apu, gehören auch Cognac oder sogar »Champagner« dazu.
Dieser Grundstock wird dann ergänzt, um die speziellen Bitten, wie etwa um Heilung von einer Krankheit oder Schutz auf einer Reise, zu übermitteln. In einem zusammengefalteten Papier wird das Despacho in einem kleinen Steinofen an bestimmten Stellen an den Berghängen verbrannt. Der Rauch zieht dann hinauf zu den Bergen, zu den Apu, die ihn einatmen und so das Opfer annehmen.
Das Despacho ist Bestandteil jedes Rituals, gleich ob es von Alto- oder Pampamesayoq oder vom Familienoberhaupt geleitet wird. Es dient nicht nur der Fürbitte in besonderen Belangen, sondern auch der ständigen Pflege der Beziehungen zu den Göttern.

Die Q'ero teilen das Jahr, das am 1. August beginnt, nach den Festen und Ritualen ein, die den natürlichen Ablauf des Jahreszyklus begleiten. Der erste Abschnitt ist der Fruchtbarkeit der Erde gewidmet, der zweite der Fruchtbarkeit der Tiere, der dritte dem Menschen, analog zur naturbedingten Vorrangigkeit in den verschiedenen Jahreszeiten. Im Februar wird das größte aller Feste gefeiert, das alle drei Bereiche vereint und damit die Harmonie untereinander und im gesamten Kosmos bekräftigt.
Während die gemeinschaftlichen Feste zeitlich fixiert sind – sie fallen alle mit Kirchenfesten zusammen –, besteht für die Feste im Rahmen der Familie lediglich die Notwendigkeit, sie in einem bestimmten Zeitraum zu begehen. Die Rituale, die der einzelne zu vollziehen hat, die Despachos an den Estrella, richten sich zeitlich vorwiegend nach den individuellen Bedürfnissen, nur zu einigen wenigen Gelegenheiten werden sie im Zusammenhang mit einem Fest durchgeführt.
Dies ist der Fall am 31. Juli, dem Vorabend des neuen Jahres, zu dem alle ihrem Estrella ein Brandopfer darbringen. Im Verlauf des August, dem Monat der Aussaat, folgen

einige »Pagos a la Tierra«, Opfergaben an Pachamama, damit sie die Kartoffeln gut wachsen läßt. Bis Ende November finden in den höher gelegenen Siedlungen verschiedene Tierfeste im Rahmen der Familie für die Fruchtbarkeit, Gesundheit und Stärke der Tiere statt. Nach Allerheiligen, dem Gedenkfest für die Toten, beginnt die Zeit des Scherens und Deckens der Lamas und Alpacas. Auch dem ersten Decken der Jungtiere ist ein Fest gewidmet, das »Malta Maytuy«.

Im Februar beginnt mit dem Fest Carnaval, das länger als eine Woche dauert, der Zeitabschnitt, der im Zeichen des menschlichen Wohlbefindens steht, es folgen Ostern und Fronleichnam. Diese Feste werden von allen Mitgliedern der Comunidad in Q'ero Llaqta begangen. Sie bieten den jungen Leuten Gelegenheit, sich kennenzulernen, es finden Paare zusammen. Im Verlauf des mehrtägigen Feierns wird eine Reihe von Zeremonien und Ritualen vollzogen, die ganz spezifische Ausdrucksformen der andinen Welt sind – für die Alten Bestätigung und Bekräftigung der Tradition, für die Jungen Anschauung und Einführung.

Im Ablauf gleichen sich alle Feste. Wir wollen daher eines stellvertretend näher beschreiben: Anfang August wird für die männlichen Lamas, die Lasttiere, ein Fest zelebriert, bei dem man ihre Estrella bittet, ihnen weiterhin Kraft und Gesundheit zu geben. Schon Wochen vorher beginnen die Frauen der Familie mit der Zubereitung der Chicha, des Maisbieres, damit es rechtzeitig gegoren ist. Die Männer richten den speziell für Feste erbauten Steinpferch her. Am Vorabend bereitet das Familienoberhaupt das erste Despacho für den Apu der Tiere.

Der Festtag beginnt damit, daß ein viereckiges Stück Grasnarbe von der Weide ausgestochen wird, die Tepe. Es wird zusammen mit vielen anderen Utensilien auf die Mesa, den »Altar«, gelegt, auf dem auch Seil und Halsschmuck eines jeden Lamas Platz finden. Wenn diese Vorbereitungen abgeschlossen sind, beginnt das eigentliche Fest.

Alle Familienmitglieder verspritzen ein Glas Schnaps und eines mit Chicha in die Richtung, in der sich der Estrella der Tiere befindet, und begeben sich dann ins Haus, wo sie um die Mesa Platz nehmen. Mehrere Stunden lang wechseln sich nun verschiedene Rituale ab, die alle mit den Lamas in Zusammenhang stehen. Man spricht die Wünsche für jedes einzelne Tier aus, das durch sein Seil und seinen Halsschmuck repräsentiert ist, wobei man dessen Glöckchen erklingen läßt. Besondere Trinksprüche und zeremonielles Koka-Kauen, Trinken der Chicha aus speziellen Holz- und Kürbisgefäßen und das Singen der Festlieder lösen einander ab. Auch das schon erwähnte Besprechen familiärer Probleme findet im Verlauf dieser Handlungen statt, aber wichtiger und ausgedehnter sind an diesem Tag die Gespräche über die Tiere. Jedem einzelnen wird Lob ausgesprochen, seine Besonderheiten werden hervorgehoben, man nennt es »Bruder«.

In der Zwischenzeit hat ein Familienmitglied die Lamas in den Pferch getrieben, in den nun alle mitsamt der Mesa einziehen. Nach und nach bekommen alle Lamahengste Chicha eingeflößt, sie soll ihnen Kraft geben, und werden mit neuen farbigen Wolltroddeln an den Ohren geschmückt, die in der Zahl dem jeweiligen Rang des Tieres in der Herde entsprechen. Ein weiteres Despacho wird zusammengestellt und

im Steinofen des Pferchs verbrannt. Zum Abschluß tanzt eine Frau aus der Familie mit den Lamas im Pferch, das Lied der Lamas, den Machu Taki, singend, und treibt sie tanzend hinaus, freudig verabschiedet von allen Anwesenden.
Die Familie bleibt im Pferch sitzen und vollzieht die Rituale auch für die – allerdings nicht anwesenden – Pferde. Nach und nach treffen nun die Gäste ein, alle Verwandten der Familie, und es beginnt das Feiern. Große Mengen Chicha und Alkohol werden getrunken, während sich das Fest mit viel Singen, Tanzen und Lachen über die Nacht und den folgenden Tag hinzieht. Manchmal wird um Mitternacht ein etwa einstündiges Gebet für die Toten der Familie gesprochen, besonders wenn im Lauf des vergangenen Jahres jemand verstorben ist.
All diese Feste, seien es familiäre oder gemeinschaftliche, bedeuten den Q'ero außerordentlich viel, sie halten an ihnen fest, auch wenn andere Traditionen beginnen sich aufzulösen. Sie stärken das Gefühl der Zusammengehörigkeit in der Familie oder Gruppe und der Sicherheit in ihrer Welt, die ihnen in diesen Momenten heil erscheint. So ist es auch nur zu verständlich, daß gerade bei diesen Gelegenheiten ihre Mythen und Erzählungen lebendig werden.

Erzählungen aus Q'ero

I Die Schaffung der Weltordnung

Für die Menschen in Q'ero unterliegt die Welt einer alles umfassenden Ordnung. Um diese Ordnung, ihren Ursprung und ihre Grundgedanken drehen sich die Erzählungen dieses ersten Kapitels. Sie befassen sich vor allem mit den Kräfteverhältnissen in der Welt, wie sie durch diese Ordnung bestimmt sind, sowie mit den Vorstellungen von Zeit und Raum. Als durchgängiges Prinzip erscheint das Yanantin, der Dualismus von »männlich« und »weiblich«, zwischen dessen Polen die für alles Leben notwendige Spannung besteht.

Den Q'ero offenbart sich diese Ordnung der Welt in den alltäglichen Dingen ihres Lebens, bestätigt durch Erfahrungen von Generationen.

Das Menschenbild, das in den Erzählungen als Ideal gezeichnet wird, ist eine der Voraussetzungen für die als höchstes Ziel angesehene Harmonie im Kosmos. Der Mensch wird nicht als Beherrscher und nicht nur als Benutzer der Welt gesehen, sondern als ein mit der Natur und den Göttern in gegenseitiger Abhängigkeit lebendes Wesen. Nur die Wahrung des Gleichgewichts zwischen ihnen kann die Harmonie erhalten.

Die Schöpfung der Ordnung, aus unserer Perspektive der Kultur im weitesten Sinne, fällt nicht mit der Erschaffung der Welt zusammen. Die Welt oder Erde gab es, in der Vorstellung der Q'ero, schon immer, ein absolutes »Nichts« ist für sie undenkbar – denn die Urmutter Pachamama ist zeitlos, unvergänglich.

Der Verlauf der Zeit wird als die Abfolge von Zyklen aufgefaßt, wie sie in vielen Bereichen des Lebens erfahren werden: der Wechsel von Tag und Nacht, die verschiedenen Jahreszeiten ... Der Zyklus, in dem die Menschen heute leben, die gegenwärtige Zeit, begann, nachdem durch eine Katastrophe die Menschen des vorangegangenen Zyklus, die »Naupa Machu«, vernichtet wurden. Sie hatten sich Macht über die Natur und die Götter angemaßt und mit dieser Störung der Harmonie, der Ausgewogenheit der Kräfte, selbst ihr Ende herbeigeführt. Nicht anders wird es den heutigen Menschen ergehen – die Beschreibung der Vergangenheit ist zugleich Prophezeiung der Zukunft. Sie werden unermeßlichen Reichtum erlangen, in Form von Geld als dem Symbol größter Macht. Doch indem sich alles in Gold verwandelt, kann der Mensch nicht mehr existieren, da er seiner natürlichen Lebensgrundlagen beraubt ist. Alle Macht, aller Reichtum ist vergeblich.

Die Katastrophe, die den gegenwärtigen Zyklus einleitete, war gleichzeitig der Wandel von Chaos zu Ordnung, von Dunkel zu Licht, von Kälte zu Wärme. Die Sonne, in geschichtlicher Vergangenheit die Gottheit der herrschenden Inka-Dynastie, ist das Symbol dieser Zeit, die aus ihrer Kraft heraus entstand. Der Untergang der Sonne bedeutet das Ende der gegenwärtigen Zeit.

Die jetzige Zeit wird von den Q'ero auch als diejenige des »Gott Sohnes« Jesus Christus bezeichnet. Ihm hatte »Gott Vater« beim Wechsel der Zeiten seine Macht abgetreten. Jesus wird aber von dem andinen Kulturschöpfer Inkarrí nicht eindeutig unterschieden.

Inkarrí ist nicht identisch mit dem historischen Inka, sondern eine mythologische Figur, die diesen aber mit einschließt. Sie entstand aus dem Widerstand gegen die Spanier, weist aber gleichwohl christliche Einflüsse auf. So bezieht sich Inkarrí zugleich als Kulturschöpfer auf den geschichtlichen Inka, als Leitfigur der Verweigerungshaltung auf die Anführer der früheren großen Widerstandsbewegungen und als Messias auf Jesus Christus, so wie die Q'ero ihn verstehen.
Die räumliche Ordnung unterliegt wie auch die zeitliche der gleichen Polarität, die die Gedankengrundlage des Yanantin bildet. Auf diesem asymmetrischen Dualismus basiert jede Ordnung, doch wird dieses Prinzip in bezug auf Zeit und Raum nicht benannt. Allerdings ist es in den Mythen klar erkennbar.
Der Wettkampf auf dem Paß La Raya veranschaulicht diesen Dualismus in der Ordnung des Raumes. Dort, in der neutralen Mitte, stehen sich Inkarrí als Vertreter des Quechua-Volkes, das die warmen, fruchtbaren Täler der Region Cuzco bewohnt, und Qollarí als Vertreter des Aymara-Volkes, das die kalte, unfruchtbare Hochebene des Altiplano besiedelt, gegenüber. Die Ungleichheit der beiden Pole, die Asymmetrie in der Beziehung der beiden Räume, zeigt sich in den verschiedenen Charakteristika, die dem »Männlichen« und dem »Weiblichen« innewohnen. Die überlegene Stärke, die Inkarrís Sieg ermöglicht, ist nur eine dieser zugeordneten Eigenschaften.
Im weiteren Verlauf der Mythologie gehen dann Inkarrí und Qollarí ganz konkret eine Yananti-Beziehung ein, indem Qollarí als Qollarína zu Inkarrís Frau wird.
Im Mythos von Pampaq'asa wird die beschriebene Raumordnung auf den Lebensraum Q'ero übertragen. Der Paß Pampaq'asa entspricht darin La Raya. Er trennt Q'ero von der Region Cuzco, also ebenfalls ein kaltes, unfruchtbares Gebiet von den warmen, fruchtbaren Tälern. Doch kann das Verhältnis Q'ero zu Cuzco nur mit Einschränkung gleichgesetzt werden mit der Beziehung zwischen dem Land des Qolla und dem des Inkarrí. Die Entsprechung besteht nur in bezug auf das Räumliche. Wenn man jedoch die Menschen, die diese Räume besiedeln, in den Vergleich miteinbezieht, was unabdingbar ist, da der Mensch und seine Umgebung immer eine Einheit bilden, ergibt sich ein wesentlicher Unterschied bei der Gegenüberstellung. Während das Aymara-Volk den Quechua aus Cuzco unterlegen ist, sind die Bewohner von Q'ero denen von Cuzco gleichgestellt, da sie alle zum Volk der Quechua und damit zum Machtzentrum des Inka gehören.
Auch die Zeitzyklen unterliegen der dualistischen Ordnung, in der die Sonne, das Licht, »männlich« und der Mond, das Dunkel, »weiblich« ist. Die Zyklen weisen die Merkmale der jeweiligen Pole auf.

Ñaupa Machu

... Ja, vorher, früher, damals war die Zeit der Naupa Machu. Natürlich, der Machulas. Das war noch vor der Zeit der Inkas. Die Machulas besaßen Macht, klar. Macht sollen sie gehabt haben, und daher konnten sie auch ihre Häuser dort oben an den Hängen bauen. Und man muß gesehen haben, wie sie das Wasser dorthingeleitet haben. Ganz sicher sogar hatten sie Macht und Willen. Auch die großen Steinblöcke konnten sie bewegen, antreiben, einfach so.
Damals bot Gott den Machulas an: »Ich werde euch meine Willensmacht überlassen«, so sagte er. Die Ñaupa Machu aber antworteten: »Wir haben unsere eigene Macht.« Deshalb ging er und nahm all seine Macht mit fort.
– Daher besitzen auch wir heute keine Macht, nicht wahr. –
Als die Ñaupas ihre Vesper beendet hatten, brachen sie auf. »Gehen wir, treiben wir ein paar Steine umher.« Aber trotz aller Mühe, carajo, rührte sich nichts. Gar nichts vermochten sie mehr. Sie mußten die Steine sogar schleppen oder sie mühevoll rollen. Zu mehr reichte ihre Macht nicht mehr.
»Wir hätten ihn doch bitten sollen, uns seine Macht zu überlassen«, so sprachen sie untereinander. Entsetzt rannten sie los, Gott zu suchen; aber nichts – vollständige Ruhe. Er war schon zum Himmel aufgebrochen.
– Das wird unser Väterchen Gott gewesen sein. Seither müssen wir so in unermeßlichem Leid leben, carajo. –
Hätte er damals seine Willensmacht den Ñaupa Machu überlassen, auch heute geschähe alles ganz von selbst, allein auf unsere Anordnung hin.
So hätte das sein können.

Erzähler: Vicente Apaza Waman (Foto), etwa 50 Jahre. Q'ero 1979

Sonnenaufgang und Neuschöpfung

Frage: Dort in Ankawachana, wo Hatun Q'ero liegt, dort gibt es Ruinen runder Häuser, nicht wahr. Stammen die von Inkarrí?

Bernabé: Ñaupa Machu. Man sagt, die stammen von den Ñaupa Machu. Früher, in der Zeit der Ñaupa Machu, lebte man nur mit dem Mond als Sonne. So lebten sie damals, klar. Und dort in Ankawachana hatten sie ein Dorf, mit Kapelle, eine Kapelle hatten sie dort auch. Auf der Seite von Totorani gibt es auch solche Häuserruinen, auch mit Kapelle und allem. Ja, Ruinen gibt es dort, Pukara K'unka heißt der Ort, dort wo die Ruinen sind, unterhalb des Ankatiana. Dort gibt es sogar recht viele, in Pukara K'unka, Pukara K'unka.

Frage: Und die Ñaupa Machu lebten vor Inkarrí?

Bernabé: Ja, lange vorher sogar. Man erzählt, daß Wayna Qapaq, unsere Sonne, noch nicht schien. Der Mond soll ihnen Sonne gewesen sein, damals in der Zeit der Ñaupa Machu.

Frage: Was ist dann geschehen?

Bernabé: Sicherlich hat unser Gott dann diese Welt (Zeit) erschaffen, hat sie beginnen lassen.
Man sagt von den Ñaupa Machu, sie hätten Häuser gebaut mit Türen in Richtung des Sonnenaufgangs. Ja, die Türen wiesen gen Sonnenaufgang. Sie sprachen untereinander: »Die Zeit wird bald enden«, und deshalb bauten sie die Häuser. »Zwei oder drei Jahre werden wir so noch weiterleben können«, aber alle hatten ihre Häuser mit den Türen in die Richtung gebaut, aus der die Sonne aufgehen sollte. Und von dort kam dann auch Väterchen Wayna Qapaq hervor.
Ja, und schon war's passiert, sie vertrockneten, klar.
Diejenigen, die sich retten konnten, flüchteten in den Urwald. Im Wald sollen sie heute noch leben, die Chunchos.
Die anderen, die hier in ihren Ortschaften blieben, flüchteten sich in die Höhlen. Dort gibt es heute noch Berge von Knochen. Zu Knochen vertrockneten sie, die Ñaupa Machu, die Soq'a.
So soll jene Zeit gewesen sein. So war sie, oder so könnte sie gewesen sein. Damals soll auch Inkarrí erschienen sein, als die Sonne sich bereits erhoben hatte. Mit ihm erschien auch das Gold.

Erzähler: Bernabé Machaqa (Foto), etwa 90 Jahre. Q'ero 1979

Inkarrí und Qollarí in La Raya

Inkarrí und Qollarí gingen nach La Raya, um einen Wettkampf auszutragen. - Wo mag La Raya sein, in Apurimaq glaube ich. Auf dieser Seite liegt der Fluß Vilkanota und auf der andern Seite Puno. Ja, der unendliche Vilkanota. Paucartambo-Vilkanota bis hin nach Ocongate - Vilkanota.
Das war so.
Der Qolla brachte Käse und Qañiwamehl, und von dieser Seite brachte Inkarrí geröstete Bohnen und Mais mit sich. Das brachte ein jeder mit, so lautete die Wette.
Qollarí wurde mit den gerösteten Bohnen nicht fertig, wogegen unser Inkarrí das Mehl mit Hilfe des Windes rasch fortgeblasen haben soll. Er hat es so beendet. Und mit seiner Willensmacht verwandelte er den Käse des Qollarí in Quarzsteine. So hat er (Inkarrí) gewonnen. Nach dem Wettkampf bestieg Inkarrí die Tochter des Qolla. Er hat mit ihr geschlafen.
Die Prinzessin soll heute noch dort zu sehen sein, und aus ihrer Scheide strömt unaufhörlich Blut. Ja, er brachte sie zum Bluten. Dort soll die Prinzessin heute noch sein, versteinert, und rotes Wasser tritt aus dem Berg, an jener Stelle in La Raya.
Darauf sprach Inkarrí: »Du, Qollarí, wirst die Stadt Puno gründen, und ich gründe Cuzco.«
Deshalb warf der Qolla seinen goldenen Stab in Richtung Puno, und hierher: in Richtung Cuzco schleuderte Inkarrí seinen Stab aus Gold. Aber dieser Stab gelangte nicht ganz bis nach Cuzco.
Nicht wahr, du kennst Rumi Qolqa bei Wakarpay. Dort schlug der goldene Stab auf, und mit einem Satz - llull, llull, llull - sprang er nach Cuzco weiter, wie ein Stab, der beim Aufschlagen weitertrudelt. Cuzco soll damals ein See gewesen sein. Der Nabel der Welt. Dort hat sich der goldene Stab in die Erde gebohrt, in dem See.
Und an jenem Ort kam auch der Herr Cuzcos auf die Welt, der mächtige Herr Jesus der Erdbeben. Dort, wo der goldene Stab Inkarrís einschlug. Früher, damals war er weißhäutig, der Herr Jesus der Erdbeben. Mittlerweile ist er schwarz geworden, sicher altert er bereits.
Also daraus ist die Stadt Cuzco entstanden. Inkarrí hat sie gegründet.Die Stadt mit den zwölf Kirchen. Und über der Stadt liegt Saqsaywaman. Und der mächtige Herr Jesus Christus ist das Oberhaupt aller Heiligen geworden. Vater und Mutter aller Dörfer, der Schöpfer. Er wurde über dem goldenen Stab geboren, durch den Willen Inkarrís. Dieser Jesus Christus, unser Gott.

Erzähler: Juan Quispe (Foto), etwa 85 Jahre. Q'ero 1980

Q'eroyqosqo – Q'ero als Nabel der Welt

... Zur Zeit des Weltanfangs trafen sich Inkarrí und Qollarí zu einer Wette in La Raya.
»Mal schaun, wer von uns wirft den goldenen Stab so, daß er im Boden aufrecht stecken bleibt. An jener Stelle soll dann eine Stadt entstehen«, so sprachen sie. Aber Inkarrí soll in La Raya ein Gläschen Schnaps getrunken haben. »Ein kleines Gläschen werde ich schon trinken«, sagte er sich. Deshalb hatte er sich nicht gleich erhoben, und währenddessen hat Qollarí Qapaq den goldenen Stab von La Raya fortgeschleudert: – lluq, lluq, lluq – klang es, und der Stab verlor sich.
Erst danach soll Inkarrí geworfen haben, klar. Der Stab gelangte hier nach Q'ero, an einen steilen Hang, aber er drang nicht in den Boden. Der, den Qollarí Qapaq geworfen hatte, der bohrte sich in Saqsaywaman, in Machuqorqor in den Boden. Daraufhin ist dort die Stadt Cuzco entstanden, diese spanische Stadt.
Wenn aber Inkarrí zuerst geworfen hätte, dann wäre die Stadt der Inka-Indianer entstanden, Q'eroyqosqo.
Ja, das ist in unserer heutigen Zeit (Welt) noch so.

Erzähler: Domingo Pauqar (Foto), etwa 85 Jahre. Q'ero 1979

Inkarrí und Qollarí in Q'ero

Frage: Auf welche Weise ist Inkarrí erschienen, Don Domingo?

Domingo: Wie mag das gewesen sein? Von seiner Geburt habe ich nichts erfahren.

Frage: Was tat Inkarrí, nachdem er den goldenen Stab nach Cuzco geworfen hatte?

Domingo: Er soll überall hingekommen sein. Mit seiner Schleuder schoß er Steine, um so die Berge einzuebnen. Und dort drüben ist das ja auch so, auf der anderen Seite, auf der flachen Seite der Kordillere in den fruchtbaren Tälern, nicht wahr. Auf dieser Seite hier ist nur schroffes Felsgebirge.
Also, der Paß Pampaq'asa hat einen sehr ebenmäßigen Hang, dort, wo er in die Gegend führt, die Markachea heißt. Darüber hat mein Großvater meinen Eltern folgendes erzählt: Auf dem Paß gibt es einen großen Stein, einen Stein, der einem Tisch ähnelt, dort oben auf Pampaq'asa. An der Stelle soll Qollarína dem Inkarrí einen warmen Tamal gereicht haben und einen gekochten Maiskolben. »Nimm, Inkarrí, der Tamal ist noch warm!« Er verspeiste ihn und den Maiskolben gleich dort auf dem Paß. Als er sich zum Essen setzte, da war er eigentlich damit beschäftigt Steine zu schleudern, damit auch hier die Berge eingeebnet würden. Aber Qollarína nahm ihm den Stein aus der Schleuder, klar. Daher soll Inkarrí später die Schleuder leer geschwungen haben. Man erzählt sich, er habe lediglich den Strunk

des Maiskolbens aufgenommen, um damit zu schleudern. Hinter dem Berg dort drüben, auf dieser Seite, nicht wahr, da ist ein weiterer Berg. Und in dessen Mitte hat sich der Strunk gebohrt, so daß es wie die Tür des Hauses hier aussah. Ja, das sah aus wie die Tür eines Hauses. Mittlerweile ist der Felshang abgerutscht, und er hat die Öffnung verschlossen. Genau wie die Tür des Hauses hier, genauso führte eine Öffnung in den Berg.
Wohin mag Inkarrí danach gegangen sein?
Sicher ist, daß hier unten im Fluß Fußspuren von Inkarrí sind, wie von einem Menschen. Er selber hat sie eingetreten in den Inkaq Yupin. Der Stein hat nachgegeben, genau wie der Morast hier neben dem Haus. Was für eine enorme Willensmacht hat dieser Inkarrí doch besessen. Wo mag Inkarrí wohl hingegangen sein? Sicherlich ist er bis zu der Stadt Paititi in den Urwald vorgedrungen. Wo mag diese wohl sein? Wahrscheinlich hier unten im Urwald.
Ja, der Stein ist ihm wohl aus der Schleuder gerutscht, dort in Pampaq'asa. So blieb ihm nur der Strunk des Maiskolbens. Der Stein liegt noch immer dort, auf der Ebene vor dem Paß. Er hat abgerundete Ecken, wiegt schwer und sieht hübsch aus, wie ein Tisch; dort oben in Pampaq'asa, am Hang von Markachea.
Den hat damals mein Großvater meinem Vater gezeigt.
»Das ist der Stein, mit dem Inkarrí hätte schleudern sollen«, so hat ihn mir mein Vater vorgestellt.
Was für eine Macht muß Inkarrí besessen haben. Ich konnte den Stein nur mit Mühe ein ganz klein wenig anheben. Der ist sehr schwer, wie aus Blei. Wie mag Inkarrí wohl mit solch einem geschleudert haben?

Erzähler: Domingo Pauqar, etwa 85 Jahre. Q'ero 1979

Inkarrí bindet die Sonne an und wandert mit der Schlange

... Inkarrí ging oft in die fruchtbaren Täler. Dort pflegte er zu arbeiten, auch in Qoriwayrachina. Dort gab es eine Tenne. An jener Stelle hat er die Sonne angebunden. In dieser Zeit soll Inkarrí mächtig gewesen sein. Dort selbst hat er die Sonne angebunden, bis das Gold, das er geerntet hatte, fertig getrocknet war. So lange mußte die Sonne verweilen, angebunden. Und in Tampu, wo er übernachten mußte, haben sich die Steine ganz von selber zu einem Haus zusammengefügt. Ja, das Haus baute sich von selbst, an dem Rastplatz, wo ihn die Dämmerung erreichte.
– Ja, mein Herr, in meinem Alter erinnere ich mich nur noch an wenige Dinge, nur noch an einiges. Wieviel gäbe es zu berichten, für den, der sich erinnern möchte. –
... Hier ist er auch vorbeigekommen. Überall ist er gewesen. Auf jenen Anhöhen von Urubamba auch, dort soll er eine Schlange hinter sich hergeführt haben. Und hinter ihr kam das Wasser. Es erreichte so jeden Winkel. So erzählt man; geradlinig, selbst über Felskämme zog er sie hinter sich her, und so entstanden hinter ihm die Bewässerungsgräben.
– Aber heute habe ich all das schon vergessen. Mein Gehör ist taub geworden. Das Altern ist schrecklich gewesen.

Erzähler: Bernabé Machaqa, etwa 90 Jahre. Q'ero 1979

Ch'unchu und Inti

Frage: Warum benutzt ihr in den Webarbeiten das Bild des Ch'unchu?
Domingo: Das ist Sitte der Inka-Vorfahren. Zu Anbeginn dieser Welt hat Qollarína dieses Muster gewebt. Diesen Ch'unchu, diesen Inti. Inti ist mit scharfen Strahlen, nicht wahr? Daher ist Inti seit damals wie die Sonne, strahlend. Wie wenn man sie anschaute. Auch Ch'unchu ist ein Webmuster von den Inkas. Qollarína hat dieses Muster für den Inka gewebt, nicht wahr. Für Inkarrí wird sie es gewebt haben, klar. Den Poncho, die Kokatasche und alles andere, so, mit diesen Webmustern. Das ist schon alles, mein Freund.
Frage: Es gibt verschiedene Intis. Ichu Inti, Moro Inti. Was stellen sie dar?
Domingo: Das ist dasselbe. Qollarína hat sie (alle) gewebt. Muster für Muster. Auf Schals, Taschen und Ponchos. Sie webt ein Kleidungsstück, versieht es mit dem Muster, webt ein anderes Stück und versieht es mit anderem Muster. Ichu Inti oder Chili, nicht wahr. Pica Chili, Hatun Chili, so heißen sie. Das hat sie damals gewebt, und daher weben es auch heute die Frauen. So ist das seit den vergangenen Zeiten, seitdem diese Welt entstand.
Qollarína webte so, und genauso weben die Frauen auch heute.

Erzähler: Domingo Pauqar, etwa 85 Jahre. Q'ero 1979

Die Zeit des Gott Vater und die Zeit des Gott Sohn

Frage: Inkarrí war also mächtig?
Juan: Ja, er besaß Willensmacht. In jener Zeit soll der Ewige Gott Vater mächtig gewesen sein. Und deshalb besaßen diese seine Kinder ebenfalls Macht. Inkarrí und genauso der Chullpa Machu, sie besaßen Willensmacht. Selbst die Steinbrokken brachten sie auf Trab, und die Mauern bauten sich dann ganz von alleine. Das war halt die Macht unseres Inkarrí. Damit etwas entstehe, konnte man den Steinen befehlen.
Frage: Der Inka ist der Schöpfer von allem, oder gab es sonst jemanden, der alles schuf, auch den Inka und den Chullpa Machu?
Juan: Gott war es, der die Macht hatte. Unser Inka wird sicher einen anderen Gott gehabt haben (den Gott Vater). Ich glaube nicht, daß der Inka selbst seine Eltern und diese Welt (Zeit) erschaffen hat. Das muß wohl der Ewige Gott Vater gewesen sein. Damals soll lediglich der Mond die Sonne gewesen sein. Nur der Mond. Und in jener Zeit soll der Ewige Gott Vater mächtig gewesen sein.
Angeblich hätten auch wir über Willensmacht verfügen können. Und auch unser Inka besaß seine Macht nur daher (von Gott), so sagt man, klar. Alles Beliebige konnte er anordnen.
Als Gott Vater fortging, da sagte er: »Gut, damit es die Zeit von Jesus sei, soll diese meine Zeit zu Ende gehen. Meine Willensmacht werde ich euch aber hinterlassen, meine Söhne.«
»Wozu mehr Macht? Wir haben doch bereits unsere eigene Willensmacht«, so sagten sie. Später rannten sie ihm hinterher, aber Gott Ewiger Gott Vater war schon davongegangen, er ging endgültig. Deshalb besitzen wir heute keine Macht. Im anderen Fall hätten auch wir Macht gehabt. Ja, wenn diese Machu sie sich damals hätten geben lassen. »Laß sie uns ruhig.« Hätten sie das gesagt, dann!
Damals war es auch, als diese Welt (Zeit) erschaffen wurde. Und danach erst ging Jesus umher (um die Ordnung zu schaffen).
Frage: Der Inka lebte mit den Chullpa Machu, oder lebte er später?
Juan: Am Anfang dieser Zeit (Welt) lebte unser Inka, hatte er Macht. Erst nach den Machu. So kam es, daß er die Sonne schuf. Daß er sie erbat (von Gott). Inkarrí erbat sich die Sonne, klar. In den Höhen von P'isaq steht der Intiwatana mit einem metallenen Ring, an dem er die Sonne anband. Durch Inkarrís Willen wanderte die Sonne, und wenn er wollte, dann band er sie auch an. Aber erst nach der Zeit der Ñaupa Machu.
Frage: Also nachdem die Machu bereits vernichtet waren?
Juan: Als die Ñaupa Machu gerade vernichtet wurden. Deshalb kam es dazu, daß die Sonne die Machu austrocknete.

Erzähler: Juan Quispe, etwa 85 Jahre. Q'ero 1980.

II Geschichte

Als die Spanier nach Peru kamen, töteten sie den Inka und teilten die Reichtümer des Landes unter sich auf. Für die Q'ero stellt sich dieses Geschehen als ein räuberischer und verbrecherischer Akt dar, dessen Erfolg mit der von den Spaniern angewandten Waffengewalt, Brutalität und Hinterlist zu erklären ist. Und bis heute hat sich der auf diese Weise geschaffene Zustand nach ihrer Meinung nicht grundsätzlich geändert, lediglich wurde die Situation durch die Agrarreform in den siebziger Jahren teilweise entschärft.

Die Darstellung der Geschichte durch die Q'ero unterscheidet sich wesentlich vom offiziellen Geschichtsbild. Zum einen ergibt sich die Differenz aus der anderen Perspektive, der Betrachtung aus dem Blickwinkel der Leidtragenden. Es ist Geschichte von »unten«, es ist »ihre« Geschichte. Zum anderen unterscheidet sie sich in der Ausdrucksform, denn die Q'ero vollziehen keine Trennung zwischen Geschichte und Mythos, das heißt, in ihren Beschreibungen vermischt sich wirklich Geschehenes mit subjektiver Beurteilung. Es entsteht ein Bild, das letztlich mehr aussagt über die Erzähler und ihre heutige Situation als über historische Fakten. In den folgenden Erzählungen zeichnen sich außerdem noch die Einflüsse des Schulunterrichts sowie der politischen Propaganda aus der Zeit der Agrarreform ab.

Für die Q'ero ist der Inka nicht wirklich tot, und die Macht der Spanier ist ein vergänglicher Zustand, eine Zeit der Unterdrückung, die durch den Willen des Inka beendet werden kann. Der christliche Gott, der im Lauf der Zeit in die andine Ordnung integriert wurde – ein Prozeß, der den Q'ero nicht bewußt ist –, hat aus heutiger Sicht für sie schon vor der Ankunft der Spanier existiert. Das Verhalten der geistlichen Würdenträger, das die Q'ero nicht als sehr verschieden von dem der weltlichen Herren erlebten, beeinflußt noch heute ihr Verhältnis zur Kirche.

Wie schon bei der Schaffung der Weltordnung spielt die Einbeziehung des eigenen Umfeldes auch im geschichtlichen Prozeß der Conquista eine wichtige Rolle, wird damit doch das spezielle Schicksal der Gruppe begründet. Die Spanier waren gekommen, nicht um die Q'ero zu unterwerfen, sondern um sie zu vernichten. Aber unter der Führung der lokalen Götter konnten einige Schamanen die Eroberer besiegen, die danach nie wiederkamen. Dieser Sieg der Schamanen, als deren Nachkommen sich die Q'ero sehen, begründete die besondere Situation der Gruppe. Dies drückt sich bis heute darin aus, daß sie glauben, den Göttern besonders nahezustehen.

Die Campesinos der Region Cuzco sehen in den Q'ero Bewahrer der andinen Kultur. Allen ist das Grundmotiv des Mythos von Wiraqochapampa bekannt, das in den vielen indianischen Aufständen und vor allem den messianischen Bewegungen des sechzehnten bis achtzehnten Jahrhunderts von großer Bedeutung war. Aus dem Scheitern dieser Aufstände entstand der passive Widerstand, die Verweigerungshaltung.

Die Beschreibung des Lebens unter der Herrschaft des Großgrundbesitzers kann man als jüngere Zeitgeschichte bezeichnen, die noch nicht in den Prozeß der Mythologisie-

rung übergegangen ist. Sie reicht nur soweit zurück, wie sich der älteste Mann des Ortes, Bernabé Machaqa, an von ihm selbst Erlebtes erinnern kann. Seine Schilderungen sind weder von Bitterkeit erfüllt noch übertrieben. Die Greueltaten des letzten Besitzers der Hacienda waren tatsächlich kaum zu zählen, die Bewohner seines Heimatortes, die ihn noch gekannt haben, haben uns das bestätigt.

Der Tod des Inka

... Nach all dem pflanzte Inkarrí das Gold an. Er legte Äcker an, Äcker so wie unsere, und auf diese Weise hatten die Inkas Macht.
Aber dann kamen die Spanier ...
... Die Spanier haben Inkarrí später umgebracht. An welchem Ort geschah es, daß sie ihn töteten? Wo mag es gewesen sein? Du wirst das besser wissen, aus den Büchern. Ich erinnere mich nicht, wo das gewesen ist. Die Spanier kamen auf Pferden mit Trensen.
Aber Inkarrí verstand nicht, mit beschriebenem Papier umzugehen, denn er sprach nur in Quipus. In Schnüren-Quipus. Und die Spanier schickten ihm ein beschriebenes Papier und sagten, es sei genauso wie ein Quipu. Inkarrí aber fragte: »Was sind das für Krümmungen und Haken ...?«
... Ihr Mistis reitet das Pferd mit Trense, nicht wahr, und als Inkarrí dies sah, da sagte er sich, daß die Pferde wohl Eisen fressen. Deshalb auch gaben sie den Pferden dieser Spanier damals Gold in die Futtertröge. »Dieses Gold werden sie schon fressen, so wie das Eisen auch.« Aber sie fraßen das Gold nicht, sondern diese Spanier steckten es sich ein. Daraufhin besprachen sich die Spanier, diese Mistis. Sie kehrten noch einmal zurück, ja, diese Spanier, diese Mistis sind zurückgekommen. »Jetzt soll unsere Macht gelten und nicht mehr die der anderen«, sagten sie ...
... und als sie damals wiederkamen, wegen des Goldes, da töteten sie Inkarrí. Damals ist Inkarrí gegangen. Er soll in der Stadt Paititi leben, dort soll er sein. Wo mag dieser Ort wohl liegen? Sicherlich können ihn auch die Flugzeuge heute nicht finden. Damals ging er, nicht wahr. Und er ließ geschehen, daß die Spanier die anderen umbrachten ...
... Man sagt, daß er lebt und daß er weint. Der Fluß führt die Exkremente der Lamas mit sich. Und wenn Inkarrí sie betrachtet, dann weint er: »Wo sind meine Kinder, wo sind meine Enkel?« In Paititi, dort lebt er.

Erzähler: Juan Quispe, etwa 85 Jahre. Q'ero 1979

Wie die Haciendas entstanden

Frage: Weißt du aus der Zeit der Hacienda zu berichten?

Juan: Von der Zeit der Hacienda, darüber, wie die Haciendas entstanden? Unseren Inka haben die Spanier getötet, und danach teilten sie sich die Ländereien auf. Für die Pfarrer blieben die Kirchen ...
»Ihre Ländereien werden wir unter uns aufteilen. Ihr Land werden wir ihnen abnehmen. Das Land soll für uns sein. Es soll einen Pfarrer geben, der die Messe

liest. Und für den Pfarrer soll die Kirche sein. Möge er so den Runa das Fell über die Ohren ziehen. Mit der heiligen Messe. Und mit der Messe für die Heiligen, die die Runa aus Lehm kneten sollen. Sie sollen Kirchenfeste ausrichten und auf diese Weise verarmen, die Runa«, so haben die Spanier beschlossen ...
Damals haben die Spanier ein Fest veranstaltet, und der Pfarrer hat die Messe gelesen. Und als Inkarrí kam, um das Fest zu sehen, da haben alle auf ihn geschossen, da haben sie ihn erschlagen. Der Pfarrer blieb mit den Kirchen und ließ die Runa Heilige kneten und Kirchenfeste ausrichten.
»Lies du die Messe, Pfarrer, mit diesem Geld mußt du auskommen, und wir werden uns die Ländereien aufteilen«, sagten die Spanier. »Und indem wir die Ländereien bebauen, werden wir Geld ergattern. Diese Runa sollen für uns arbeiten.« So haben die Spanier vereinbart. Seit damals haben sie sich diese Haciendas aufgeteilt. Sie haben sich die Ländereien aufgeteilt, die eigentlich unserem Inkarrí gehörten.
Heute werden alle möglichen Steuern auf jegliches erhoben. Daher gehören diese Ländereien heute auch der Regierung. Selbst die Steine, das Wasser. Damals gab es keine Regierung. Wir hatten lediglich den Inka, der die beste Regierung war. Ja, so war das, es war eine sozialistische Zeit, die Zeit unseres Inkas.
Aber heute, ich weiß nicht, was das sein soll. Es gibt jetzt Campesinos, auch Kommunisten oder auch Apristen. Heute gibt es alles, Mistis, Spanier. Diese haben all diese Dinge entstehen lassen. Sie haben alles an sich gerissen, als hätten sie es erschaffen. Gott wird diese Erde geschaffen haben. Sie ist nicht von der Regierung erschaffen worden, auch nicht vom Präsidenten.
Ja, daher stammen die Haciendas.

Erzähler: Juan Quispe, etwa 85 Jahre. Q'ero 1979

Das Leben auf der Hacienda

Frage: Und wie lebten die Menschen auf der Hacienda?

Juan: In diesen Haciendas wurden wir getrieben. Die Ländereien waren aufgeteilt, auch das kleinste Stückchen Land war aufgeteilt. Für die Spanier mußten wir arbeiten. Woche um Woche, Monat um Monat mußten wir Pongo sein. Man mußte ihre Tiere hüten. Damit sie sich waschen konnten, mußte man ihnen Wasser heranschleppen. Man mußte ihnen Brennholz bringen.
Alles, alles Erdenkliche mußte man tun, für diese Spanier. Es ist so, daß mit den Kräften dieser Runa die Herrschaften das Geld gerafft haben, sich ausgestattet haben. Und wieviel haben wir tatsächlich gearbeitet ...

Erzähler: Juan Quispe, etwa 85 Jahre. Q'ero 1979

Wiraqochapampa

Zu Anbeginn der Welt, oder wann mag es gewesen sein, waren die Spanier gekommen. Und damals hatten sie alle Inkas getötet, ja, allesamt. Ein Tal ums andere hatten sie verwüstet, alles.
Zu jener Zeit gab es einige Paqos, ja, damals gab es sie noch. Zwei Altomesayoq. Und diese zwei Paqos konnten entkommen. Nur knapp, zusammen mit einigen Kindern, Knaben. Aber nur zwei erwachsene Männer entkamen.
Die Spanier hatten ihr Lager dort in der Ebene in Wiraqochapampa aufgeschlagen. Bei der rostbraunen Geröllhalde gibt es noch die Reste einiger Mauern, die von diesen Spaniern gebaut wurden, von dem Bataillon. Aber heute vermag man sie nur noch mit Mühe zu erkennen.
Dort hatten sie ihre Zelte aufgeschlagen, und das Bataillon lagerte in der ganzen Ebene. Überall standen Feuerstellen, aus Schädeln gebaut, und darauf kochten sie ihre Speisen. Ja, aus Lamaschädeln oder Schafsköpfen. Die stammten von dem Gemetzel, das sie angerichtet hatten, als sie von Tal zu Tal gezogen waren. Von den Tieren der Menschen aus Q'ero, klar, denn sie hatten aus den Häusern alles zusammengeschleppt, ihre Moraya, Kartoffeln und all ihre Lebensmittel. Dort in ihrem Lager hatten sie auch die Menschen aus Q'ero getötet. Aber einige konnten überleben.
Damals gab es also nur diese Paqos. Sie sprachen mit den Apus, unterhielten sich mit ihnen über das Geschehene. In der Bergkette dort oberhalb von Wiraqochapampa leben unter anderen die Apus Wayruruni und Orqoni. Außerdem Willuyuni. Das sind die Apus dort. Auch Qolpaorqona, das sind diejenigen, die gut den Krieg gewannen. So erzählt man heute.
Darauf gingen einige der Apus hinunter und belauschten die Spanier. Obgleich sie deren Sprache nicht kannten, obgleich sie nicht verstanden, über was geredet wurde. Sie fragten diese Wiraqochas, und so erfuhren auch sie ihre Pläne. Ihnen war gerade die Munition ausgegangen, und daher zogen sie ab. Das ganze Bataillon der Spanier. Ich weiß nicht, ob nach Cuzco oder in ein anderes Dorf.
Und während sie die Munition besorgten, versammelten diese beiden Altomesayoq die Kinder, Frauen und all diejenigen, die glücklich hatten entfliehen können, um sich. Sie besprachen sich mit den Apus. Sie fragten jene Apus um Rat, und diese wiesen sie an: »Macht dieses, tut jenes«, so sagten sie.
Es gibt dort bei Wiraqochapampa einen Geröllhang mit einer rostbraunen Halde. Dort richteten sie eine lange Mauer aus lose aufeinandergelegten Steinen auf und eine große Zahl Steinhaufen.
»Eng beieinander, ihr müßt die Steintürme in kleinen Abständen zueinander aufstellen«, so sollen die Apus ihnen geraten haben. Ja, das haben sie angeordnet. Und die Menschen erfüllten alle Anweisungen. An der höchsten Stelle des Berges,

der aus der Kette herausragt, sollen sie gewartet haben, da sie wußten, an welchem Tag die Spanier zurückkommen würden. Und sie kamen zurück.
Am nächsten Morgen rüsteten sich die Spanier. »Jetzt werden wir hier alle Menschen auslöschen«, sagten sie. »Wir werden sie erledigen.« Und sie brachen auf. Die Menschen erwarteten sie schon, nur mit ihren Schleudern und einigen anderen Dingen bewaffnet. Aber sie sollen gewaltige Felsblöcke von den Berggipfeln heruntergestoßen haben. Schwere Felsen.
Schon im Morgengrauen brach das Bataillon damals auf, alle zu Pferd. Und mit einem Mal, als sie näher kamen, stießen die Menschen Felsen von den Bergen runter – waren es drei, waren es vier? Wie viele Felsblöcke mögen sie von dem Berg hinuntergestoßen haben? Die Frauen und ihre Kinder konnten sie nur mit großer Mühe abstoßen.
Die Blöcke brachen los, und als sie bei den Türmen, bei der Mauer angelangten, da rissen sie die einen mit, andere stießen sie um, und sämtliche Steine sausten umher und töteten so alle Wiraqochas, endgültig. Ja, sie haben sie getötet. Dort sollen sie noch sein, alle zusammen, mit ihren Pferden. Mit ihren Waffen und allem Drum und Dran. Dort, wo diese rostbraune Geröllhalde ist, dort drinnen sind sie verschüttet.
Seither gibt es unterhalb der Stelle einen kleinen runden See. Die klugen Kapitäne sind hier hinuntergaloppiert. Ja, die Kapitäne der Spanier sind geflüchtet, und dieser kleine See hat sie verschluckt. So erzählt man sich das. Daher sagt man auch, daß diese Apus die Schlacht gewonnen haben.
Nachdem die beiden Paqos all dies getan hatten, da entstand wieder neues Leben. Und seitdem kehrten die Spanier nicht zurück. Die Paqos gingen in ihren Ort zurück, nach Q'ero. Sie stammten nämlich aus Q'ero.
So soll das früher gewesen sein. Mein Großvater hat davon erzählt, und auch mein Vater berichtete mir davon.

Erzähler: Fabian Quispe (Foto Seite 73), etwa 70 Jahre. Q'ero 1979

Wiraqochapampa, Nachtrag

Frage: Neulich hast du mir von einer Armee der Inkas erzählt, die in Wiraqochapampa von den Spaniern vernichtet wurde. Wird sie einmal zurückkehren?

Fabian: Das ist jene in der rostbraunen Geröllhalde, die wird wieder auferstehen. Sie gehört zu den Inkas. Dieses Heer wird zurückkehren, wenn diese Zeit zu Ende geht. Und das soll bald soweit sein. Das habe ich gehört. Es fehlt angeblich nur wenig bis zum Ende dieser Zeit. Das aber wird Gott wissen.

Erzähler: Fabian Quispe (Foto Seite 73), etwa 70 Jahre. Q'ero 1979

Geschichte der Hacienda Q'ero

Frage: Sag mir, Bernabé, erinnerst du dich an die Zeit der Hacienda?

Bernabé: Die Zeit der Hacienda? Ah, die Zeit der Hacienda, in der wir so viel erduldet haben, in der wir so viel erlitten haben. Das ist es, wonach du fragst?
Ah, das war schrecklich. Bis heute haben wir ein wenig ausgeruht. Heute leben wir ruhig, nicht wahr. Schrecklich, was wir so allerorts erdulden mußten!
Der Hacendado selber hatte ein sanftes Herz, der Señor José Mariano Yawar. Er war der Besitzer der Ländereien. Er soll der Sohn des Don Francisco Yawar gewesen sein.
Als dieser Francisco Yawar starb – zu welcher Zeit mag das gewesen sein? –, da übernahm José Mariano. Ich weiß nicht, ob er sein Sohn war oder nur aus seiner Familie stammte. Der erstgeborene Sohn (des Francisco Yawar) war Monseñor Yawar. Ja, Monseñor Yawar, Herr Pfarrer (Priester in Cuzco). In der Zeit haben wir wahrhaftig gelitten. Alles galt es zu ertragen. Deshalb auch ist diese Hacienda seit unseren Vorfahren, seit unseren Großvätern, als wäre sie gekauft, mit unseren Diensten, nicht wahr. Früher wurde sie von einem Administrator, von einem Verwalter, geführt. Der pflegte uns anzutreiben. Von einer Dämmerung zur anderen arbeiteten wir. Die große Arbeit (5 Wochen), die kleine Arbeit (3 Wochen). Wir mußten reisen (mit Lastenkarawanen). Wir erreichten kaum das Abendessen. Dann schliefen wir ein wenig. Und beim ersten Schrei des Hahnes weckten sie uns, trieben sie uns schon wieder los. Gleich, ob wir gegessen hatten oder nicht.
In allem litten wir, ob als Pongo oder als Arbeiter. So herumgejagt lebten wir.
Die Hacienda besaß der Pfarrer, dieser feine Herr. An seine Zeit erinnere ich mich noch gut. Mullumarka war seine Hacienda. Carpapampa war auch seine Hacienda. Hatun Rumi auch. Und Q'ero gehörte demselben. Auch Kiko, auch Hapu gehörten ihm. Q'achupata hatte er erst später gekauft.

Frage: Wer?

Bernabé: José Mariano Yawar und seine Frau Luciana Palacio. Und als Mariano Yawar starb, blieb seine Frau ... Als sie dann starb, da kamen ihre Kinder, die Kinder von José Mariano Yawar. Da waren der Luis Yawar, Victor Yawar und es gab auch Frau Ester Yawar. Ein anderer war Pepe Yawar. An den Namen des anderen erinnere ich mich nicht. Das waren seine Söhne. Für diese waren die Haciendas. Ein jeder bekam seinen Teil. Kiko und Hapu waren für Luis Yawar, den ältesten. Und Q'ero fiel dem Sohn Pepe Yawar zu.
Damals, als jedem der Söhne seine Hacienda zufiel, da haben wir Runa uns zerstreut. Vorher gehörten Marcachea mit Totorani, mit Kiko und Hapu, mit Q'ero eng zusammen. Der Hacendado wird sehr viel Geld gehabt haben, deshalb besaß er so viele Haciendas, nicht wahr.

In all dem haben wir unsere Kräfte eingesetzt. Seit unseren Vorfahren, seit unseren Großvätern, und auch wir sind da hineingeboren.
Deshalb möchte ich auch nicht, daß wir das Land für Geld kaufen, da die Hacienda doch schon mit unserer Arbeitskraft bezahlt ist. Und den Männern aus der Hacienda-Zeit habe ich schon oft gesagt: »Könnten wir das nicht die Regierung wissen lassen, indem wir eine gute Versammlung abhalten?« Aber die Männer von der heutigen Generation taugen dafür nicht. Dafür nicht. Sie wollen nicht einmal zu den Versammlungen gehen. Die heutige Generation nicht, die taugt für nichts.

Frage: Nach Pepe Yawar, wer übernahm danach?

Bernabé: Nach Pepe Yawar hatte der eine und der andere die Hacienda in Pacht. Und dann übernahm sie halt dieser Luis Angel Yawar. Der war schauderhaft verrückt. Caray, der ließ uns wahrhaftig leiden.
Wir mußten die Schafe hüten, dort in Paucartambo, und die Kühe. Selbst wegen des Käses, den wir herzustellen hatten, mißtraute er uns. Den Kuhhirten jagte er oft davon, schlug ihn sogar noch.
Er konnte die Leute fürchterlich verwunden. Unmöglich, daß es auf einer anderen Hacienda einen genauso verrückten Herrn gab. Auch zur Mittagsstunde stand er aufrecht da, und wenn jemand, auch einer der ernsthaften Männer, sich nicht mächtig anstrengte, dann schrie er: »Du strengst dich nicht an, du bemühst dich nicht wie die übrigen Arbeiter der Hacienda!« Und er jagte ihn fort, indem er Steine nach ihm warf. Die Kranken jagte er aus seinem Haus in Paucartambo. Er verjagte sie, und auf ihren Stock gestützt, mußten sie sich zu irgendeinem Bekannten begeben. Dorthin flüchteten sie sich, auf ihren Stock gestützt. Er warf sie einfach hinaus: »Du wirst dein Land verlassen müssen, da du deine Kraft nicht mehr einsetzt. Andere, die ihre Kräfte verwenden, sollen deine Äcker bekommen.«
Schrecklich war es dort in Paucartambo. Wegen jedem beliebigen kleinen Vergehen schickte er uns in Haft. Der Kerker war schon fast wie unser Zuhause. So war das. Von dort kamen wir erst nach vierundzwanzig Stunden wieder frei. Nach tausend Bitten beruhigte sich sein Herz allmählich ... Es war gräßlich. Ohne Ende könnte ich von diesem Leben erzählen. Ay, das war ein Leben!
Deshalb sage ich mir in meinem Herzen: »Dieser Herr kann jetzt nicht gut an Gottes Seite sein.« Oder, wer weiß, vielleicht ist seine Seele in Gottes Nähe. Weil er die Menschen so geschunden hat, sage ich mir. Aber vielleicht hat er es ihm verziehen.

Erzähler: Bernabé Machaqa, etwa 90 Jahre. Q'ero 1979

III Gegenwart und Zukunft

Die gegenwärtige Situation der Q'ero wird durch zwei Ereignisse ganz wesentlich bestimmt. Eines war die Umwandlung der Hacienda in kommunalen Besitz, das andere der enttäuschende Verlauf der Agrarreform.

Die Umwandlung von 1963 haben die Q'ero bis heute noch nicht verarbeitet. Die Professoren der Universität Cuzco, die die Umwandlung damals betrieben, hatten die Q'ero nicht an diesem Prozeß beteiligt, sondern vielmehr deren Glauben gefördert, sie arbeiteten mit den Göttern zusammen. Dadurch verhinderten sie, daß die Q'ero lernten, ihre Zukunft bewußt selbst zu gestalten. Statt dessen wurde ein neuer Mythos geschaffen, und die Q'ero wurden in ihrer Überzeugung bestärkt, daß nicht die Runa, sondern nur die Götter und der weiße Mann Macht besitzen, um ihre Situation zu verändern. Sie verfielen in eine Lethargie, die sie selbst als »Ausruhen« bezeichnen. Erschwerend kam hinzu, daß sie plötzlich ohne Anführer und ohne Anleitung mit der neuen Situation konfrontiert wurden und dadurch auf alte Verhaltensweisen zurückgreifen mußten, die den neuen Bedingungen nicht recht entsprachen.

Nur wenige Jahre nach der Umwandlung begann die Agrarreform unter der Regierung von Juan Velasco Alvarado. Obwohl sie für die Q'ero kaum direkte Auswirkungen hatte, nahmen sie innerlich doch stark Anteil. Dies wird deutlich an den vielen Elementen der damaligen Propaganda, die in ihren Äußerungen und auch den Erzählungen immer wieder auftauchen.

Die Q'ero, aber nicht nur sie, sahen in den Veränderungen den Beginn des Niedergangs der spanischen Vorherrschaft. Die Abschaffung des Frondienstes war für sie gleichbedeutend mit dem Wiedererstarken ihres Messias Inkarrí. Doch spätestens mit dem Putsch des Morales Bermudez kam für Reformer und »Reformierte« die große Ernüchterung. Für die Q'ero bedeutete dies, daß sich die Spanier, also die Unterdrücker, erneut durchgesetzt hatten – auch wenn nicht die unerträglichen Zustände von zuvor zurückkehrten. In der Erzählung »Die Enkel der Inka« kommt diese Enttäuschung des Erzählers zum Ausdruck. Er klagt nicht nur die Regierenden an, sondern bringt in diesem Zusammenhang all das vor, was er in der Velasco-Zeit aufgenommen hatte – etwa daß die Inkas Sozialisten gewesen seien. In jener Zeit beginnen die Q'ero nach und nach die negativen Auswirkungen der chaotischen Umwandlung zu spüren, unter anderem den Verlust von Tradition und Zusammenhalt aufgrund ihres heutigen Lebens in Kleinfamilien.

Wie die vergangene Zeit der Ñaupa Machu auch als die des Gott Vaters gilt, die gegenwärtige als die des Gott Sohnes, so wird die kommende Zeit die des Heiligen Geistes, des »Espiritu Santo« sein. Diese Bezeichnung enthält eine doppelte Bedeutung, denn »espiritu« heißt auch »Vogel«. Die Verbindung mag sich aus der gelegentlichen Darstellung des Heiligen Geistes als Taube ergeben haben.

Mit diesem zukünftigen Zeitalter bricht die Zeitvorstellung aus den bisherigen zyklischen Abläufen aus. Es wird nicht als Epoche der Dunkelheit und des Chaos auf die gegenwärtige Zeit des Lichtes und der Ordnung folgen. Der erwartete paradiesische Zustand wird unendlich sein. Auch die Vorstellung von der Endphase unserer Zeit zeigt deutlich den christlich-europäischen Einfluß, der wesentliche Veränderungen in der andinen Zeitkonzeption bewirkt hat. Zwar wird auch dieses Mal der Untergang dadurch ausgelöst, daß der Mensch zuviel Macht erlangt – in der Erzählung durch Gold symbolisiert –, das wird das Leben hier auf dieser Welt unmöglich machen. Doch darauf folgt nicht die totale Vernichtung, sondern eine Art »Jüngstes Gericht«, bei dem die Guten von den Bösen geschieden werden. Die ein Gott zugewandtes Leben geführt haben – alle, die wir fragten, zählten sich zu diesen –, werden weiterleben in der Zeit des Espiritu Santo.

Inkarrí, mit dessen Rückkehr sie in diesem Zeitabschnitt rechnen, wird in diesem Zusammenhang praktisch mit Jesus Christus gleichgesetzt und nicht so sehr als der erwartete Erneuerer der andinen Ordnung gesehen. Das bedeutet aber nicht, daß Inkarrí in dieser Funktion keine Bedeutung mehr besitzt. Vielmehr wird daran deutlich, daß seine Wichtigkeit für die Menschen von der realen Situation abhängt, in der sie sich befinden. Je schlechter diese ist, desto stärker setzen sie ihre Hoffnung auf ihn, der sie aus der Unterdrückung befreien und bessere Zustände schaffen könnte. Da die Q'ero ihre derzeitige Situation als verhältnismäßig positiv einschätzen, ist für sie seine Wiederkehr momentan nicht zu erwarten. Doch das kann sich sehr schnell ändern, wenn die Zukunft für sie eine ähnlich katastrophale Entwicklung bringt, wie große Teile der Landbevölkerung sie schon heute erleben. Möglicherweise wird dann Inkarrí in veränderter Form erneut zur Zentralfigur des Widerstandes. Der Widerstand wird sich dieses Mal nicht mehr gegen die Großgrundbesitzer richten, die bis zur Agrarreform die spanische Herrschaft verkörperten, sondern nun gegen die Regierung selbst, die immer mehr als Feind gesehen wird und so letztlich und sicher ungewollt zum Auslöser einer breiten Solidarisierung unter der Landbevölkerung werden kann.

Apu Ausangate und Apu Wamanripa gehen zur Regierung

... Apu Ausangate ging zur Regierung, zusammen mit Apu Wamanripa.
»Diese Menschen, diese Inka-Menschen, diese Menschlein, sie gibt es schon fast nicht mehr«, so beklagte er sich. »Übermäßig werden sie von den Spaniern geschunden. Sie haben nicht einmal mehr ausreichend Kleidung, so sehr müssen sie sich für die Haciendas plagen.« So sprach er, als er zur Regierung kam. Deshalb hat sie dann die Pongueaje und die Arbeiten für die Hacienda aufgehoben, nicht wahr.
So kam es, daß sie, nachdem Apu Ausangate zur Regierung gegangen war, die Doktoren schickte, nicht wahr. Damit sie all diese Dinge sehen sollten, klar. So kam es, daß all das endete. Die Arbeiten, die Pongueaje und die Mit'as. Alles, was es früher gab.
Und jetzt stehen wir nicht mehr im Dienst dieser Herrschaften. Wir waren vollständig erledigt. Aber jetzt haben wir ausgeruht. Wir arbeiten nur noch an einem Ort, dort wo wir unsere Äckerchen bebauen. Aber nicht mehr angetrieben.
Früher kamen die Verwalter. Sie waren es, die uns antrieben. Gesund oder krank, mußten wir bis Cuzco gehen. Selbst wenn wir noch nicht das erforderliche Alter erreicht hatten.
Dabei bin auch ich gealtert, selbst noch ein Kind.

Erzähler: Fabian Quispe, etwa 70 Jahre. Q'ero 1979

Die Zeit der Spanier geht allmählich zu Ende

Frage: Wird Inkarrí zurückkommen?

Juan: Man sagt ja, aber wie wird das wohl sein?
Es wird wohl der Wille des Inka sein, daß diese Zeit der Spanier allmählich zu Ende geht. Ja, sie geht zu Ende. Heute ruhen wir bereits aus.
Es war ebenfalls sein Wille, in der Zeit der Sklaverei, daß die Herrschaften machten, was sie wollten. So konnten sie die Leute verkaufen oder sie an ihren Gliedmaßen aufhängen. Mit soviel Leiden, durch soviel Anstrengung der Runa sind die Hacendados reich geworden, Señor.

Frage: Wann also wird Inkarrí zurückkehren?

Juan: Wann wird diese Zeit kommen, wie werden dann die Dinge sein? Man sagt, daß auch die Sonne von Inkarrí geschaffen wurde.

Erzähler: Juan Quispe, etwa 85 Jahre. Q'ero 1980

Der Kopf Inkarrís hat sich bereits erhoben

Frage: Wird Inkarrí zurückkehren?

Felix: Ich weiß nicht. Man sagt ja. Aber wie mag das sein? Sein Kopf soll bereits wieder wachsen. Sein Kopf soll sich gerade erheben. Sein Kopf soll sich bereits erhoben haben. Und nachdem er sich erhoben haben wird, dann müssen diese Spanier, diese Chana Wawas, sich krümmen und arbeiten wie wir. Dann werden wir vielleicht zur eigentlichen, anfänglichen Zeit-Epoche zurückkehren. Und es scheint heute schon, als wäre es bereits so, nicht wahr?
Es gibt schon keine Haciendas mehr. Allesamt, wenn sie etwas anordnen, dann ordnen sie es mit ihrem Geld an (indem sie bezahlen). So lassen sie die Ackerfurchen anlegen und lassen arbeiten. Ja, wir sind dem schon sehr nahe.

Frage: Dann erhebt sich Inkarrí also allmählich?

Felix: Ja, er erhebt sich allmählich. Und wenn er sich erhoben hat, dann wird sich die Zeit der Mistis einebnen, die Zeit der spanischen Hacendados. So sagt man, ja.

Frage: Und wo soll Inkarrí heute sein?

Felix: Wo mag er sein? Wo könnte er wohl sein? Dort, wo die Welten aufeinandertreffen (am Horizont), wo sie beginnen, Tomía Mujía sagt man, dort wird er wohl sein, oder wo mag er sein? Das ist Gerede. Sollte das auch möglich sein? Das wird man ja sehen. Auch ich habe darüber nur reden gehört.

Frage: Ist Inkarrí unter der Erde begraben, oder ist er nur an der Oberfläche hingestreckt?

Felix: Er wird wohl begraben sein. Was für eine Schweinerei der Teufel oder der Mistis, die werden ihn begraben haben, klar. Er wird sich sicher erheben. Dies wird unser Gott bestimmt wollen. Ein einziger wird wohl unser Gott sein, unser Vater im Himmel, klar. Mit Willensmacht, nicht wahr.

Frage: Und Inkarrí besitzt ebenfalls Willensmacht?

Felix: Er muß wohl Macht haben. Er ist der, der gleich nach Gott kommt.

Frage: Wer besitzt außerdem Macht?

Felix: Gott im Himmel, danach käme Inkarrí. Das ist es dann auch schon.

Frage: Und Apu Ausangate besitzt Macht?

Felix: Ausangate, wenn ich es gut überdenke, müßte Macht besitzen, seit undenklichen Zeiten. Seit die Zeit der Dunkelheit begann. Ja, er besitzt Willensmacht, klar.

Frage: Und der Mensch besitzt ebenfalls Macht?

Felix: Der Mensch besitzt keine Willensmacht. Kein Mensch kann Macht besitzen, es sei denn durch den Willen von Jesus Christus im Himmel. Wieviel hätten wir gern, klar. Aber das ist nicht. »Mit Hilfe unserer Willensmacht werden wir dieses oder jenes tun«, würden wir uns sagen. Aber wir können halt nicht, wir Sünder. Wir können die Macht Gottes nicht bezwingen, klar. Niemand.

Frage: Selbst wenn wir ihn nicht an Macht übertreffen, wird es doch irgend jemanden mit Macht geben, und sei's nur mit ein wenig?

Felix: Gut, mit ein bißchen Macht wird es schon jemanden geben. Aber auf alle Fälle wäre das sehr wenig. Ein wenig vermögen wir ja auch selbst. Ein Haus bauen. Oder andere Dinge, die in unserer Macht liegen. Wir können dasjenige tun, was wir mit unserem Verstand vermögen. Aber andererseits können wir Gott nicht übertreffen, nein. In dem Maße, wie wir können, tun wir die Dinge, klar.

Frage: Wen nennt man Yachayniyoq?

Felix: Diejenigen, die immer wieder die Götter sprechen lassen. Die nennen wir Yachayniyoq.

Frage: Der Altomesayoq ist Yachayniyoq oder Munayniyoq?

Felix: Der ist Yachayniyoq. Nur das ist er. Aber damit ist es nicht weit her. Außer wenn er es seit seiner Geburt ist, oder wenn Jesus Christus ihn dafür bestimmt hat, klar. Wenn das nicht so wäre, wir alle wären Yachayniyoq.

Erzähler: Felix Machaqa (Foto), etwa 40 Jahre. Q'ero 1980

Die Enkel der Inkas

Also dann reden wir jetzt auch über die Inkas. Darüber, wie sie die Stadt Cuzco errichtet haben und Lima, wohin sie gingen und wo sie blieben, ja.
Wenn wir heute in Versammlungen und bei Einladungen von diesen Dingen sprechen, dann sagen die Jungen, die Generation heute: »Ah, das wird wohl in einer früheren Zeit gewesen sein. Ist es heute etwa noch so?« Sie sind übermäßig aggressiv und sagen, wir Alten seien Hunde, wir Alten seien für nichts gut. So sind heute die Jungen von der Generation.
Aber was vermögen sie eigentlich?
Sie sind unfähig, etwas zu besprechen oder anzuordnen, sowohl der Mandon als auch der Alcalde. Niemand, auch nicht der Contador, alles Schall und Rauch.
Bernabé Machaqa lebt noch, aber er kann schon nicht mehr. Ihr könnt ihn fragen, er lebt dort in Tantaña.
Ja, früher gab es die Inkas, Inka Atawallpa, Inka Manko Qapaq, Inka Tupayupanki und andere. Sie waren in jener Zeit die Herren, es gab keine Großgrundbesitzer. Auch die Mestizen gab es nicht. Das war die Zeit der Inka.
Das Salz aß man gratis. Auch der Boden stand zur kostenlosen Bebauung zur Verfügung. Ja, die Ländereien waren gratis.
Oder sind sie etwa von der Regierung erschaffen worden? Gott hat sie geschaffen, jawohl. Die Regierung hat sie nicht geschaffen. Sie, die Regierung, ist wie wir, Menschen, die essen und trinken. In diesem Augenblick könnten wir die Regierung stürzen, wenn wir es so wollten. Der Tod könnte sie ereilen, in weniger als einem Monat oder weniger als einem halben Jahr.
Diese Glatzköpfe glauben ja überhaupt nicht mehr an Gott. Nur mit ihrem Verstand und allein mit ihren Ideen (Tricks) versuchen sie, das Geld, das sie wollen, zu finden. Wo immer möglich, rauben sie, sei es von den Mächtigen oder von den Dörfern der Bauern. Aber Gott möchten sie übergehen.
Mit Gottes Willen könnten wir auf die Gipfel der Berge steigen und von dort herunterschreien, jeden Samstag, jeden Mittwoch. So würde diese Regierung stürzen. Mit einer bösen Absicht zieht sie den Armen das Fell über die Ohren, bringt sie die Armen zum Weinen. Ungerechterweise erhöht sie die Preise aller Waren.
»Soll doch die Koka verschwinden. Soll man doch ruhig die Koka verbieten. Dann sollen aber auch der Kaffee verschwinden und die Zigaretten. Wenn man den Indianer, den Campesino, um die Koka betrügt, dann soll man auch den Mestizen betrügen.« Wenn wir das schreien, dann werden wir ja sehen, was die Regierung dazu sagen wird.
Der Mestize ist vom Kaffee abhängig und auch von der Zigarette. Gut, mag es für uns keine Koka mehr geben, aber für dich soll es auch keinen Kaffee mehr geben. Soll die Zigarette vergehen, verschwinden. Man soll sie verbieten.

So werden wir dann auf gleiche Weise schön angeschmiert sein. Dann sind sie wie wir reingelegt, denn wir, die Campesinos, leben mit der Koka.
Wir Armen werden Kraft bekommen. Dann wird die Regierung vielleicht zuhören, wenn wir schreien. Und sie wird nicht wollen, daß der Kaffee verschwindet oder die Zigarette.
Wieso sollte die Koka für den Indianer, den Campesino, verlorengehen, welch Leiden. Denn mit der Koka leben wir. Caramba. Diese Glatzköpfe, diejenigen, die die Regierung sind, in alles mischen sie sich ein. Die Zeit der Inkas war sozialistisch. Umsonst waren Essen und Trinken. Auch der Boden damals, zur Zeit der Inkas, war frei für den Anbau. Und es gab niemanden als die Inkas ...
Wir, die Indianer, die Campesinos, wir sind die Enkel der Inkas.

Die Zeit des Espiritu Santo

Frage: Was wird geschehen, wenn Inkarrí zurückkehrt?

Pascual: Wenn Inkarrí zurückkehrt, werden diese Zweige, die im Herdfeuer liegen, die Steine, alle Stöcke, einfach alles sich in Gold verwandeln und in Silber. Es wird für uns schrecklich sein, in dem Abschluß dieses Endes der Zeit. Selbst in den Flüssen wird sich das Gold erheben.

Frage: Für wen wird dieses Gold sein?

Pascual: Das wird für nichts mehr dienen. So hätten wir zwar Gold oder Silber. Aber das würde halt zu nichts führen.

Frage: Und die Menschen?

Pascual: Die werden auch Geld besitzen in jener Zeit. Wenn die Zeit des Todes zu Ende geht, wird einfach alles Gold sein, in Taripay Pacha.

Frage: Aber du sagst, daß wir sterben werden.

Pascual: Eben in diesem äußersten Ende, in dem wir sterben werden, wird das so sein.

Frage: Ah, erst im äußersten Ende unseres Todes, wenn wir aber noch nicht gestorben sind?

Pascual: Wenn wir noch nicht gestorben sind. So kommt es, daß wir von diesem Gold vielleicht doch noch ein wenig verbrauchen können. Oder vielleicht verbrauchen wir dann auch nichts mehr.

Frage: Und was wird mit der Sonne geschehen?

Pascual: Wenn diese Zeit zu Ende geht, dann wird sich die Sonne auf den Erdboden herabsenken, und dann wird sie uns verbrennen. Alle. Und die guten Men-

schen werden nach Hanaq Pacha (Himmel) gehen. Wir werden uns in Vögel verwandeln. Und die schlechten Menschen werden in Ewigkeit brennen.

Frage: Also einige werden sich in Vögel verwandeln?

Pascual: Ja, diejenigen, die ihr Herz Gott zugewandt haben.

Frage: Und wo werden wir leben?

Pascual: Von dort (Hanaq Pacha) werden wir hierher zurückkehren. Und hier wird es reichlich Früchte geben.

Frage: Auf diesem Erdboden?

Pascual: Ja. Und es wird weder Kartoffeln noch andere Dinge geben. In jener Welt werden wir leben. Wir werden wie die Vögel sein, so wie die Spatzen, oder wie irgendein anderer. Und alle Bäume werden sich in Obstbäume verwandeln.

Frage: Hier wirst du dann auch dein Haus haben, oder nicht?

Pascual: Ich weiß nicht, wie wir leben werden.

Frage: Du wirst deine Frau haben, oder nicht?

Pascual: Unsere Frau werden wir wohl haben. Oder werden wir sie nicht haben? Wie wird wohl jene Zeit werden?

Frage: Wenn das Ende kommt und wir uns in Vögel verwandeln, wie nennt man diese Zeit?

Pascual: Espiritu Santo. Die Zeit des Espiritu Santo.

Frage: Und wie nennt man die Zeit, in der alles zu Gold wird?

Pascual: Ich weiß nicht, in welcher Zeit wir gerade sind. Daran erinnere ich mich nicht.

Frage: Also dann ist diese gleiche Zeit an ihrem Ende mit all dem Gold?

Pascual: Ja, die gleiche. Das gehört zu dieser Zeit. Dagegen werden wir in der Zeit des Espiritu Santo uns nicht kleiden müssen. Wir werden mit Federn sein. Wie die Sperlinge werden wir unsere Hauben haben. Wir werden mit Flügeln sein. Dann werden wir nichts mehr wissen.

Frage: Was ist der Espiritu Santo?

Pascual: Das ist das, dieser Espiritu Santo. Wir werden Espiritus sein. Wir werden Espiritus Santos sein.

Frage: Dann sind diese Espiritus Heilige?

Pascual: Ja. Deshalb auch werden wir dann nichts mehr bearbeiten müssen, weder die Kartoffel noch anderes. Von dem Ende dieser Zeit an.

Erzähler: Pascual Samata, etwa 40 Jahre. Q'ero 1980

IV Zeit und Raum

Der Begriff »Pacha« steht für fundamentale Gedanken der andinen Weltanschauung und ist daher, für sich allein genommen, kaum in seiner Vielschichtigkeit zu erfassen. Pacha ist der Kosmos, doch auch Zeit und Raum, die der Kosmos umfaßt, werden mit dem gleichen Wort bezeichnet. Der jeweilige Schwerpunkt der Bedeutung wird erst im Zusammenhang einer Aussage, aus der Gesprächssituation heraus oder in Verbindung mit anderen Begriffen deutlich.

So mag auch in den folgenden Erzählungen dort der ganze Inhalt am besten verständlich werden, wo durch den Kontext die Auffassung der Runa klar und umfassend zum Ausdruck kommt.

Pachamama ist die Erdmutter, die Zeit und Raum vereint. Schon die Ñaupa Machu ernährten sich dank ihrer Fürsorge von den Kartoffeln aus der Erde, heute tut sie dies genauso, und auch in der kommenden Zeit des Espiritu Santo wird Pachamama die Bäume wachsen lassen.

Sie ist die Fruchtbarkeit, die Leben spendet und erhält, ohne sie ist Leben nicht möglich. Zugleich ist sie der weibliche Teil des Kosmos, in der Schöpfungsgeschichte tritt sie vor allem als jüngere Schwester der Jungfrau Maria auf. Ihr Gegenpol ist die Gesamtheit der männlichen Götterhierarchie, gemeinsam bilden sie die Grundlage für das Vertrauen der Menschen in diese Welt.

Um Menschen eines anderen Kulturkreises verstehen zu können, ist es notwendig, die Grundlagen ihres Denkens zu kennen, dazu gehört auch ihre Vorstellung von Zeit und Raum. Erst auf dieser Basis ist es möglich, andersartiges Verhalten richtig zu deuten. Die enge Beziehung, die für die Q'ero zwischen dem realen Leben und der universalen Ordnung besteht, wird in der Erzählung »Das Kind der Mitte sind wir« besonders anschaulich. Dort ist das Verhältnis zwischen den Familienmitgliedern übertragen auf die Beziehungen der Menschen insgesamt.

Will man diesen Gedanken nachvollziehen, so muß man berücksichtigen, daß bei solchen Betrachtungen die Zeit den Charakter des meßbaren Vorwärtsschreitens verliert. Alles wird zu Kay Pacha, zur Gegenwart, und findet im Lebensumfeld des Erzählers statt. Vergangenheit und Zukunft treffen sich am Ort und im Augenblick des Erzählens.

La Mar Qocha, das Meer der Tränen, in dem wir treiben, ist Sinnbild für die Zeit, die jeder Mensch von seiner Geburt bis zu seinem Tod durchlebt, mit all den Stationen, die er dabei unweigerlich passiert. Die Erzählung gleichen Titels, die gerade durch die persönlichen Angaben des Erzählers so betroffen macht, ist dennoch kein individueller Lebensbericht, sondern eine feststehende, allgemein gebräuchliche Form, in der die Q'ero die Lebenszeit des Menschen beschreiben.

Auch andere alte Männer, wie zum Beispiel Juan Quispe, haben uns ihr Leben in der gleichen Form, mit denselben Motivstrukturen erzählt, wobei sie ihre Darstellung jeweils mit ihren persönlichen Lebensdaten ausgefüllt haben. Als Teil allen Lebens

ist das Leben des Menschen einer Gesetzmäßigkeit unterworfen, die letztendlich alle auf eine Stufe stellt.
Die Vorstellungskraft der Q'ero, ihre Ansichten über Zeit, Raum und den Kosmos sind in den vergangenen Jahren starken prägenden Einflüssen ausgesetzt gewesen. Wissenschaft, Technik und Christentum haben ihre Ansichten über den zyklischen Ablauf der Zeit, ihre gesamte Weltordnung verändert.
Ihr ganzes Bewußtsein jedoch ist auch weiterhin geprägt vom Denken in zyklischen Abfolgen, ist ausgerichtet auf das Gleichgewicht aller Kräfte im Kosmos, auf ein harmonisches Zusammenleben aller Elemente der Natur.

Pacha (Zeit und Raum)

Frage: Wir haben gerade von den Zeiten gesprochen. Könntest du mir sagen, was ist letztlich Zeit?

Juan: Diese Tage sind diese Zeit, diese Tage, diese Tage, in denen wir uns bewegen. Das ist die Zeit.

Frage: In welcher Zeit lebten also die Ñaupa Machu?

Juan: Sie lebten mit dem Mond als Sonne. Das war die Zeit des Ewigen Gott Vater.

Frage: Du sagst, die Zeit seien die Tage. Gibt es in jeder Zeit die gleiche Anzahl Tage oder sind sie unterschiedlich?

Juan: Nein, Señor. Die Zeit ist gleichbleibend. Auch der Tag und die Nacht sind gleich.

Frage: Also ist die Zeit eine einzige, die sich von Anfang bis zum Ende ausdehnt?

Juan: Ja, Señor. Das ist immer die gleiche.

Frage: Immer die gleiche, aber innerhalb dieser gibt es Unterteilungen?

Juan: Ja. Da ist die Zeit, die die Sonne der Nacht hatte. Das ist eine Zeit, eine Portion. Auch unsere, die Zeit von Tag und Nacht, ist die gleiche. Sie ist die Zeit von Jesus. Das ist die Zeit, die er uns geschaffen hat. Wir haben die Sonne, wir haben den Tag. Sie gibt uns Wärme. So ist das. Wir haben auch die Kälte, wenn es schattig wird. Aber Väterchen Sonne wärmt uns. So kommt es, daß diese Zeit, diese Tage so unterschiedlich sind. Jesus hat nicht nur einen einzigen Zustand geschaffen. Genauso den Tag und genauso die Nacht. Bis wann wird es sein, daß er uns in seinem Willen aufwachsen läßt? Bis daß diese Zeit endet.

Frage: Und diese Zeiten sind in sich unterschiedlich, oder ist es eine einzige Zeit, die voranschreitet?

Juan: Die Zeit ist nur eine einzige, klar, für die Mistis oder auch für die Runa. Das ist nur eine einzige Zeit. Überall. Es gibt nicht die eine und die andere gleichzeitig. Wir sind nicht gleichzeitig in einer anderen Zeit, wir sind nicht in einem anderen Tag. Das ist gleich, für den Misti und auch für den Runa. In jedem Land wird es Tag oder wird es Nacht, nicht wahr. Das sind dieselben Tage, nicht wahr. Das ist das, diese Zeit. Die Zeit von Jesus Christus. Der Tag, den er uns geschaffen hat ...

Frage: In der Zeit der Ñaupa Machu gab es bereits Pachamama oder noch nicht?

Juan: Sie wird es in jedem Fall gegeben haben. Deshalb arbeiteten die Ñaupa Machu auf dem Acker. Auch in den Bergen, wo sie gelebt haben, gibt es Dinge. Es gibt Wege in den Bergen, die hinunter in den Urwald führen, auch Häuser (Ruinen), dort, gegenüber von Q'ero, in Pukara. Dörfer, in denen sie gelebt haben.

Frage: Aber als diese Ñaupa Machu starben, da ist Pachamama nicht gestorben?

Juan: Sie ist nicht gestorben.

Frage: Unsere Zeit wird bald zu Ende gehen?

Juan: Unsere Zeit wird sterben. Die Macht von Jesus wird vergehen. Es fehlen nur noch zwanzig Jahre.

Frage: Und wenn sich die zwanzig Jahre vollenden, wird Pachamama ebenfalls enden?

Juan: Am Ende muß sie sterben. Die Macht Gottes wird zu Ende gehen, und dasjenige, was er geschaffen hat, wird sterben. Diese Erde, Kaypacha, wird zu Ende gehen.

Frage: Und was ist Hanaq Pacha?

Juan: Hanaq Pacha ist das Land Gottes.

Frage: Und Hanaq Pacha ist nicht Zeit?

Juan: Das ist das Land Gottes, aber es könnte auch Zeit sein, nicht wahr. Das ist seine Zeit. Da unser Gott doch dort ist (lebt), klar ...

Frage: Wenn unsere Zeit, die Zeit von Jesus, sich vollendet und wenn dann Taripay Pacha zu Ende geht, werden dann diese Berge ebenfalls sterben?

Juan: Klar werden sie vergehen. Ja, wenn sie ihre Sünden haben. So wie er uns behüten wird, so wird er sie im Feuer verbrennen (da sie Sünder sind). Bis sieben Jahre vorüber sind. Dann wird das Feuer enden ...

Frage: Hanaq Pacha ist von der Welt aus gesehen auf der anderen Seite?

Juan: Hanaq Pacha ist von allem der obere Teil. Es ist nicht nur auf dieser oder jener Seite. Hanaq Pacha ist oberhalb jedermann. Es ist nicht nur auf einer Seite

Frage: Und was ist zwischen Hanaq Pacha und dieser Welt?

Juan: Dort? Die Seligkeit, das Firmament wird dort sein. Es bedeckt uns. So wie ein Haus.

Frage: Dann ist Hanaq Pacha noch weiter als die Sterne?

Juan: Ja Señor, dort ist es halt, ja. Hanaq Pacha ist dort! Mal schauen, ruf es dir mal ins Bewußtsein, in deinen Kopf ...

Erzähler: Juan Quispe, etwa 85 Jahre. Q'ero 1980

Pachamama

Frage: Von Pachamama hast du gehört?

Juan: Diese Pachamama, diese Erdmutter, wurde von der Jungfrau Mütterchen Maria zurückgelassen. Diese Mutter Erde.
»Schau her, diese meine Kinder wirst du aufziehen, bis daß meine Zeit endet. Ja, diese Kinder wirst du ernähren und umsorgen.« Das sagte die allerheiligste Maria, unsere Mutter, nicht wahr. Also ist Pachamama die *Erdmutter.* Deshalb läßt diese Erdmutter unsere Nahrung gedeihen. Die Kartoffeln, alle Arten von Ocas, Weizen, Gerste, Bohnen, Erbsen, Quinua, alles.
Aber hier pflanzt man in kalte Erde, nicht wahr. Trotzdem wächst die Nahrung, wenn man sie mit ein klein wenig Dung setzt. Damit wachsen wir auf, ernähren uns, nicht wahr. Das gilt für jeden, den Mestizen oder den Runa, den Cholo, den Schwarzen und auch den Spanier. So kommt es, daß die allerheiligste Maria, unsere Mutter, ihre jüngere Schwester hinterlassen hat. Damit sie uns umsorge, damit sie uns stille. Damit wir unseren Weg gehen, damit wir leben.
Selbst in diesem Moment gedeihen unsere Äcker, wachsen unsere Kartoffeln in kalter Erde, denn sie wird sie sicherlich erwärmen. Sie wird sie säugen. Sie zieht unsere Nahrung mit der Flasche auf. Pachamama ist an jedem Ort. Sie erzeugt und pflegt, damit man all die Dinge herstellen kann. Wirklich alles, nicht wahr. Bis hin zum Reis, der Yucca, der Camote.
Auf die gleiche Weise ist Pachamama für unsere Haustiere. Sie leben, indem sie diese kalte Weide fressen, die Tierchen. Sowohl das Lama als auch das Alpaca, das Schaf, auch das Pferd. Alle, gleich welches Tier, davon leben sie. Von dieser Erdmutter.

Frage: Also hat Pachamama Macht?

Juan: Ja, sie besitzt Macht. Von Gott, von der allerheiligsten Maria, unserer Mutter, wurde sie beauftragt.

Frage: Und diese Pachamama ist weiblich oder männlich?

Juan: Erde. Weder ist sie weiblich, noch ist sie männlich. Sie ist ausgeglichen, die Mitte. Deshalb bringen wir dieser Erdmutter auch Kokasamen dar, als Opfergabe. Dann ernten wir in Fülle, Señor.
»Auch du, meine Mutter, iß! Auch du, meine Mutter, trink!« So sagen wir und besprengen sie mit Wein und Schnaps. Dann läßt sie die Produkte wunderschön und in Fülle wachsen. Das alleine genügt ihr.

Erzähler: Juan Quispe, etwa 85 Jahre. Q'ero 1979

Das Kind der Mitte sind wir

Frage: Wen nennt man »Kind der Mitte«?

Domingo: Das Kind der Mitte sind wir, die Inka-Indianer Campesinos. Und die Herrschaften sind die Jüngsten. Sie werden bedient und betreut.

Frage: Man muß die Jüngsten bedienen?

Domingo: Den Jüngsten muß das mittlere Kind bedienen. Und der Älteste ist Lazaro, unser Hund, nicht wahr. So war der Erstgeborene, nicht wahr, dumm und unnütz. »So unnütz kann er nicht bleiben«, sagte man und gab ihm darum eine Schnauze. Deshalb soll der Hund der Wächter der Haustiere sein. Ja, der Erstgeborene.

Frage: Dann sind also die Hunde wie unsere älteren Brüder?

Domingo: So ist das, Señor. Wie unsere Brüder, als wären sie unsere älteren Brüder.

Frage: Und diese Erstgeborenen, die mittleren Kinder und die Jüngsten leben in dieser Zeit?

Domingo: Ja, wir leben, Señor. Hier ist doch der Jüngste und auch das Kind der Mitte.

Frage: Und warum muß das Kind der Mitte dem Jüngsten dienen?

Domingo: Dieser unser Gott wird dem Jüngsten sicherlich Macht gegeben haben, dem Misti, damit er sich bedienen lassen kann.
In dieser Zeit ist der Jüngste auch immer der Erbe, nicht wahr. Auch unter den Herrschaften erbt der Jüngste das Haus und alles. Genauso wird auch in dieser Zeit der Jüngste, der Spanier, in allem bedient und betreut, nicht wahr, Señor. Die älteren Brüder, klar, bearbeiten den Acker und machen andere Dinge. So bedienen sie den Jüngsten, nicht wahr, und sei es, indem sie Essen zubereiten. So leben wir in dieser Zeit, genau so. Aber jetzt hat der Frondienst aufgehört, und auch die Haciendabesitzer haben sich daran gewöhnt, sogar sie. Aber so pflegte es zu sein.

Frage: Im Alltag leben die Geschwister zusammen in den Häusern, nicht wahr. Kümmert sich der Ältere um seine jüngeren Geschwister?

Domingo: Um seine jüngeren Geschwister, klar. Die Jüngsten werden sowohl von den mittleren als auch von den älteren Brüdern aufgezogen. Auch von den Erstgeborenen. Genauso war das auch früher. Wenn die Jüngsten weinen oder sonst etwas ist, dann werden sie einfach auf den Arm genommen. Sie umsorgen sie immer, geben ihnen zu essen. Selbst bei den Herrschaften ist das so.

Frage: Also dann erben die Jüngsten auch alles?

Domingo: Ja, alles.

Frage: Und das Kind der Mitte, was erbt es?

Domingo: Das Kind der Mitte bestellt sein bißchen Acker. Wie leben sie bloß von dem? Wieviel müssen sie auf den Feldern für andere arbeiten, ihnen dienen.

Frage: Und der Erstgeborene?

Domingo: Der Erstgeborene ist entweder an ein Leben in Armut gewöhnt, oder er sucht sich seine Lebensgrundlage, wenn er dazu den Verstand besitzt. Bei den Inka-Menschen, die wir sind, führt der Erstgeborene schon ein eigenes Leben, zusammen mit seiner Frau oder seinem Mann. Daher leben sie unabhängig (von den Eltern), aber der Jüngste bleibt bei seiner Mutter und seinem Vater, bis daß sein Vater oder die Mutter stirbt. Er bleibt in der Gewalt seiner Eltern. Aber wenn sie dann sterben, übernimmt der Jüngste das Haus und die anderen Dinge. Auch die Tiere. Im Fall, daß die Mittel ausreichen, verteilen die Eltern, geben jedem seinen Teil (wenn sie eine eigene Familie gründen).

Frage: Das verstehe ich noch nicht. In jener früheren Zeit gab es die Ñaupa Machu, und diese Ñaupa sind die Erstgeborenen, oder wie ist das?

Domingo: Sie waren Erstgeborene. Auch heute in dieser Zeit, in unserer Zeit, lebt der Erstgeborene, klar, und auch unter uns gibt es Erstgeborene. Deshalb wird auch die »Allerheiligste Maria« diesen Lazaro-Hunden, den Erstgeborenen, eine Schnauze gegeben haben, da sie unnütz waren, um so die Haustiere zu bewachen. Seither bewachen sie die Haustiere, Señor, klar. Sie schützen die Schafe vor dem Fuchs und genauso vor dieser großen Katze (Puma). Deshalb ziehen sie in der Nacht ihre Runden, passen sie auf. Dann, in Taripay Pacha, am Tag des Jüngsten Gerichts, werden sich diese Hunde neuerlich in Menschen verwandeln. Ja, in Menschen werden sie sich verwandeln.
Alsdann werden in jener Zeit die Herrschaften an einem wunderschönen Tisch sitzen, zusammen mit den Hunden. Ja, an diesem Tisch werden sie essen. Und die Engel werden die Hunde bewirten.

Frage: Und was geschieht, wenn ich heute meinen Hund nicht gut halte?

Domingo: Dann wird er uns nicht einmal die Reste von seiner Mahlzeit, die er gerade ißt, anbieten. Nur mit unseren Augen werden wir zuschauen, genauso wie der Hund von der Tür aus hinein zu schauen pflegt, nicht wahr. So wird das sein. Anders, wenn wir den Hund gut füttern, schön sauber. Wenn wir gegessen haben, dann geben wir die Reste dem Hund, nicht wahr. Deshalb werden sie uns dann ebenfalls von dem Tisch aus zu ihrer Mahlzeit einladen, wenn sie dort essen. Darum werden wir essen, nicht wahr. So ist das Señor.

Erzähler: Domingo Pauqar, etwa 85 Jahre. Q'ero 1979

La Mar Qocha

In La Mar Qocha verbleiben wir, die Lebenden, und treiben in unseren Tränen. Und der Verstorbene geht davon, frei, nicht wahr. Weder weint er, noch empfindet er Kummer. Wo sollte er leiden oder weinen, nicht wahr? Wir, die wir im Leben bleiben, ja, wir treiben in unseren Tränen. In La Mar Qocha irren wir benommen. Wenn unser Vater oder unsere Mutter stirbt, nehmen wir weder Essen noch Trinken zu uns. Oder auch, wenn wir unsere liebe Frau verlieren. Um unsere Eltern, am meisten um unseren Vater weinen wir bitterlich.
Um das geliebte Kind weinen wir in unserer Einsamkeit, wahrhaftig. Das bedeutet dieses: »In unseren Tränen treiben wir, in La Mar Qocha wandeln wir.«
Wohin sollen wir uns wenden, mein Freund, wenn wir so in La Mar Qocha treiben? Wir Menschen müssen Mitleid füreinander empfinden. Wir müssen uns Trost spenden.
Wenn wir nicht mehr mit unseren Eltern leben können, da sie gestorben sind, dann beginnen wir alle, die wir in diesem Leben stehen, seelisch zu verarmen. In La Mar Qocha werden wir treiben, in unseren Tränen. Selbst die Regierung oder wer auch immer, auch die Herrschaften, und wir von hier sind da nicht ausgenommen, nicht wahr, mein Freund. Und dann, wenn ich mich zurückbesinne, zu beliebiger Stunde, dann weine ich bitterlich.

Frage: Wenn du dich an deine Frau erinnerst?

Domingo: Ja, aber auch, wenn ich mich an meine Eltern erinnere. Als Mann und Frau, so lassen unsere Eltern uns zurück. Ja, so. Aber wir sterben nicht. Vielmehr verbringen wir gut das Kausay Pacha.
»Wie wird es uns ergehen, wie werden wir leben, wie geht es den Kindern«, fragen wir uns, wenn wir uns gegenseitig trösten.
Aber wenn wir unsere liebe Frau verlieren, wenn sich jetzt deine Frau verlöre, dann wird es niemanden geben, mit dem du gemeinsam weinst, und es gibt auch niemanden aus deiner Nähe, der dir Trost spendet. Wie werden wir fortbestehen, als was werden wir dann leben? Das ist dann nicht einfach. Auch wenn wir mit den Kindern leben, auch wenn wir mit nur einem Kind zusammenleben, dem Sohn. Manchmal ärgert sich die Schwiegertochter, oder sie tut irgendwelche Dinge gegen mich. So könnte sie mir etwas Böses sagen. Dann kommen die Tränen, und der Kummer kehrt zurück. Mit wem ... (*Domingo beginnt zu weinen, und einige Sätze sind daher unverständlich.*) Deshalb sage ich mir, mein Freund, daß ich gehen muß. Irgendwo werde ich bleiben. Ich habe noch viele Familienangehörige. Meinem Sohn werde ich nicht mehr zur Last fallen. Sein Glück werde ich nicht mehr sehen, vielmehr werde ich irgendwo sein.
Von meiner Familie leben noch meine Vettern. In Qawayo leben meine Vettern ersten Grades, die Pauqares. Genauso in Ocongate, aus der Familie meiner Mutter.

Auch Herrschaften sind darunter, selbst in Ayaviri oder in Cuzco. Doktoren. In Urcos, der Doktor Salas ist mein Vetter. Ja. Zu ihnen werde ich gehen, sage ich mir. Wie lebe ich denn hier? Bitterlich weinend, so. Mit wem könnte ich sprechen; mit niemandem, nicht wahr?
Unsere Kinder sind verheiratet. Mit ihren Frauen besprechen sie sich, wo sie hinzugehen haben, und überhaupt. So gehen sie ihren Weg, sich gegenseitig stützend. Aber ich bin alleine. Mit wem kann ich schon sprechen – mit niemandem, klar. Selbst unsere Kleider waschen wir gemeinsam, und wir waschen uns, nur so sind wir sauber. Aber wer sollte für mich waschen, stimmt's, mein Freund? Deshalb kaue ich meine Koka, mein Kokachen, und genauso rauche ich jetzt meinen Tabak, und nur so führe ich also zufrieden mein Leben.
Das ist dieses La Mar Qocha, in dem wir treiben, mein Freund.
Meine Frau wird auch zufrieden sein, dort in »Phausi K'uchu«, auf dem Friedhof liegt sie. Sie spricht weder zu mir: »Warum weinst du, weshalb hast du Kummer?« noch tut sie sonst etwas für mich. Zufrieden ist sie dort, zusammen mit den gestorbenen Kindern. Aber ich habe hier weder einen Bruder noch eine einzige Schwester, niemanden. So, alleine, lebe ich. Nicht einmal die Vettern sind hier. Sie leben in Ocongate, in Qawayo, meine Vettern. Deshalb gehe ich vielleicht nach Ocongate, zu Francisco Paqaro. »Bist du halt doch gekommen, mein lieber Onkel«, wird er mir sagen. Er ist der Gatte meiner Schwester, sehr herzlich.
Genauso die Olgados. Einer ist bereits gestorben, mein Bruder Olgado, Samuel Olgado. Aus seiner Familie lebte hier in Ch'unchubamba der Tomás Olgado. Auch er ist gestorben. Heute lebt nur noch Eulegio Olgado, in Ocongate. Ein weiterer Vetter lebt in Cuzco. Als ich das letzte Mal dort hinkam, haben wir uns getroffen...
Was ist schon der Tod, caray, was vermag er schon?
Derjenige, der nicht stirbt, steht auch nicht mehr im Glück. Nein, nicht mehr. Meine liebe Frau hat mich zurückgelassen.
In meiner Jugend, als ich noch alleine, ohne meine Frau war, habe ich den Kummer nicht gekannt. Nur um meine Mutter, meinen Vater hatte ich geweint ...
Wir bebauen unsere Äcker nicht nur an einem Ort, nicht wahr. Gegenüber von Q'ero, in Q'ero oder auch außerhalb Q'ero. Dorthin gehen wir, um den Acker zu bestellen. Wenn ich daran denke, daß meine Frau auch dort wäre, dann ist das schmerzhaft. So ist das, wenn es dort einsam ist. Und es ist einsam. Du kommst hin, und wenn sie nicht dort ist, was für ein Weinen. Und wenn sie auch nicht am anderen Haus ist, von neuem Weinen. Dann steigst du hier hinauf, zu unserem Haus hier, und es ist auch leer. Du selber fachst das Feuer an, das Herdfeuer muß angefacht werden, denn der Herd ist wie gefroren. Genauso mußt du losziehen, um die Tiere zu hüten, während die anderen im Haus bleiben können, nicht wahr, am Herd gewärmt, und sie bekommen das Essen zubereitet. Sie kommen zum berei-

teten Essen, aber ich? Niemanden und nichts sehe ich, wenn ich zurückkomme. Wenn ich zurückkehre, zittere ich sogar vor Kälte. Ich komme, kehre heim, so ist das. Eiskalt. Ich fache das Herdfeuer an, und dann bleibe ich dort hocken. Wenn ich zurückgekehrt bin mit meinen Schäfchen und Alpacas. Und ich kann das Feuer erst entfachen, nachdem ich die Schafe und Alpacas auch im Pferch versorgt habe, sie dort zusammengetrieben habe. Dann erst betrete ich das Haus, koche ich mir. So koche ich dann für mich, und auch für den Hund, ich muß ihm ja auch sein Essen geben. Wenn du dich dann schlafen legst, nachdem der Hund versorgt ist, kommst du zur Ruhe.

Jetzt, hier bei dem Schnee, nicht wahr, wenn es dir spät wird, dann, gehetzt, ißt du lediglich ein Tellerchen oder irgend etwas zu Abend, und wiederum mußt du losgehen, um die Tiere zu suchen. Wenn dich nicht die Zeit einholt, dann kannst du in aller Ruhe zu Abend essen.

Am Morgen, während du dir kochst, so beim Kochen empfindest du manchmal Trägheit, da ich ja nur noch geringe Kräfte besitze.

Deshalb sage ich mir auch, daß ich letztlich an irgendeinen Ort gehen muß, nach Q'osñipata, oder wenn nicht, dann nach Sicuani, zu meinen Geschwistern ...

Aber da ich an das Leben hier gewöhnt bin, bin ich blind für alles hier, lebe hier mit meinen Kindern und all dem, ohne zu meinen Brüdern zu gehen. Als ich damals vor Gericht ging wegen meinem Vater (der ermordet worden war), damals kam mein Sohn Juan und sagte: »Komm, Vater.« Damals bin ich hierher nach Q'ero gekommen. Wäre ich ohne Sohn gewesen, dort nach Ayaviri, dorthin, oder wo immer es gewesen wäre, wäre ich gegangen. Aber hier hätte ich nicht mehr gelebt. Hart war das immer in Q'ero. Aber für diejenigen mit Familie gibt es eine Möglichkeit zu leben, nicht wahr. Daher sage ich auch wegen dieses Cristobal: »Weshalb zieht ihn Julian alleine auf, nicht wahr, ohne Brüder, ohne alles.« So alleine wird das kein Kausay Pacha. Wie denn? In Kausay Pacha leben diejenigen mit Familie, sei's bei den Festen oder sonstigen Dingen. Man könnte jedweden Mißbrauch mit ihm treiben, aber wer wird dann für dieses arme Kind sprechen, nicht wahr. Von allen geschlagen, geprügelt, muß er leben. So denke ich. Und wie oft wird Mißbrauch getrieben.

So haben sie auch mich zurückgelassen, ohne alles. Ohne Vater, ohne Mutter. Nur diese beiden Söhne nicht. Auch mein Juan sagt mir: »Komm doch nach Charkapata.« Meine Schwiegertochter dort ist sogar ausgesprochen herzlich.

Aber trotzdem lieber nicht dorthin, mein Freund. Hierher kommen mittlerweile auch Händler. Hier bleibe ich also. Hierher kommt die Koka, das Brot, auch Zigaretten, die wir gegen Chuñu eintauschen oder gegen Mais. Also kannst du dir gleich Koka kaufen, wenn du einmal ohne Koka bist. Dort in Charkapata ist das nicht so. Auf der Seite von Qolpak'uchu gibt es niemanden, der dort als Händler wandert, und auch nichts, weshalb er dort wandern sollte. Es ist wirklich hart. Ich

weiß nicht, wie sie dort leben. Mit Mühe habe ich eine ganze Woche dort ausgehalten, bei meinem Sohn Juan. Im Laufschritt bin ich zurückgekehrt. Ohne auch nur ein Stäubchen Koka habe ich Q'ero erreicht. In Q'ero begrüßten mich meine Verwandten: »Hier ist Koka, mein Väterchen, du wirst deine Koka vermissen. Wohin mußt du auch gehen. Für ein oder zwei Tage gehst du, und so geschieht dir, ohne Koka, ohne alles kehrst du zurück.«

Diese Koka habe ich gekaut und bin dann wieder hierher gekommen. Deshalb werde ich dorthin, nach Charkapata, auch nicht gehen, weder zum Leben noch zu sonst etwas.

... Selbst das Anfachen des Herdfeuers bereitet mir manchmal Mühe, so im Sitzen, sitzend. Und von unterhalb, aus dem Haus des Sohnes, kommt manchmal mein Martin oder sonst jemand aus seiner Familie.

»Wir werden deine Tiere hinaustreiben, wir werden nach ihnen sehen. Bleib du ruhig im Haus.« Ja, ab und zu sprechen sie so zu mir. Und so bleibe ich an einigen Tagen in meinem Haus sitzen.

Erzähler: Domingo Pauqar (Foto), etwa 85 Jahre. Q'ero 1979

V Von der Beschaffenheit dieser Welt

Die Welt der Q'ero erscheint so überschaubar, die Abläufe in ihrem Leben sind so geordnet, daß es auch in uns ein Gefühl von Geborgenheit und Harmonie erweckt – Harmonie, die ja von den Runa angestrebt wird.

Der Grund für diesen harmonischen Zustand liegt nicht so sehr in der Natur der Menschen – auch die Runa haben gute und schlechte Eigenschaften wie wir alle – als vielmehr in der Fähigkeit ihrer Kultur, die menschlichen Schwächen zu reglementieren und das Verhalten mit Hilfe von Normen zu lenken, die innerhalb der sozialen Gemeinschaft freiwillig anerkannt werden.

Die gemeinsame Basis aller Normen und Leitlinien bildet ihre Auffassung von der Bedeutung und Bestimmung des Menschen innerhalb der gesamten Schöpfung, und zu dieser Selbsteinschätzung kommt der Runa auf Grund einer genauen Kenntnis der Welt, in der er lebt, und der natürlichen Kräfte, denen er unweigerlich ausgesetzt ist.

Seine Art, die Welt zu erkennen, ist nicht unbedingt rational. Die Abstraktion ist ihm fremd, und er vollzieht keine Trennung zwischen Theorie und Praxis. Seine Erkenntnisse entspringen dem Erfahren und Erfassen, und sind damit unbezweifelbare Wirklichkeit. Was sich dieser Erfahrungsmöglichkeit entzieht, existiert für ihn nicht. Auch der Glaube ist als Erfahrung in die Weltkenntnis eingeschlossen.

Voraussetzung für die Sicherheit in dieser Welt ist die genaueste Kenntnis aller ihrer Einzelheiten, erst die Vertrautheit mit ihnen macht die Zusammenhänge durchschaubar und ergibt ein klares Bild des Ganzen. Der enge und ständige Kontakt der Runa mit ihrer Welt ist dafür unabdingbar. So ist auch erklärlich, warum nicht nur dem Europäer, sondern auch dem Mestizen oder sogar dem Runa, der in zweiter Generation in der Stadt heranwächst, vieles von all dem fremd und mystisch erscheint, weil eben dieser konkrete Kontakt nicht besteht.

Die folgenden Geschichten können nicht annähernd ein vollständiges Bild von dieser Welt und dem Zusammenspiel der einzelnen Komponenten in ihr geben. Doch sie ermöglichen immerhin einen gewissen Einblick. Sie zeigen, wie die Q'ero den Zustand dieser Welt begründen und auslegen, welche Verhaltensregeln sie daraus ableiten. Sie erklären seine Art zu leben und die Verbundenheit mit seinem speziellen Lebensumfeld, die Grundlagen seiner Identität.

Juana Puyka

Frage: Unterhalten wir uns also über Juana Puyka.

Pascual: Darüber, wie sie einen Ehemann fand? Man erzählt von einem Dummkopf, der tagaus, tagein zum Tierehüten ging. Dabei traf er sich mit Juana Puyka in der Rinconada des Ausangate, einer Ebene mit schönen Weiden, direkt am Fuß des Berges, dort, wo der See Pukaqocha liegt. Dort hat er mit ihr geschlafen, sind sie verschmolzen, und so, auf diese Weise wurde er der Schwiegersohn des Ausangate. Die Juana Puyka ist schließlich die Tochter des Ausangate, des Roal.

Als er nun Schwiegersohn war, fragte sich Ausangate, was er ihm als Arbeit geben könne. »Da ist ein sehr großer Acker. Den wirst du pflügen. Nimm dir diese Arrobe Kokablätter mit, und während du sie kaust, wirst du Mist auf den Acker streuen.« So befahl ihm Ausangate.

Der Schwiegersohn zog darauf los, den Pflug geschultert. Von dem Haus seiner Eltern schaffte er den Mist heran, gab aber seiner Mutter und dem Vater die Kokablätter. Nur die Hälfte der Koka hat er selber gekaut. So kam es, daß er die Arbeit auf dem Acker nicht abschließen konnte. Dann aber kam Juana, und beide gemeinsam haben die Koka beendet. Ganz von selber pflügte sich der Acker. Danach schliefen sie wieder miteinander. Beladen mit dem Pflug kehrten sie zum Ausangate zurück. Daher weiß man, daß nur durch das Koka-Kauen, durch andächtiges Kauen, die Arbeit und das Miststreuen sich ganz von selber erledigten. Einfach so ging der Pflug durch den Acker.

Auf diese Weise erfüllte der Dummkopf seine Aufgabe. Ungefähr zwei Jahre lang führte er alle Arbeiten für seinen Schwiegervater aus, und dann endlich gab ihnen Ausangate von seinem Besitz, damit sie ein eigenes Leben führen könnten. Tausend Lamas, tausend Alpacas, tausend Pferde, tausend Kühe und tausend Schafe. Außerdem sieben Schober voll Lebensmittel. All das gab ihnen Ausangate ab. Mann und Frau, sie zogen los mit all dem vielen Vieh. Sie zogen zu einem noch unbesiedelten Ort.

Man erzählt sich von einem Leittier der Lamas, das hatte Ausangate selber abgerichtet. Es hieß Mantusa Moro, der gescheckte Mantusa. Der konnte eine große Lamakarawane hinter sich scharen. Der Dummkopf brach auf zu einer Reise nach Cuzco, um Lasten hinzubringen. Dann aber, ich weiß nicht, wo, an welchem Ort mag es gewesen sein, wo er zu einem Maisbierausschank kam (in Ch'ilkapampa). Dort hat sich der Tölpel betrunken und das Leittier, das die Karawane anführte, verkauft. Seine Frau machte ihm deswegen Vorwürfe, als er nach Hause kam. Er aber schlug sie und rief: »Du bist genauso räudig wie Mantus Moro, dessentwegen du mir Vorwürfe machst.« Daraufhin ging sie zu Ausangate, ihrem Vater, um sich über all das zu beklagen, wegen der Schläge, und weil das Leittier doch so gut war. »Nicht nur, daß er es verkauft hat, er schlug mich sogar noch.«

»Und das bereitet dir Kummer? Sprich nicht weiter, er wird dir die Vorwürfe schon nicht so übel genommen haben. Ihr werdet noch vieles gemeinsam durchleben.« So soll Ausangate sie beruhigt haben.
Juana kehrte zurück, aber ihr Mann schlug sie aufs neue. Deshalb ging sie noch einmal zu ihrem Vater. Dreimal ging sie sich beklagen. Aber auch das dritte Mal schickte Ausangate sie zurück. Sie aber mochte nicht mehr.
Man erzählt, der Tölpel habe sich vorgenommen, sie wieder zu schlagen. Er war sehr prahlerisch und bildete sich viel auf seine großen Herden ein.
Ausangate gab seiner Tochter eine goldene Schleuder mit. Als der Dummkopf Juana den Berghang heraufsteigen sah, an dem er saß und seine Hose von Läusen reinigte, rannte er ihr entgegen. Aber – lliuh, lliuh, lliuh – es blitzte und hagelte. Q'aqh – Q'aqh – Q'aqh – zischte die Schleuder, dreimal. So trieb sie die Tiere in den kleinen Quellsee am Fuß des Berges. Alle, ja alle trieb Juana Puyka in die Quelle. Der Dummkopf rannte, und schließlich gelang es ihm, mit dem großen Fangseil ein räudiges kleines Lama einzufangen. Alle Tiere, die wir heute besitzen, stammen von diesem krätzigen Lama ab. Alle anderen hat Juana Puyka in den kleinen Quellsee getrieben. Ja, alle, auch die Kühe und Pferde. Der Tölpel konnte von jeder Tierart nur eines einfangen, aus denen dann unsere Tiere hier hervorgegangen sind. Hätte der Dummkopf Juana Puyka nicht geschlagen, wären auch wir heute reich, denn der Tölpel war ein Q'ero, der Sohn des Escopetani. Sie würden heute noch hier leben, und auch du hättest sie kennengelernt. Alle hätten wir gleichgroße Herden, sowohl die Kinder als auch die Frauen. Alle hätten Tiere. Dieser Dummkopf hat uns das verdorben. Wie auch der andere uns auf ganz schmerzhafte Weise geschadet hat, der Wirtacarcelo, der Schwiegersohn des Teufels.

Frage: Und die anderen? Juana Puyka hatte doch Schwestern, Andrea Pantikanti, wie erging es denen?

Pascual: Von denen weiß ich nicht alles. Diese Andrea Pantikanti, mit dem Wind, und auch Doña Victoria, beide waren sie mit dem Wind vermählt. Sie hatten den Wind zum Ehemann; Wenturo, so nennen wir ihn. In nur einem Tag konnten sie ihrem Mann sieben Ponchos weben. Ja, sieben Ponchos an einem Tag. Auch der Wind hatte seine Schwestern, Doña Simona und Doña Makarway. Aber sie haben keine Ehemänner, sie leben alleine. Sie heißen auch Doña Señora Santa Barbara Qaqha. Auch sie sind besonders gute Weberinnen. Ja, Santa Barbara ist anders, verwandelt. Sie ist für uns nicht sichtbar.

Frage: Und warum sind sie nicht verheiratet?

Pascual: So ist das nun mal.

Frage: Für wen weben sie denn dann? Du sagst, auch sie seien gute Weberinnen.

Pascual: Für ihre Brüder.

Frage: Diese Doña Simona ist Santa Barbara?

Pascual: Ja, und Doña Makarway ist ebenfalls Santa Barbara, beide, so ist das. Weil sie verwandelt sind. So ist das in der Erzählung von Ausangate.

Frage: Und wie kam es zu der Verwandlung?

Pascual: Das ist halt so gewesen. Im Herzen, inmitten des Ausangate werden sie – selbst in diesem Moment – sein, klar. So, chiriasqa.

Frage: Das nennt man verwandelt?

Pascual: Ja, das ist verwandelt, denn wenn sie hier herumliefen, dann könnten wir sie ja sehen.

Frage: Aber werden sie ab und zu einmal lebendig?

Pascual: Ja, ab und zu. Klar, in gefährlichen Stunden. Gehen umher und leben.

Frage: Tun sie dann Böses?

Pascual: Nein, sie tun nichts Schlechtes. Wenn sie herkommen, dann schauen sie den Frauen beim Weben zu, und manchmal weben sie sogar selber, oft sogar, klar. Helfen, und ab und zu belehren sie die Frauen.

Frage: Sie bringen den Frauen das Weben bei?

Pascual: Ja, sie. Daher verbrennen wir für sie kleine Opfergaben, Kokablätter, verstehst du?

Frage: Für Santa Barbara?

Pascual: Ja, genauso wie du deinen Estrella (Schutzgott) hast, nicht wahr. So ist das, sie beschützen die Frauen. Und für sie, Señora Santa Barbara, verbrennen wir die Koka. Auch für Victoria. Für beide. So ist das. Früher, zur Zeit der Inkas, waren sie noch unterwegs, hier an den Berghängen, um zu weben. Jetzt sind sie im Inneren der Erde, verwandelt. Wir können sie nicht mehr sehen.

Frage: Du hast erzählt, wie Juana Puyka die Tiere in den Quellsee getrieben hat. Damals hat sie auch das Lied gesungen?

Pascual: Ja, damals sang sie:

> Wo sah ich dich, mein gescheckter Mantusa
> Mein gescheckter Geist, mein weißer Mantusa, wo bist du jetzt
> Ich kann ihn nicht sehen, nicht einmal sein Gesicht
> Jetzt bist du wenigstens mein Saqra Chullumpi

Frage: Das Lied singen wir heute an Santiago?

Pascual: Nein, das singen wir nicht. Das ist das Lied der Verwandlung. Das Lied wird nicht gesungen. Wir kennen es einfach nur. Das andere Lied singen wir, während des Santiago-Festes, dem Fest der männlichen Lamas:

Ch'ilkapampa, im Haus des Maisbiers fragend
ist hier ein Jüngling vorbeigezogen
mit Wolle bis auf den Boden
mit Beinkleid bis über die Füße
mit einem großen Bündel
dies frage ich dich
Ch'ilka, die du den Weg säumst
hast du den Jüngling nicht gesehen?

Man erzählt sich, Santiago San Felipe Qaqha betrank sich einmal in der Pulperia von Ch'ilkapampa. Es kam auch Condorwaman Pablo, zusammen mit San Cristobal Choqayrumi. Also, während sie sich betranken, schmückte dieser San Cristobal das Leittier und die Lastenlamas zum Fest. Väterchen Santiago San Felipe betrank sich, feierte in der Pulperia, zusammen mit Inkarrí und Qollarí. Auch Condorwaman Pablo trank und feierte mit in der Zeremonie des Bullullu. Außerdem tanzten sie mit dem Halsschmuck der Leittiere in der Pulperia, so, wie wir heute auch. Condorwaman Pablo und sicherlich auch Qollarí. Ja, sie haben getanzt. Qollarí, klar, das war ein Qolla, der ständig als Händler umherzog. Aber Inkarrí würde nicht umherziehen und tanzen. Inkarrí ist ernst, arbeitsam. Er, unser Inkarrí, gab natürlich auch Anweisungen an Qollarí: »Los, du wandernder Krämer, tanz halt!« Deshalb hat Qollarí in der Pulperia getanzt. Ja, wir folgen diesen Spuren und singen und tanzen in dem Fest des Santiago, so wie es Inkarrí anordnete. Von all dem habe ich gehört, da ich an verschiedenen Orten Feste mitgefeiert habe, mich dort betrunken habe, und meine Ohren alles aufnahmen. Diese Tänze des Inkarrí tanzen wir auch heute, so wie er es angeordnet hat. Und wie er sagen auch wir heute zu unseren Leittieren: »Du mit deinem schwarzen Yana, mit deinem weißen Yana und deinem roten Poncho-Yana, du mit Schneezipfel.« Das sind die Choqepillu, die die Herde anführen. So ist das bei uns, nichts anderes als die Bräuche des Inka. Und das Lied Ch'ilkapampa ist dasselbe, das auch Inkarrí schon gesungen hat.

Frage: Inkarrí war nach Q'ero gekommen, oder auf welche Weise erfuhr man davon?

Pascual: Vielleicht ist er in jener Zeit nicht selber hier vorbeigekommen, aber damals waren alle und alles gleichartig. Es gab weder Mestizen noch sonst solche Dinge in jener Zeit. Das war die Zeit ausschließlich der Inkas. Und damals wird es gewesen sein, daß der Inka umherging, um all das zu schaffen.

Frage: Auch den Phallchay und die Opfergaben?

Pascual: Ja, das ist alles das, was der Inka geschaffen hat. So wie unsere Großväter verfuhren, genauso machen wir es auch. Unbeirrt. Inkarrí nennen wir unseren Großvater, klar. Wir folgen seinen Spuren.

Erzähler: Pascual Samata (Foto), etwa 40 Jahre. Q'ero 1980

Doña Simona

Einstmals zogen sie als junge Mädchen umher, die Windschwestern. Doña Simona, eine der beiden, war an einem Berghang eingeschlafen. Sie hatte herrliche Kleider - kachch - so schön. So auch ihr Umhang, der mit farbigen Mustern gewebt war.
Man erzählt von einem jungen Mann, der zu dem Hang kam, an dem Simona in tiefem Schlaf lag. Er beschlief sie und stahl ihr dann sogar noch ihren Umhang.
Darauf, carajo, versteckte sich der Junge im hohen Gras, mit dem Umhang. Im Gras, ja, ganz in ihrer Nähe. Daher konnte er Simona hören, als sie erwachte.
»Wer hat mir das angetan? Das war sicher das Vicuña dort.«
Sie gab dem Vicuña die Schuld.
Dann verwandelte sie sich wieder in Wind. Sie packte das Vicuña, riß es in die Luft, mißhandelte es.
Fast schlug sie es gegen den Boden - und wieder in die Luft - fast schlug sie es gegen den Boden - und wieder in die Luft - fast schlug sie es gegen den Boden, fast, und so spielte sie mit dem Vicuña wie mit einer Fahne, zerzauste es vollkommen.
Denn Simona war nun kein Mensch mehr.
Währenddessen ging der Jüngling rasch davon, das Windmädchen hat ihn nicht entdeckt.
Das ist es, was Doña Simona so trieb.

Erzähler: Pascual Samata, etwa 40 Jahre. Q'ero 1980

Doña Makarway

Ah, die andere der Windschwestern war Doña Makarway. Sie zog auch umher. Sie zog mit ihrer Schwester umher, auf der Suche nach ihrem Bruder. Dabei kamen sie zu einem Festhaus. Dort tanzten und feierten sie zusammen mit den anderen. Aber Doña Makarway hatte große runde Triefaugen. Die Jünglinge tanzten um sie herum. Da sie aber so große, eitrige Augen hatte, mochte keiner der jungen Männer sich für sie erwärmen, obwohl ihre Umhänge besonders schön gewebt waren. Sie hatte scheußliche Triefaugen, so erzählt man. Sie waren wie Maisbrei. Eigentlich war sie trotzdem ein fesches Mädchen, aber niemand konnte sich recht für sie begeistern, carajo.
Als es dann Tag wurde, brach sie auf, sicherlich noch immer tanzend. – Heute können wir sie nicht mehr sehen, wo mag sie nur sein? –
Zu einem anderen Fest, zu Pascua, ging sie wieder tanzen, die Doña Makarway. Zwei Jünglinge ergriffen sie, so wird erzählt, und tanzten mit ihr. Da sie sie beim Tanzen an den Händen ergriffen hatten, rissen sie ihr eine Hand ab. So heftig tanzten sie. – Hier, diesen Teil, nur die Finger der Hand haben sie ihr abgerissen. – Sie blieb verstümmelt. Ja, zum Tanz hatten sie das Mädchen ergriffen, aber zu heftig haben sie dann getanzt.
Sie ging mit der schmerzenden Hand heim. Aber ihre Mutter schickte sie zurück. Sie sagte: »Geh und bring denjenigen, der dir die Finger herausgerissen hat. Bring ihn her, damit du dich mit ihm vermählen kannst. Du wärst eine Schande, so ohne Finger.«
Man sagt, der junge Mann habe ihr aber lieber die Finger zurückgegeben. Er hat dem Drängen des Mädchens nicht nachgegeben, wie auch, wie hätte er sie mögen können mit ihren eitrigen Augen.
Darauf hat das Windmädchen den Jungen auf der Stelle getötet. Zwei oder drei Mal warf sie ihn in die Höhe, gleich dort, wo er gerade stand. Sie ging, und der Junge blieb tot zurück. So war das.

Frage: Wenn der junge Mann aber eingewilligt hätte, trotz der eitrigen Augen?

Pascual: Wenn er eingewilligt und gesagt hätte: »Schließlich ist sie eine Frau, nicht so wichtig, daß sie eitrige Triefaugen und all das hat«, wenn er das gesagt hätte, dann wären die Frauen heute ganz ungewöhnliche Weberinnen. Sehr viel könnten sie weben, klar. Genau wie Doña Makarway könnten sie sieben Ponchos an einem Tag weben. Einen legten sie auf den anderen, darauf und darauf, einfach so. So hätte das sein können. Ihre Fähigkeiten hätte sie uns hinterlassen, Doña Makarway, klar, da sie ja Schwiegertochter wäre.
Das ist aber jetzt auch verpatzt, carajo.

Erzähler: Pascual Samata, etwa 40 Jahre. Q'ero 1980.

Die Brüder Frost, Hagel und Schnee

Also das war so: Es lebte einmal eine alte Frau mit ihren drei Söhnen. Sie hatte außerdem drei Töchter. Sie schickte die Söhne natürlich zum Arbeiten. Sie schickte sie den Acker bestellen. Aber diese haben sich nur faul hingelümmelt und nicht gearbeitet. In aller Gemütsruhe lümmelten sie sich. Zwar arbeiteten sie nicht, aber sie sagten: »Ich arbeite, klar.« Und sie aßen die Mahlzeiten der Mutter.

Ich erinnere mich nicht genau, wer diese Alte war. Ich glaube aber, sie war die Venus. Ja, ich glaube, die Venus. Und sie, die Mutter, ernährte die Kinder. Als sie nichts mehr zu essen hatte, da schnitt sie sich sogar von ihren Waden ab, um davon den drei Jünglingen zu essen zu geben.

Immer wieder sollen sie auf den Gipfeln der hohen Berge sich faul hingeflätzt haben. Einer der Gipfel war der Patron Santiago Tierra Qaqha, San Felipe Qaqha. Er gab den Burschen eine Schleuder. »Damit werdet ihr den Blitz schleudern können«, sagte er.

Daher heißt es, daß der Blitz von dieser Schleuder – t'aaq, t'aaq – aufflammt und – qah, qah – so klingt es, wenn der Hagel kommt.

Einer der Jünglinge ist Niño Manuel, der andere Compadre Mariano und der letzte Santos. Drei sind's. Einer von ihnen ist der Frost, der andere ist der Hagel, und der dritte ist der Schnee. Wasser, Regen und Schnee, das ist Niño Manuel, Compadre Manuel. Ja, es sind drei, die Söhne der Alten. So ist das. So war das.

Und dann, als die Alte losging, um den Acker zu ernten, da sagten ihr die Söhne: »Der Acker, der gerade reif ist zum Ernten, das ist unserer. Dort wirst du die Frühkartoffeln ernten können.«

Da ging die alte Frau, um die ersten Kartoffeln zu ernten. Aber es war nicht ihr Acker. Er gehörte jemand anderem. Mit einem Mal kam der eigentliche Besitzer, als die Alte den fremden Acker schon geerntet und sich die Kartoffeln aufgeladen hatte. Er holte sie ein. Dann prügelte er die Alte durch, nahm ihr das Bündel fort und riß der alten Frau auch noch ihre Haare aus.

Die Burschen hatten also nichts gearbeitet, die drei Halbwüchsigen. So zugerichtet, kam die alte Frau zum Haus zurück. Sie hat die Burschen mit dem Stock verdroschen, carajo. Sie hat sie hinausgeworfen, sie hat sie davongejagt.

»Wo ist der Acker, den ihr bestellt habt? Paßt bloß auf, ihr Faulpelze. Ihr habt mich auf einen fremden Acker geschickt. Oder war das vielleicht der, den ihr bestellt habt?« sagte die Alte. Den Burschen hat sie's gegeben, carajo.

Später, in der Nacht, da haben sie von allem gestohlen. In jener Nacht bestahlen sie die Felder. Sie nahmen die Seele der Kartoffel fort. Der Blitz, diese Jünglinge, diese Burschen, sie haben ihr die Kraft gestohlen. Alles, alles haben sie fortgeschafft. Danach sollen in den Äckern nicht einmal mehr Kartoffeln gewesen sein. Früher

gab es dort herrliche Kartoffeln zu ernten. An jeder Pflanze gab es eine Vielzahl Kartoffeln. Aber danach gab es dann keine mehr. Eine Kartoffel war als Samen, eine andere zum Essen und wieder andere waren für die Trockenkartoffel geeignet. An jeder Pflanze gab es Kartoffeln für jeden der drei Zwecke. Und diese haben sie mit fortgenommen, indem sie den Blitz explodieren ließen.
Alles haben diese Blitzjünglinge zu dem Haus ihrer Mutter gebracht. Von allem, selbst Webarbeiten, Spindeln, von allem. Webgeräte, Wollknäuel, Nahrung, ganze Vorratsbehälter mit Kartoffeln, Chuñu, Mais, Weizen und Gerste. Von allem, einfach alles. Gold, Silber, von allem haben sie gestohlen. Sowohl aus den Häusern als auch von den Äckern. Die drei, einfach durch Blitzen. Von allem haben sie mitgenommen. Mit der Schleuder, die ihnen Santiago Taytacha San Felipe gegeben hatte. Deshalb schlägt auch heute noch der Blitz ein, und wenn das geschieht, dann gedeihen die Ackerfrüchte immer nur sehr spärlich.
So war das damals mit den drei Brüdern. Don Mariano, der andere, Niño Manuel, und ein weiterer, Santos. Drei. Und so hatte es sich damals zugetragen.
Deshalb nimmt der Blitz auch heute noch die Ackerfrüchte mit sich fort, wenn er einschlägt. Es entwickelt sich dann wenig Kraft in dem Acker, sehr wenig. So ist das.

Erzähler: Juan Quispe, etwa 85 Jahre. Q'ero 1979

Hak'akllu

Vom Hak'akllu erinnere ich mich nur an zwei Geschichten. Der ist ziemlich verlogen. Mit allen möglichen Lügen zieht er umher. Auch damals, als unser Gott ihn schickte, zu Anbeginn der Welt, als hier schon die Menschen existierten, den Hak'akllu.
»Also jetzt wirst du folgendes ausrufen«, befahl er ihm: »Die Alpacas und Schafe sollen rosa, rot, grün, gelb, schwarz und blau sein, sie sollen leuchtende Farben haben. Die Menschen sollen nicht mehr mit Pulvern färben müssen. Das wirst du den Menschen verkünden.«
Der Hak'akllu ging, rief aber: »Braun, weiß, schwarz, gescheckt sollen eure Alpacas und Schafe sein.« Er log glatt.
Damit aber nicht genug. Gott ließ den Hak'akllu aufs neue zurückkehren, damit er ausriefe: »Diese Menschen sollen nicht mehr spinnen und weben müssen. Die Blätter des Qaratu seien die Umhänge der Frauen, und die Rinde der Q'ewiña sei der Poncho der Männer. Der Pukuchu soll als Sack dienen«, – nicht wahr, als Sack –, »und die Lianen als Seile. So soll es sein«, befahl er.
Aber der Hak'akllu verkündete: »Ihr sollt in der Erde scharren, der Mann soll Tag für Tag in der Erde graben, und die Frau muß täglich weben und den Faden spinnen. So sollt ihr leben. Mit all dem sollt ihr die Zeit verbringen.« Und so ist es ja auch.
Deshalb hat Gott dem Hak'akllu die Zunge am Genick herausgezerrt. Jetzt hat er einen roten Nacken, nicht wahr. Dort hat er sie ihm rausgezogen. So ist das, daher schreit der Hak'akllu so: hah – hah – hah, ohne Zunge schreit er, so ist das.
Und auch den Chiwaku hatte uns Väterchen Gott geschickt. »Diesen Mais wirst du direkt neben dem ewigen Schnee der Gletscher säen«, befahl er ihm. »Damit die Menschen ihn essen können.«
Aber er hat den Mais zurückbehalten und hinunter zum Wald gebracht. Er dachte gar nicht daran, ihn in der Nähe des Schnees zu säen, so wie Gott ihm das aufgetragen hatte.
Seitdem ist der Chiwaku ein Krummfuß: saltaq – saltaq (hopp, hopp) –, so ruft er beim Umherhüpfen. Ja, er hüpft, denn er hat steife Beine, hüpft auf einem Fuß: thunkuq – thunkuq (hopp, hopp) –, ruft er beim Springen.
Deshalb gibt es keinen Mais hier am Schnee.

Erzähler: Fabian Quispe (Foto), etwa 75 Jahre. Q'ero 1979

Hak'akllu

Frage: Was wird auf unsere Zeit folgen?

Fabian: Man sagt, es wird die Zeit des Espiritu Santo kommen. Wie wird das wohl sein. Alle werden wir Flügel haben. Ja, mit Flügeln, und wir werden uns dann von wilden Früchten ernähren.

Man erzählt, auch die jetzige Zeit hätte so sein können, aber damals wurde der Hak'akllu geschickt, um ein Gebot auszurufen. Wer mag den Hak'akllu geschickt haben? Von wo mag er gekommen sein, vielleicht vom Himmel. Jedenfalls schickten sie ihn, eine Verordnung auszurufen. »In den Tälern werden wilde Früchte wachsen. Diese sollen eure Nahrung sein.«

Aber der Hak'akllu log und verkündete: »Pflügt den Acker, wendet die Schollen mit euren Händen und scharrt in der Erde, sie entehrend, um davon zu leben. Dies zu verkünden, hat man mich geschickt.«

Drum wird man sich damals gesagt haben: »So, die Scholle wendend, von dem, was uns die Erde gibt, davon sollen diese meine Söhne sich ernähren, hat Väterchen Gott gesagt.«

Deshalb ernähren wir uns seither von dem, was wir aus den Äckern scharren. Im anderen Fall hätte es in allen Tälern reichlich Früchte gegeben. Man sagt, es wäre auch unnötig gewesen, sich zu vermehren. Nur mit unseren Frauen zusammen hätten wir einfach so dahingelebt, von wilden Früchten.

Auch sollte der Mais an seiner Spitze eigentlich Reis enthalten und unten viele Kolben. In seiner Blüte wachse der Reis. So hätte das sein können.

Davon weiß ich, da ich meinem Vater zuhörte, wenn er von solchen Dingen sprach.

Also der Hak'akllu hat einen roten Nacken, nicht wahr. Dort, so sagt man, hat unser Väterchen Gott ihm die Zunge herausgezogen. Weil er gelogen hat, zerrte ihm Väterchen Gott die Zunge zum Genick raus. Drum hat er jetzt einen roten Nacken.

Bis hierhin weiß ich vom Hak'akllu.

Erzähler: Fabian Quispe (Foto), etwa 75 Jahre. Q'ero 1979

Jesus und die Teufel (sowie Adam und Eva)

... Als diese unsere Sonne aufging, da bauten die Ñaupa Machu ihre Häuser, und einige von ihnen verbargen sich darin. Andere stiegen in die Flüsse. Sie lebten in den Flüssen, die Ch'unchus. Ja, im Wasser konnten sie überleben (die Hitze der Sonne). Und durch die Flüsse gelangten sie in die warmen Täler, in den Urwald.

Frage: Weshalb tanzen wir heute in der Pilgerfahrt von Oyllur Rit'i den Ch'unchu-Tanz?

Pascual: Diese Ch'unchus sollen unseren Gott Jesus Christus vor den Judassen verborgen haben, ja. Also, unser Gott mußte vor den Judassen fliehen, den Judassen aus dem Haus des Teufels, von dem wir vorher sprachen. Diese Teufel, die Judasse, suchten nach ihm. »Wo ist dieser Dieb, wo mag dieser Hexer sein, wo ist dieser Judas?« so riefen sie. Ja, die Teufel suchten nach ihm. Deshalb soll unser Gott herumgezogen sein, um denen zu entkommen, die ihn zu töten hatten.
Die Ch'unchus tanzen mit einem Federschmuck, nicht wahr? Sulloq – sulloq – sulloq –, so klingt das, und unter dem verbargen sie Gott.
Die Teufel fragten sie: »Habt ihr nicht diesen Dieb, diesen Satan, diesen Judas, gesehen?«
»Nein, den haben wir nicht gesehen. Schon seit langer Zeit tanzen wir hier ›Ch'unchu‹«, antworteten sie. Daher gingen die Teufel weiter.
So kam es, daß die Ch'unchus unserem Gott geholfen haben. Und deshalb mag Väterchen Gott auch diejenigen, die »Ch'unchu« tanzen, besonders gern.
Gott zog also weiter, und wiederum holten sie ihn ein, die Teufel. Als dann die Teufel, die Judasse, näher kamen, da versteckte ihn die Kuh. Sie machte einen großen Haufen über Väterchen Gott – t'alaq – t'alaq – t'alaq, ja, mit ihrem Kuhfladen deckte sie ihn zu, da sie ihn sonst mit nichts verstecken konnte.
Für die Teufel vermag die Kuh zu sprechen. Und da sie also mit ihr sprechen konnten, fragten sie auch die Kuh. Die aber antwortete: »Nein, ich habe ihn nicht gesehen«. Darum zogen sie weiter, die Teufel. Ja, unter ihren Exkrementen mußte sie ihn verbergen, und so konnten die Teufel ihn wiederum nicht erwischen. Deshalb ist auch die Kuh von Gott besonders geschätzt.

Frage: Und nachdem die Kuh ihn versteckt hatte, wo ist er dann hingegangen?

Pascual: Nun, er ist in der Gegend geblieben. Später zog er weiter, und bald schon verriet ihn die Drossel. Qeu – qeu – qeu –, kreischte sie, als sich Gott gerade zum Ausruhen niedergesetzt hatte. Darum konnten sie ihn wieder einholen, die Teufel. Ja, die Drossel hatte ihn verraten. – Die Drosseln streiten sich ständig, nicht wahr, auch heute, wenn wir die Hänge hinaufgehen. –
Diesmal erwischten sie ihn. Und als sie ihn erwischt hatten, da töteten sie unseren Gott mit großen Steinen.

»Dieser Dieb, dieser Hexer, carajo!« Sie töteten Väterchen Gott und beerdigten ihn.
Für die Vesper bereiteten sie sich Meerschweinchen und Hühner. Und schon war's passiert, carajo. Als sie gerade zu vespern begannen, da schleuderten der Hund und das Pferd die ganze Vesper fort. Und während die Teufel auf den großen Steinblöcken, mit denen sie Väterchen Gott erschlagen hatten, zu vespern versuchten, da entwischte dieser ihnen und machte sich wiederum auf und davon, unser Väterchen Gott. Ja, unser Gott kann gar nicht sterben.
Also, er soll wieder aufgebrochen sein, aber von einem Berggipfel her schrie der Wasserläufer: leq – leq – leq. Und noch einmal blieb unberührt, was sie eigentlich hätten vespern sollen, die Teufel. Hätten sie aber ihre Jause verspeist, dann, so sagt man, wären weder die Meerschweinchen noch das Huhn für die Menschen eßbar gewesen. Oder ist etwa der Hund eßbar, oder das Pferd? Das ist, was die Teufel essen. Ja, so war das, und dadurch, daß sie das Essen stehen ließen, holten sie Väterchen Gott wieder ein ...
Väterchen Adam und Eva wurden von unserem Gott erschaffen. Als Wächter des Gartens, als Wächter der Frucht schuf sie unser Gott. Nachdem er den Adam geschaffen hatte, da entnahm er ihm seine kleine Rippe, für Mütterchen Eva, für seine Frau. Denn Gott hatte nur Adam alleine erschaffen. Und erst später hat er die Frau aus seiner kleinen Rippe gemacht. So war das.
Dann ließ er die Rippe in der Nacht an Adams Seite schlafen. Man erzählt, daß eine Frau bei ihm schlief. Aber Adam soll nicht mit ihr gesprochen haben, sondern fragte sich: »Wie kommt es, daß ich bei dieser Frau geschlafen habe?«
Aber sie kamen sich nicht näher. Darum lieh sich unser Gott die Läuse des Brachvogels, der Qaqe, da die zwei nicht miteinander sprachen. Und so schüttete er diese Läuse über der Frau aus. Über dem Mann auch.
»He, was beißt mich denn da am Kopf?« Und während sie sich die Köpfe lausten, redeten sie: »Das werden Läuse sein, oder was sonst könnte das wohl sein?«
Und so sprachen sie miteinander, dieser Adam mit dem Mütterchen Eva. Seither ist das so. Alsdann war Mütterchen Eva auch schon schwanger. Und während sie noch schwanger ging, riet ihr die Schlange: »He, Eva, diesen Apfel solltest du essen!« Deshalb aß Eva ihn.
»Hast du etwa den Apfel gegessen?« und Gott warf Adam und Eva hinaus. Ja, Gott warf sie einfach hinaus, den Adam und die Eva.
Wenn das nicht so gewesen wäre, auch wir hätten uns einfach von Früchten ernährt. Es wäre nicht nötig, daß wir in der Erde arbeiten. Ja, die Schlange eignet sich für alles Betrügerische, denn sie sagte: »Iß ihn doch!«

Frage: Und die Frau hat ihn sich auch einverleibt?

Pascual: Ja, und deshalb gebärt die Frau unter Schmerzen. Und der Mann soll gesagt haben: »He, Eva, was tust du da eigentlich?« Und hier, hier nicht wahr, blieb

ihm der Apfel stecken (der Erzähler deutet auf seinen Adamsapfel). Hier, nicht wahr, deshalb haben wir hier einen Apfel stecken.

Frage: Als er den Apfel aß?

Pascual: Ja, und er hat ihn nicht heruntergeschluckt, denn er ist ihm hier steckengeblieben. Seither haben wir dies hier (den Adamsapfel). Wie wäre es wohl gewesen, wenn er ihn damals doch geschluckt hätte?
Die Teufel holten Gott also wieder ein. Dem Väterchen Adam befahlen sie, ein großes Kreuz anzufertigen, aus Brettern. Und an dieses nagelten sie unseren Gott. »Diesen Dieb, diesen Hexer werden wir dort hinnageln, carajo«, sagten sie sich. Und tatsächlich nagelten sie unser Väterchen Gott an.
In Cuzco und auch an anderen Orten ist er ebenfalls angenagelt, nicht wahr? Genauso haben es auch die Teufel gemacht. Man erzählt, daß so und nicht anders die Teufel das Väterchen Gott an das Kreuz nagelten.
Dann schlugen sie ein Loch in den Fels, in dem sie Väterchen Gott verbargen und mit einem großen Stein einschlossen. Aber durch die andere Seite entkam er. Von dort hat ihn der Kondor aufgenommen und zum Himmel hinaufgebracht. Seither ist Väterchen Gott im Himmel.

Frage: Und der Kondor?

Pascual: Der Kondor ließ ihn halt im Himmel. Der Kondor hatte seinerzeit noch einen Mund wie der Mensch. Er hatte noch keinen Schnabel. Damals aber hat Gott dem Kondor einen Schnabel gegeben, damit er die jungen Lamas und Schafe fressen kann. So hat er jetzt also einen Schnabel. Wenn das nicht so gewesen wäre, dann wäre er noch immer stumpfnasig. Wie hätte er dann wohl gefressen. Er hätte weder die jungen Lamas, noch die kleinen Schäfchen fressen können ...
Auf die gleiche Weise hat auch die Frau das Väterchen Gott verborgen. Wie oft treffen sich die jungen Mädchen mit den Burschen an den Hängen, klar, dort treffen sie sich. Und dort verbarg eine Frau unseren Gott unter ihrem Umhang.
Deshalb sagen wir von denen, die in der »Welt« sind, daß sie von Gott besonders geliebt werden. Er hat keine Abneigung gegen sie.

Frage: Was nennst du die »Welt«?

Pascual: »Welt« sage ich, wenn sich zwei mögen, sich verlöten (koitieren). Dazu sagen wir in unserer Sprache: »sie sind in der Welt«, und das bestraft Gott nicht, weil sie unser Väterchen Gott versteckt haben und über ihm sich geliebt haben, als die Teufel ihn schon fast eingeholt hatten.
So entkam er. Deshalb ist uns Menschen jegliche Sünde vergeben. Unser Gott vergibt uns jede Missetat, die wir begehen, welche es auch sei. Nur für einen Moment erzürnt er sich, und danach vergibt er uns immer.

Erzähler: Pascual Samata, etwa 40 Jahre. Q'ero 1980

T'ika Purin

Es gab einmal einen faulen und lausigen Jüngling, der Wirtacarcelo hieß. »Wenigstens von deinen Läusen könntest du dich reinigen, du Lump, carajo. Scher dich zum Teufel, du Hund«, schimpfte ihn sein Vater.

»Verschwinde dorthin, wo der Teufel wohnt, hau ab, sagt mein Vater?« Man erzählt, daß er tatsächlich ging. So wanderte er und begegnete einem feinen Herren, der einen Schimmel ritt. Vornehm, im Sattel, mit Stiefeln bis zu den Knien.

»Na, mein Sohn, wo geht's hin?«

»Mein Vater schickt mich zum Haus des Teufels.«

»So, dann tun wir uns doch zusammen. Gemeinsam werden wir schon etwas zuwege bringen«, sagte der Herr. »Geh du schon voraus.«

So wanderte er und wanderte, bis daß der Weg das Gebirge verließ. Dort wanderte er, stieg hinunter in den Wald, immer weiter, und man erzählt, daß Wirtacarcelo alsbald eine Feuerstelle in einer Lichtung entdeckte. Ja, dort in der Lichtung brannte ein Feuer.

»Wohin gehst du, mein Sohn«, fragte ihn die Alte. Man sagt, dort traf er eine alte Frau.

»Ich gehe zum Haus des Teufels.«

»Wohin? Zum Teufel?«

»Ja, der Herr, der mich vorschickte, mit mir zusammenarbeiten möchte, er hat mir diesen Weg gewiesen.«

»Das ist der Teufel, kein Mensch, kein feiner Herr. Der wird dich fressen. Wozu gehst du überhaupt dorthin?« so redete die Alte mit ihm. Die alte Frau, die auf dem Feuer Essen kochte, trug einen Hut aus Stroh.

– So wie es Frauen in den Vororten von Cuzco gibt, mit diesen Strohhüten, nicht wahr. So einen Hut hatte die Alte auf. –

Man erzählt, das war das Mütterchen Mond. Gut redete sie ihm zu. »Das ist der Teufel, wozu redest du mit dem, er wird dich fressen. Schau, bald werden drei hübsche Mädchen kommen, das sind seine Töchter. Du wirst einen Tümpel finden, gleich hier, der ist rundherum mit Strauchwerk zugewachsen. Es werden die Mädchen kommen, und die Kleider der letzten, der T'ika Purin, mußt du verstekken. Die wird dich vom Teufel befreien. Sie besitzt übermenschliche Fähigkeiten, Macht.«

– Die Namen der älteren Schwestern waren T'ika Malvas und T'ika Rosas. Aber das Nesthäkchen war T'ika Purin. –

Und während sie im Tümpel badeten, hatte der Tölpel die Kleider der T'ika Purin fortgenommen und war gegangen, davongelaufen. Sie stiegen aus dem Wasserund – nichts. Das ganze Seeufer suchten sie ab. Streiften umher, suchten. Nur zwei von ihnen konnten sich ankleiden.

Vom Suchen müde, gingen die beiden Älteren, sie gingen und ließen T'ika Purin zurück. Alleine, nackt. Sie durchstreifte die Ufer des Tümpels. Und so erschien ihr der Tölpel, der ihre Kleider fortgeschafft hatte.

»Na hör mal, was soll denn das, carajo, du Unglücksrabe, du hast ja meine Kleider versteckt«, schimpfte sie. Dann aber, eng umschlungen, verliebten sie sich, vom Fleck weg schliefen sie miteinander. Ja, sie liebten sich. Und schon kannten sie sich. Man erzählt, sie habe ihn zum Haus des Teufels mitgenommen. T'ika Purin. Sie sagte ihm noch: »T'ika Malvas wird auch dort sein, aber mit dieser T'ika Malvas wirst du nicht, na ... Der Teufel wird dir anbieten: ›Hier mit meiner Tochter T'ika Malvas vermähle dich‹, aber nur, um dich zu fressen. In seinem Hof wirst du Rosen finden, rosarote Rosen. Die sammelst du ein, pflück sie und steck sie dir an die Brust, falls sie dich auffordern zu heiraten.« So riet ihm T'ika Purin.

Wirtacarcelo folgte ihrem Rat und pflückte die Rosen, steckte sie sich an die Brust. Der Teufel wurde fast verrückt.

»Ausgerechnet mit T'ika Purin willst du dich vermählen.« Schon im Morgengrauen verließ er das Haus. Währenddessen – ah, carajo, zusammen mit T'ika Purin, na ... ah, carajo – für eine ganze Stunde schien der alte Teufel wie vom Boden verschluckt. T'ika Purin, T'ika Purin mit übermenschlicher Macht.

Mit T'ika Purin vermählte sich Wirtacarcelo, klar. Diese T'ika Purin.

»Also gut, wenn du nun schon mit meiner Tochter vermählt bist, mal schauen. Da ist gerade ein Brachland für die Weizensaat vorzubereiten.«

Und der Teufel schickte den Einfaltspinsel mit 18 Mauleseln los. »Säe Weizen und back Brot daraus. Morgen früh, wenn ich meinen Kräutertee trinke, wirst du mich mit dem Brot erwarten.«

Das wird schon ein rechter Faulpelz sein, denkt er sich dabei. Ein faules Schlitzohr. – Wo gibt es das denn, daß nach der Saat gleich alles reift? –

Als Wirtacarcelo zum Brachland gelangte, schlief er gleich ein, wie tot. Schlief, arbeitete nichts.

T'ika Purin kam und brachte ihm das Mittagsmahl. Erst jetzt wachte er auf.

»Was machst du denn überhaupt, schläfst du? Jetzt wird dich mein Vater bestimmt fressen.« Sie lauste ihm den Kopf, danach vesperte er. Wieder liebten sie sich, eng umschlungen. Dabei schaute T'ika Purin ihm in die Augen, brachte ihn so zum Schlafen. Also, der Dummkopf schlief und schlief. Man erzählt, daß, als er aufwachte, die Maultiere, mit Weizenbrot beladen, vorbeimarschierten – eh, ah, eh, ah, eh, ah, eh, eh, eh. Sie hatten sich schon ein Stück entfernt. Ja, dank der Macht T'ika Purins, so sagt man.

»Maultier – Maultier, carajo – Maultier – Maultier – Maultier, carajo«; rufend ging er hinter den Maultieren her.

Als Wirtacarcelo ankam, war das Brot noch warm, beim Abladen, nicht wahr. So soll T'ika Purin den Wirtacarcelo gerettet haben, nicht wahr.

Damit nicht genug.

Auf der anderen Seite des Berges lag ein See.

»Das Wasser dieses Sees wirst du mir bis an die Tür meines Hauses leiten.« So befahl der Teufel. Man sagt, daß der Faulpelz, als er zum Ufer des Sees gelangte, wieder einschlief.

»Wieso schläfst du denn, carajo, jetzt wird dich mein Vater sicher fressen«, schimpfte T'ika Purin. Sie hatte ihm das Essen gebracht. Dann schläferte sie ihn wieder ein. Während Wirtacarcelo schlief, führte sie, nur durch ihre Willensmacht, das Wasser in einem Graben zum Haus. Carajo. Als es schon fast angelangt war, weckte T'ika Purin ihren Mann. Da das Wasser bis zu des Teufels Haustür floß, hatte sie Wirtacarcelo wiederum davor bewahrt, gefressen zu werden. Und nicht genug damit, noch anderes mußte getan werden. Aus all dem half ihm T'ika Purin.

»Komm, gehen wir, denn die Arbeit für meinen Papa ist über die Maßen.« Und sie ließ im Haus des Vaters einen Tropfen Spucke zurück, in einer Ecke.

Der alte Teufel rief: »T'ika Purin.«

»Papa.«

»T'ika Purin.«

»Papa.«

»T'ika Purin.«

»Papa, Papa.«

Aber die Antwort gab nur die Spucke. Die beiden hatten sich schon weit entfernt; wo sie doch Macht besaß.

»T'ika Purin.«

»Papa, Papa.«

Jedesmal wenn der Teufel rief, antwortete die Stimme seiner Tochter etwas schwächer, bis die Spucke eingetrocknet war.

Der Teufel rannte los. T'ika Purin aber war nicht zu sehen.

»Na warte, carajo, jetzt werde ich euch einholen. Die werde ich fressen.« Er sattelte T'ika Malvas und los ging's. Wie ein Flugzeug, so fürchterlich soll er dahingejagt sein. Aber sie fanden nur einen Tümpel, und in dem Tümpel schwamm friedlich eine Ente. – Wie hier in Pumaqocha, genau so. – Sonst war nichts zu sehen.

»Wo ist meine Tochter«, rief die Frau des Teufels, »carajo, mit was hast du dich die ganze Zeit unterhalten?«

Mit allem Erdenklichen setzte sie dem alten Teufel zu, als er zurückkam. »Ja, carajo, dieser Tümpel war meine Tochter, und die Ente war dieser Junge, dieser Dieb.«

»Na warte, carajo, jetzt gleich gehe ich sie suchen, und auf der Stelle werde ich sie verschlingen.« Der Teufel brach also noch einmal auf.

Doch er fand weder den Tümpel noch sonst etwas.

Aber, so erzählt man sich, auf einem Paß stand eine Kapelle, wie auf anderen auch, und am Boden hockten einige Falken.

Zur Essenszeit kehrte der Teufel zurück.

»Die Kapelle ist meine Tochter, herrje, und der Falke dieser Dieb«, sagte die alte Teufelin.

»Jetzt aber, carajo«, wieder zog der alte Teufel los. Man erzählt, daß er zu einer Brücke kam, einer Brücke über ein Wasser. So war das. Nichts zu sehen. Nur eine Brücke und ein Wässerchen.

»Das Wässerchen ist dieser Dieb, die Brücke meine Tochter«, rief die alte Teufelin.

»Carajo, jetzt ist es mir egal, geh halt selber, wenn's sein muß«, und er verprügelte die alte Teufelin.

Diese T'ika Purin hatte Macht, stimmt's? In alles mögliche verwandelte sie sich und hat so Wirtacarcelo geholfen zu entwischen, damit ihr Vater ihn nicht verschlingt.

Man sagt, daß die beiden ein schönes Dorf gründeten in einem Tal etwa wie unserem hier. T'ika Purin durch ihren Willen. Ein wunderschönes Dorf, mit Geschäften, mit richtigen Straßen und einem Markt. Alles hatten sie dort. Viel zu essen, Geld und Gold und viele Häuser. So viel von allem, ohne sich anzustrengen.

Die Eltern von Wirtacarcelo lebten noch. So schickte T'ika Purin ihn dorthin, zu ihren Schwiegereltern.

»Nimm dieses Geld mit.« Und sie steckte ihm auch einen goldenen Ring an den Finger. »Wenn dich der Ring drückt, dann komm sofort zurück.«

Der Tölpel gelangte zu seinen Eltern. »Aus unserem Sohn ist ein feiner Herr geworden. Wo er doch so ein erbärmlicher Dummkopf war. Und lausig. Kommt zu seinen Eltern als ein anständiger, feiner Herr. Ganz verändert, sogar mit einem Säckchen voll Geld.«

Sie vermählten ihn mit einer anderen Frau. Man sagt, dabei habe ihn der Ring gedrückt. Und deshalb kehrte er schon nach einer Woche zurück. Aber T'ika Purin kam ihm auf der Straße entgegen, fuchsteufelswild jagte sie ihn davon.

So blieb dem Tölpel nichts als das Pferd, das er mit sich führte. Genauso lausig wie vorher, kein feiner Herr mehr.

T'ika Purin aber ging zu ihren Eltern zurück.

Wenn das nicht so gewesen wäre, dann würden wir heute Gold auf den Äckern anbauen. Wir trügen Kleider aus Gold und Silber, und die Frauen würden die Männer versorgen.

So wäre das bei uns, aber auch bei den Aymara-Indianern und den Mestizen.

Erzähler: Mariano Samata, etwa 70 Jahre. Q'ero 1979

Apu Pasto Grande

Wenn man von einem der umliegenden Berggipfel hinüberschaut zum Pasto Grande, dann soll man dort Rinder sehen. Man erzählt, daß dort jemand die Kühe melkt. Aber wenn wir dann an jene Stelle kommen, ist nichts zu sehen. Dann sind nur Steine dort. Aber es soll eine Frau und einen Mann geben, die dort die Kühe melken.

Man schickte sie einst, ein Brüderchen und ein Schwesterchen, aus dem Urwald, von dort, wo auch wir heute hingehen, nicht wahr. Ja, aus dem Urwald, dem Antisuyo halt.

»Geht schon voraus«, so schickte man sie vor, während die anderen zurückblieben und sich ausruhten. Ja, die Kinder wurden vorausgeschickt. Und damals hat Pasto Grande sie verwandelt. Seither melken sie dort die Kühe, für alle Zeiten, ohne zu altern.

Die Rinder sind Khuya, sie sind sehr wild. Nur für einige Stunden sind sie sichtbar, ja, und während anderer Stunden sind sie nicht zu sehen. Schaut man aus der Entfernung hinüber, dann sieht man die Rinder ziehen. Ich habe das auch gesehen. Von dort oben, vom Gipfel des Polani aus, von dort habe ich sie gesehen, in der Abenddämmerung. Sie zogen den Hang hinauf zum Weiden. Es erschienen immer mehr, sie muhten zwischen den Bäumen. Das müssen die Kühe des Pasto Grande gewesen sein. Und als ich genau hinschaute, sah ich zwei Kinder dort, die die Tiere hüteten.

Frage: Man sagt, daß jemand, der Altomesayoq ist, sich Tiere aus diesen Herden abzweigen könne. Sie könnten sie hier herbringen. Man hat sogar von einem Mann erzählt, der sich von diesen Tieren einige abgesondert habe und daher recht viele Tiere besaß.

Fabian: Ja, das soll es gegeben haben, daß sie einfach einige abgesondert haben. Aber diese Tiere sind nicht gleich zu melken, denn sie sind die Kinder der Khuya. Und erst später können sie gemolken werden.

Frage: Und wieso kann man sie nicht melken?

Fabian: Ich weiß nicht, warum. Aber man sagt, sie ließen sich nicht melken, auf gar keine Weise. Das soll auch jener Mann erzählt haben.

Ja, er trieb Schafe zum Pasto Grande, von denen er die Hälfte absonderte. Viele, alle von der gleichen Art. Pasto Grande wird sich die Schafe erbeten haben. (Diese tauschte er mit Pasto Grande gegen Rinder.)

Unter den Rindern war ein gewaltiger schwarzer Stier mit weißem Rücken. Ein Bulle mit Hoden bis hinunter zum Boden, carajo. Mit einem Mal begann dieser zu brüllen, carajo, und kehrte um. Die anderen folgten ihm, so daß der Mann nur noch mit wenigen hier ankam. Aber er hat welche mitgebracht.

Dies alles habe ich auch nur gehört. Ich habe das nicht gesehen, ich kenne einfach nur die Geschichte. Mein Vater und auch andere sprachen davon. So soll das gewesen sein.

Frage: Dann konnte er diese Rinder für seine Schafe eintauschen, oder wie war das?

Fabian: Aha, aha, aha. Ja, mit Schafen tauschte er sie sich ein. Drei oder vier Schafe treibst du hin, und ganz von selbst kommen die Rinder, sie erscheinen. So pflegten die Alten zu reden. Aber heute gibt es das nicht mehr. Wie mag das wohl sein, die Kühe aus dieser heutigen Zeit werden das wohl nicht mehr können.

Frage: Und wenn es einen guten Altomesayoq gäbe?

Fabian: Klar, das gilt nur für einen guten Altomesayoq. Die hatten bei uns immer Tiere aus Pasto Grande. Seit meinem Großvater, seit meinen Vorfahren hatten sie hier ihre Tiere.

Frage: Und wen müßte man um den Tausch bitten, mit wem würde man sprechen?

Fabian: Mit Apu Pasto Grande, natürlich.

Frage: Ah, und diese Kinder?

Fabian: Das sind seine Beauftragten. Pasto Grande ist aber der Besitzer, ihm gehören die Tiere. Das ist Juana Pasto Grande. Ihn müßte man anrufen, so wie den Apu Wamanripa. Man würde sich dann darüber unterhalten, was er für die Rinder möchte.
»Ich wünsche mir Ch'uru, Señor Pasto Grande, und du, was möchtest du? Laß uns tauschen!«
Wenn man sich so mit Apu Pasto Grande unterhält, dann bringt man die Tiere her, klar.

Erzähler: Fabian Quispe, etwa 70 Jahre. Q'ero 1980

Tiula und Santiago San Felipe Qaqha

Das war so. Der Blitz, Santiago San Felipe Qaqha, ritt auf einem rassigen Schimmel über einen Bergpaß. Den dahinterliegenden Hang stieg der Tiula, der Fuchs, herauf.

Santiago der Blitz fragte ihn: »Tiula, wo gehst du hin?«

Der Fuchs antwortete: »Du weißt, ich treibe mich überall herum. Sieh dich vor, sonst erschrecke ich dich noch.«

»Na, dann erschreck mich doch einmal«, bekam er zur Antwort. Da springt der Fuchs vor Santiago auf und nieder. Dabei schreit er schrecklich: »Wahah, qaqh, wahah, qaqh - waha qah -. Hab ich dich jetzt erschreckt?«

Aber Santiago der Blitz antwortet: »Fast, nur fast hast du mich erschreckt. Mal schauen, jetzt werde ich dich einmal erschrecken.«

Mit einem Blitz tötet er ihn.

Mit einem weiteren Blitz löst er ihn vollständig auf. Und noch einen dritten Blitz läßt er aufflammen, mit dem er den Fuchs wiederherstellt. Seitdem ist der Fuchs Altomesayoq.

Santiago der Blitz fragt ihn: »Hast du dich nun erschreckt?«

»Wahrhaftig, mein Väterchen, jetzt bin ich gewaltig erschrocken. Von nun an werde ich nicht mehr versuchen, dir einen Schrecken einzujagen.«

Aus diesem Grunde soll der Fuchs auch so listig sein. Nicht einmal der Hund kann ihn einholen, nein, den Fuchs kann er ganz sicher nicht einholen. Der entwischt ihm sehr geschickt. Der Fuchs ist Rimaqniyog.

Bis hierhin kenne ich diese Geschichte.

Frage: Also durch drei Blitzentladungen entsteht der Altomesayoq?

Pascual: Ja, so ist das.

Erzähler: Pascual Samata (Foto), etwa 40 Jahre. Q'ero 1980

Die Schwiegertöchter Berna, Q'ayra Maria und Rebhuhn

Es gab einmal drei Jünglinge. Wessen Söhne mögen sie gewesen sein, daran erinnere ich mich nicht mehr. Einer der Jungen brachte ein Rebhuhnmädchen mit nach Hause. Die Umhänge des Mädchens waren zusammengefaltet nur so groß wie ein Fingernagel. Ganz klein konnten ihre Umhänge zusammengefaltet werden. Ja, sie war sehr geschickt beim Weben.
Es gab drei Schwiegertöchter: Berna, das Stinktier, Q'ayra Maria, der Frosch, und Rebhuhn. Die Jüngste aber war das Rebhuhn. Der jüngste Sohn hatte sie mit nach Hause gebracht. Und sicherlich hatte er noch nicht von dem Rebhuhn gesprochen. »Sie ist meine Frau«, das hatte er seiner Familie noch nicht mitgeteilt.
Berna war die Frau des zweitältesten Sohnes. Ich weiß nicht, wie sie gelebt hat. Ich weiß nur, daß sie Maisbier zubereitete, zusammen mit Q'ayra Maria.

Berna sollte, da sie Schwiegertochter war, für ihre Schwiegermutter Maisbier zubereiten. Darum stellte die Schwiegermutter im ganzen Haus Urpus (große Tonkrüge) voller Wasser auf. Berna kaute in ihrem Mund den Mais. Lediglich ein kleines Maiskörnchen für jeden Urpu, und das Maisbier wurde wunderbar gelb, carajo. Von Q'ayra Maria erzählt man, daß sie ebenfalls Maisbier zubereitete, indem sie den gekeimten Mais auf dem Mahlstein zermahlte – t'ontoq – t'ontoq – t'ontoq –, mit ihrem weißen Kopf.
Bald aber beklagte sich Q'ayra Maria bei der Schwiegermutter und sagte: »Berna hilft mir nicht beim Mahlen. Ruhig sitzt sie da, zurückgelehnt, und tut nichts.«
Als die Schwiegermutter zum Haus kaum, carajo, schlug sie mit Stöcken auf Berna ein und rief: »Carajo, du Faulpelz, carajo, was treibst du eigentlich!«
Berna trollte sich zur Tür. »Ja, dann bereitet ihr doch das Maisbier aus einem Zentner oder einem halben Zentner Mais zu! Ich bin halt faul«, so rief sie.
Da erst schaute die Schwiegermutter in die Urpus, in denen das Maisbier gärte. »Komm zurück, meine Bernadina, meine liebe Berna, komm doch zurück.«
Aber sie dachte gar nicht ans Umkehren. Sie ging fort, ja, sie verschwand. Sie verschwand bis heute, sie ging für immer fort. Nur Q'ayra Maria blieb.
Und so wie der Frosch setzen die Frauen das Mahlen des gekeimten Maises fort. Sie bereiten das Maisbier aus einer großen Menge Mais, in allen Gegenden. Ja, aus einem Zentner oder aus einem halben. Erst durch viel Mais bekommt das Maisbier einen guten Geschmack.

Frage: Und wenn das nicht so gewesen wäre?

Pascual: Wenn das nicht so gewesen wäre? Ein kleiner Maiskolben oder nur ein paar Maiskörner hätten gereicht. Wir hätten uns Maisbier bereitet wo auch immer. Das ist alles, was ich davon weiß.

Es gab einmal ein Rebhuhn, nicht wahr, und dieses Rebhuhn war auch Schwiegertochter. Eine unglaubliche Weberin. Sie webte Umhänge, sicher waren ihre Federn die Umhänge. In dem Lagerhaus hingen die Balken voll von Umhängen. Einmal ging die Schwiegermutter in das Lagerhaus, um Lebensmittel zu holen, und fand dort ein Rebhuhn.
»Ja, was macht denn ein Rebhuhn im Haus meines Sohnes«, und sie versetzte ihm einen tödlichen Hieb. Der Schwiegervater rupfte es, um es zu kochen.
Darauf verwandelten sich alle Umhänge, die über den Balken hingen, in Federn. Ja, in Vogelfedern.
Weinend fragte der Sohn später: »Wieso habt ihr meine Frau erschlagen?« Und aus einem Knöchelchen des Rebhuhns schnitzte er sich ein kleines Flötchen. Dabei weinte er vor Kummer.
Als er nun die kleine Flöte blies, schluchzte sie: »Lliu – lliu – lliu – deine Mutter hat mich erschlagen, dein Vater hat mich gekocht.« Der Junge weinte, und weinend spielte er die kleine Flöte. Er flötete auch, als er zum Hüten ging.
Dort gesellte sich der Fuchs zu ihm und sprach: »Mein Bruder, laß mich auch einmal dein kleines Flötchen blasen, laß mich es probieren.« Er nahm sie und spielte und spielte und spielte, und schließlich nahm er sie mit sich fort. Er nahm ihm die Flöte weg, sein kleines Flötchen.
Schluchzend soll der Junge hinter dem Fuchs hergerannt sein, aber der entkam. Während der Junge weinend umherstreifte, begegnete er dem Kondor, dem, der in der Höhe kreist, und dieser riet ihm: »Du wirst nicht in der Lage sein, ihm die Flöte wieder wegzunehmen, egal was du auch tust. Besser wäre es, du stelltest dich tot. In deine Nase und deinen Mund wirst du dir Würmer stecken. Und so, voller Würmer, täuschst du den Toten vor.«
»Ja wirklich«, sagte der Junge und ging Würmer sammeln, die er sich in Nase und Mund legte. Und so täuschte er vor, tot zu sein. Der Fuchs soll dazu gesagt haben: »Der Arme, mein Brüderchen ist gestorben. Sicherlich wegen dem Verlust seiner Flöte. Mal schaun, ich werde ihn noch einmal die Flöte spielen lassen.« Und der Fuchs gab ihm die kleine Flöte in den Mund, sein Flötchen.
– Der Fuchs ist Layqa, nicht wahr. –
Er fragte seine Steine: »Mal schaun, Wallawisa Kunturwisa, ist es wahr, daß er gestorben ist?« Aus seinen Ohren soll der Fuchs seine Steine geholt haben, um sie auf dem Boden auszubreiten. Challaq, challaq, challaq – so klang das.
Da aber – chaaaq – erhob sich der Junge und nahm dem Fuchs seine Steine weg und natürlich auch seine Flöte. Aber trotzdem kann der Fuchs den Hunden sehr gut entwischen. Er besäße allerdings noch mehr Macht, wäre noch geschickter, hätte er nicht seine Steine verloren.

Erzähler: Pascual Samata, etwa 40 Jahre, Q'ero 1980 und
Mariano Samata, etwa 70 Jahre, Q'ero 1979

Die Maultiertreiber

Frage: Als Inkarrí hier in Q'ero war, was hat er da alles getan?

Bernabé: Wo genau mag es gewesen sein? Dort, unterhalb von Mishkayani, soll es Gold gegeben haben, klar, in jener Zeit wird das gewesen sein. Ich weiß nicht genau, zu welcher Zeit das wohl so war. Man sagt, von dort haben die Viehtreiber Karawane um Karawane mit Gold beladen heraufgetrieben, ja, die Treiber. Dort unten im Regenwald, wo wir auch heute hingehen, von dort führte ein Weg über die Berggipfel. Ja, so pflegten die Alten zu erzählen.
Und wenn wir heute dort Bäume fällen, wenn wir dort arbeiten, dann finden wir noch immer einen wunderschönen Weg, der zwischen den Bäumen herausführt. Das ist derselbe, auf dem zur Zeit Inkarrís ein Tiertreiber mit Goldlasten unterwegs war. Ja, das war der Weg, den man damals benutzte. Man sagt, dort oben, oberhalb von Ichumoqo, fließt ein kleines Wasser, nicht wahr, und dort beginnt dieser Weg. Und auf der anderen Seite, in Saqmaqocha, in den Höhen gegenüber von Q'ero, gibt es einen See.
Die Frau des Viehtreibers soll den unteren Weg gegangen sein, durch das Flußtal. Den Weg in den Regenwald, den heute alle benutzen.
»Vielleicht gelange ich bis zum Lagerplatz von Cocachipampa, darum werde ich Väterchen Gott bitten«, sagte sie.
»Ob Gott nun will oder nicht, ich werde in jedem Fall bis zum Lagerplatz von Coralpata gelangen«, sagte der Mann, und ging den Weg über die Berggipfel nach Saqmaqocha. Dort gab es einige Tiere, Wasservögel. Der Viehtreiber soll mit Steinen nach ihnen geworfen haben, und deshalb hat der See ihn verwandelt (versteinert).
Er ist nicht einmal nach Coralpata gelangt, dorthin, wo wir heute unsere Äcker haben. Ja, das Lager dort hat er nie erreicht. Er ist nicht angekommen. Aber die Frau des Tiertreibers, sie erreichte sehr wohl das Lager in Cocachi.
Ja, an diese kleine Geschichte erinnere ich mich schon noch. So wurde sie früher erzählt. Dort am Polani, in der Talsohle, in der dieses Jahr unsere Kartoffeln wachsen, ist heute alles eingeebnet. Noch als ich Kind war, gab es dort einen sehr schönen Weg, der über die Berggipfel in den Regenwald führte. Und ein anderer führte durch Upispata, ja, oberhalb von Upispata gab es auch einen sehr schönen Weg. Aber heute ist auch der ausradiert.
Über diese Wege, Wege, über die die Tiertreiber gingen, sollen damals ganze Karawanen, beladen mit Gold, heraufgestiegen sein. Es soll eine solche Fülle gegeben haben, daß man das Gold mit der Axt herausbrechen mußte.

Erzähler: Bernabé Machaqa, etwa 90 Jahre. Q'ero 1979

Maria Angola

... Die Glocken sind von La Raya aus aufgebrochen. Maria Angola ging durch das Flußtal, und Mariano Angulo, ihr Gemahl, stieg über die Berge. - So als ob deine Ehefrau hier den Fluß entlang käme und du über die Gipfel. So. -
Maria Angola kam als erste nach Cuzco zu dem Kirchturm dieses Herrn Jesus der Erdbeben. »Dong« sagend ertönte die Glocke.
»So, sie hat mich besiegt. Auch noch eine Frau hat mich besiegt«, sagte Mariano Angulo, nicht wahr.
Mariano Angulo, der Gemahl, stieg in den großen See, in den See von Lucre, in diesen See. Der Ehegemahl der Glocke, der Maria Angola.

Frage: Maria Angola lebte im Yanantin?

Juan: Ja, im Yanantin, geschaffen durch den Inka war sie. Mit Macht, sie war mit Leben. So war sie. Ja, mit einem Glockenschwengel aus Gold. Dieser, ihr goldener Schwengel, schlug ganz von selbst die Glocke. Er wurde von niemandem bewegt. So war das ...
Nur das Holunderholz hatte Maria Angola in dem Turm halten können. Dann aber ist sie zu ihrem Ehegemahl aufgebrochen. Denn die Spanier wollten ihren goldenen Schwengel entwenden. Aber sie vermochten das nicht. - Das haben weder du noch ich gesehen. -
Sie haben die Glocke direkt auf den Kirchplatz herabgelassen. Dort schafften weder sämtliche Leute aus Cuzco noch Draht, weder Ochsengespanne noch dicke Seile, den goldenen Schwengel herauszuzerren. Nichts und niemand konnte ihn hervorholen. Jawohl.
Im Boden versinkend, verlor sich Maria Angola. Sie ging zu ihrem Ehegatten. Sicherlich sind seit damals Mann und Frau gemeinsam in dem See von Lucre. So ist das damals gewesen.
In Cuzco ist lediglich ein Stellvertreter (der Maria Angola). Er ist gemacht. Er ist künstlich, nicht von Inkarrí geschaffen. So war das.

Erzähler: Juan Quispe, etwa 85 Jahre. Q'ero 1979

Pacha Tusan

Frage: Wer verfügt über mehr Macht, Jesus Christus oder die Apus?

Fabian: Unser Gott Jesus Christus wird über mehr Macht verfügen.

Frage: Und der Apu?

Fabian: Der Apu nicht. Der ist nicht so.
Ja, man erzählt, daß diese Wak'as den Jesus Christus besiegen wollten. Sie wollten unseren Vater besiegen. Jawohl. Auf diesen Berggipfeln, auf diesen Wak'as, soll das Feuer gebrannt haben. Und fast hätten sie die Sonne verbrannt. Sie erreichten die Sonne mit den Flammen. »Wir werden zum Himmel aufsteigen«, sagten sie. Ja klar. Diese Teufel, die den Gott töten wollten.
– Und genauso, als ich noch klein war, als ich noch ein Kind war, da stiegen Feuer, wie jene so springend und brausend, zum Berggipfel auf. – Und so kam es, daß durch die Höhe, durch den Himmel, brennend ein Feuer lief. Unseren Gott aber, als das Feuer schon weit entfernt war, als es ihn schon fast erreicht hatte, hüllte eine Wolke ein. Eine schwarze Wolke ließ sich nieder. Das allein bewahrte ihn davor. Dies rettete ihn. Und das Feuer tötete ihn nicht.
Und so ist eben unser Gott derjenige, der über mehr Macht verfügt. Und darauf folgen diejenigen, die Teufel sind. So werden sie halt auch Macht haben. Klar, haben sie auch.

Frage: Du sagst: Wak'a. Was ist Wak'a?

Fabian: Das sind die besonders teuflischen Widersacher.

Frage: Und welche sind hier Wak'a?

Fabian: Dort in Pacha Tusan, dem Teufelsort, von dort entsprang das Feuer und breitete sich aus. Dasselbe wird auch versucht haben, unseren Gott zu verbrennen. Deshalb wird es auch in die Höhe vorgedrungen sein, nicht wahr, bis es den Himmel, das Firmament erreichte. Da schau her, wieviel Macht besitzt dieser Teufel.

Frage: Pacha Tusan ist Teufel?

Fabian: Teufel wird er wohl sein. Er muß wohl ein Teufel sein, wenn dort ein Feuer brennt und es solche Dinge gibt. Was wird das sein? Das ist Teufel, deshalb sagten sie auch: »Unseren Gott werden wir verbrennen.«

Erzähler: Fabian Quispe, etwa 70 Jahre. Q'ero 1979

Der arme und der reiche Bruder

Es soll einmal zwei Brüder gegeben haben. Einer der beiden war sehr reich, besaß viele Tiere. Kühe, carajo, Maultiere, Lamas, carajo, Alpacas, und der andere soll arm gewesen sein. Arm, ohne alles.

Damals soll Gott zu dem Armen gesprochen und ihm gestattet haben: »Bau einen Pferch. Einen Pferch für Kühe, einen Pferch für Schafe, einen für Alpacas und einen anderen für Lamas. Errichte vier Abteilungen«, so sagte er ihm. Und da er ihn zu bauen beauftragt hatte, baute er sie. Nachdem er den Bau der Pferche abgeschlossen hatte, alle vier, ging er schlafen.

Am Morgen soll dort in den Pferchen eine Überfülle von Lamas, Alpacas, Kühen und Schafen gewesen sein. Sie sind erschienen durch Gottes Willen. »Woher hast du sie gestohlen?« fragte ihn grob der reiche Bruder und erzürnte sich über den armen. Er stellte sich gegen ihn.

»Ich habe mir Pferche gebaut, ich habe nirgendwo gestohlen«, sagte der Arme. »Und in den Pferchen, die ich mir gebaut habe, sind sie erschienen.«

»Mal schaun, ob auch für mich Tiere hervorkommen«, sagte sich der Reiche und baute sich ebenfalls Pferche. Aber nichts erschien, absolut nichts.

»Die hast du dir bestimmt gestohlen«, rief er und stellte sich wieder gegen seinen Bruder.

Da erscheint Gott, klar. »Ah, und du, warum stellst du dich gegen diesen deinen Bruder?« fragt er. »Ich werde dir jetzt weiße Blumen geben«, sagt er zu ihm. Er gibt ihm weiße Festblumen. »Mit diesen weißen Festblumen wirst du dir den Kopf schmücken«, trägt er ihm auf. Der reiche Bruder schmückt sich und verwandelt sich darauf in einen Hirsch. Deshalb hat der Hirsch ein Geweih.

Er ist schwach auf den Vorderläufen, der Hirsch. Nur bergauf springt er sehr gut. Bergab nicht so, stimmt's? Auch schreien die jungen Hirsche – waaaaah – wie Menschen.

Das ist der Ursprung des Hirsches, sagt man. Hier endet die Geschichte.

Erzähler: Mariano Samata, etwa 70 Jahre. Q'ero 1979

VI Vom Leben in dieser Welt

Märchen und Fabeln haben über ihren unterhaltsamen Charakter hinaus die Aufgabe, bestimmte Werte und Ideen zu vermitteln. Allerdings gelingt dies im allgemeinen nur in dem Kulturkreis, dem sie entstammen, und auch nur dann, wenn sie nicht den Veränderungen im Rahmen der gesellschaftlichen Entwicklung entzogen worden sind, etwa durch frühere schriftliche Fixierung.

Nimmt man sie aus ihrem Kulturkreis heraus, so mögen sie ihren Unterhaltungswert behalten, wenn sie nicht zu schwer verständlich sind, doch die darin enthaltenen Gedanken erschließen sich nur noch demjenigen, der ein besonderes Interesse an der fremden Kultur hat. Ihm vermögen sie viel über das Verhalten der Erzähler und die Beziehungen innerhalb ihrer Gesellschaft zu sagen.

Die mündliche Überlieferung ist in Q'ero eines der wichtigsten Mittel, um Wissen weiterzugeben, vor allem im Bereich des geistigen Kulturgutes. Während die bisherigen Erzählungen an die Erfahrungen eines Menschen im Erwachsenenalter gebunden waren, gehören die nun folgenden Geschichten zum »Lehrstoff« für Kinder und Jugendliche, weshalb sie für Erwachsene durchaus nicht an Gültigkeit verlieren, denn sie behandeln in erster Linie die Spielregeln des Zusammenlebens in der Gemeinschaft.

Die erstaunliche persönliche Sicherheit der Q'ero gründet unter anderem in dem Vertrauen darauf, daß alle Mitmenschen diese bestehenden Regeln gleichermaßen kennen und akzeptieren, daß ihr Verhalten in einer bestimmten Situation ähnlich, vor allem aber konstant sein wird. Dadurch können auch die Kinder von vornherein die Reaktionen ihrer Eltern und Mitmenschen auf ihr Tun abschätzen und so eine große Sicherheit und Selbstbewußtsein entwickeln. Das Erzählen von Märchen hilft dabei, das Wissen auf einen annähernd einheitlichen Stand innerhalb der Gruppe zu bringen, Veränderungen anzusprechen und in das System der bestehenden Normen einzubeziehen.

Für uns sind die Geschichten insbesondere wegen ihrer Aussagen über die Beziehungen der Menschen in Q'ero von Interesse. Ihre Motive sind großenteils »pan-andin«, viele entstammen auch europäischem Erzählgut, was aber nicht bedeuten muß, daß sie dasselbe ausdrücken wie in unseren Märchen.

Es gibt in Q'ero keine speziellen Märchenerzähler, aber viele Menschen gleich welchen Alters haben eine große Begabung zum Erzählen. Manchmal geben sie sogar aktuelle persönliche Erlebnisse in der Form eines Märchens wieder.

Vor allem erlebten wir das bei einigen Jugendlichen, die ihr den allgemeinen Regeln nicht ganz entsprechendes Verhalten auf diese Weise zu »legalisieren« versuchten. Ein siebenjähriger Junge erzählte uns zum Beispiel »das Märchen von dem Jungen, der einen Weißen traf, der ihm eine ganze Tüte Bonbons schenkte«. Er hatte uns zuvor immer wieder um Süßigkeiten angebettelt.

Zeiten des Erzählens sind vor allem der frühe Morgen oder der Abend, wenn die Familienmitglieder unter ihren warmen Decken liegen und oft Stunden dauernde Unterhaltungen führen.
Wie sehr dieser Bereich der mündlichen Tradition unter dem zunehmenden Einfluß der Schule, des Radios, aber auch unter den sich wandelnden Lebensformen leidet, wird an der manchmal verworrenen oder gar fehlenden Moral der Geschichten deutlich. Dies ist dann ein Anzeichen für den Verlust ihrer allgemeinen Bedeutung für die Q'ero.

Puriq Uma – Der fliegende Kopf

Es gab einmal ein junges Mädchen. Das Mädchen und ein junger Bursche waren ineinander verliebt. Sie lebten zusammen, klar. Wie viele Leute schnarchen beim Schlafen - rrrrrhh schhhh - rrrrrhh - rr - rr - rr - pffff -, nicht wahr. So schlafen wir, so und nicht anders, ja. Und so haben auch diese geschlafen.
Man sagt, unser Kopf fliegt, während wir schlafen, manchmal umher. So erzählt man. Auch der Kopf von diesem Mädchen streifte umher, und deshalb schlief sie, sein geliebtes Mädchen, ohne Kopf.
Da soll der junge Mann (in das Haus) eingetreten sein, und im Schein des Lichtes betrachtete er seine Geliebte, aber ihr Kopf war nicht da. Darauf hat er ihren Hals mit Asche bestreut.
Später kommt - qeq, qeq, qeq - der Kopf zurück. Aber wegen der aufgestreuten Asche kann er sich nicht anfügen.
Er kommt noch einmal, aber es gelingt genausowenig.
Das Blut hört nicht auf zu fließen. Und schon ist es soweit, der Körper stirbt. Der Kopf soll auf der Asche nicht gehaftet haben. Deshalb trennt er sich wieder vom Körper.
Inzwischen ist der Jüngling auf das Haus geklettert und lauscht. Ja, er hört alles. Sein Mädchen ist mittlerweile gestorben.
Der Junge wird wohl noch auf dem Haus gewesen sein, als sich ihm der Kopf angeheftet hat. Hier, hier an seine Schulter, auf das Fleisch. Mit zwei Köpfen soll der Junge umhergegangen sein. Mit zwei Köpfen ißt er auch die Mahlzeiten, spricht er und unterhält sich.
Sie soll sich sogar vorgedrängt haben, wenn sie in ein Haus kamen, oder dem, der zu sprechen begann, kam sie zuvor, sich duckend.
Der Junge soll weinend umhergezogen sein. Und an jeden Ort, zu dem er ging, so sagt man, ging er mit zwei Köpfen. Sicherlich hatte das Mädchen auch Zöpfe.
Da hatte Gott Erbarmen mit diesem Mann.
»Unterhalb eines Felsens liegt ein Hirsch. Den wirst du mit einem Lasso einfangen«, sagte Gott. Deshalb nahm der Junge ein Seil zur Hand.
»Vielleicht ist es ja wahr«, sagte er sich und zog los. Er soll den Hirsch auch eingefangen haben, der gerade unterhalb des Felsens schlief.
Er fängt ihn ein. Der Hirsch springt, carajo, und reißt den Jungen mit sich fort. Da soll sich der Kopf des Mädchens an den Hirsch geheftet haben. Er löst sich von seiner Schulter und springt auf den Hirsch. Als sich der Kopf dann an den Hirsch heftet, da läßt der Junge das Seil los.
Wohin mag der Hirsch wohl den Kopf gebracht haben?
So endet das.

Erzähler: Mariano Samata, etwa 70 Jahre. Q'ero 1979

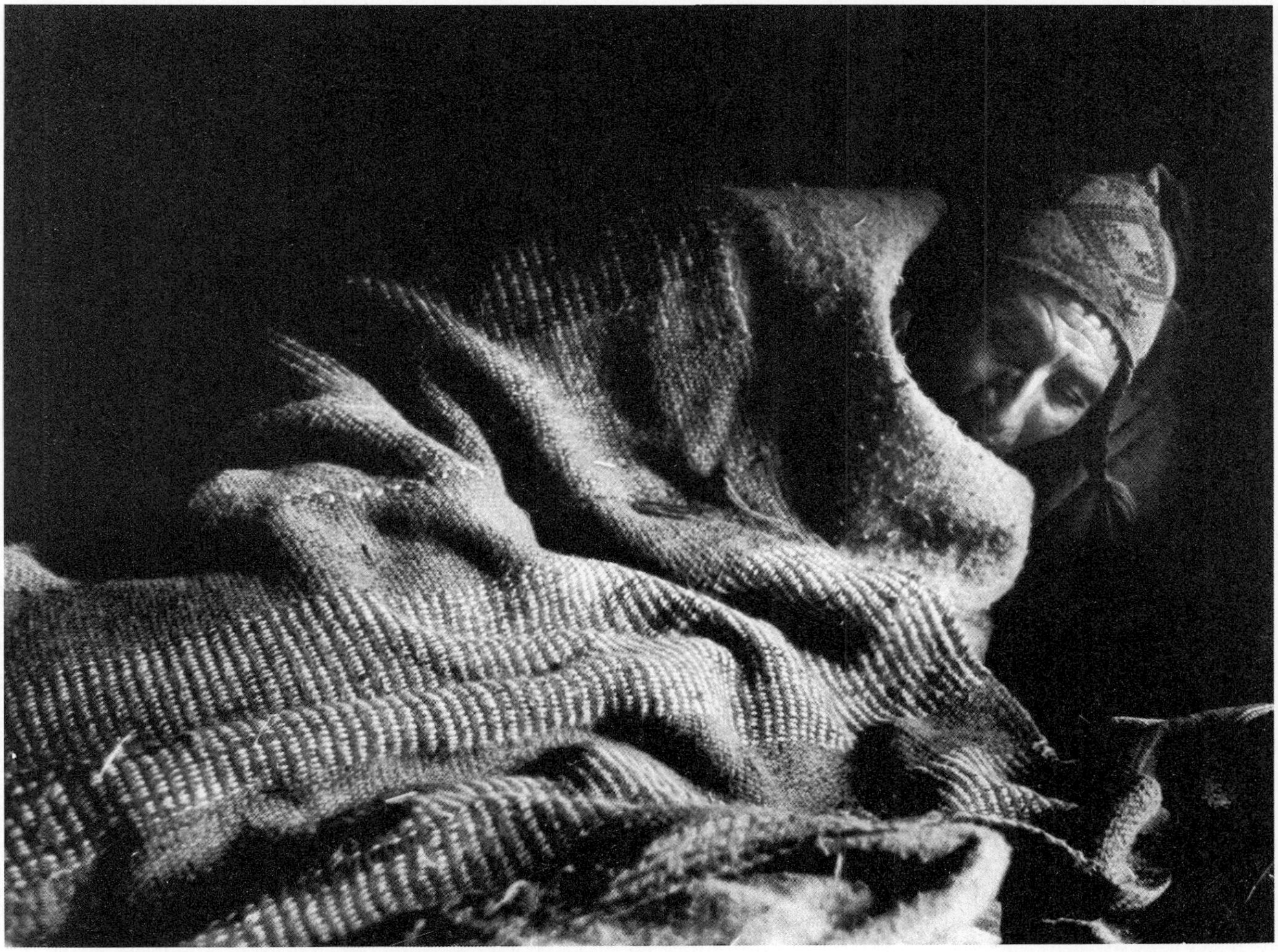

Samson

Ein Bärenjüngling verliebte sich einmal in eine Hirtin, die er darauf zu seiner Höhle brachte. Das Mädchen hielt er in seiner Höhle gefangen. Ja und bald darauf schwängerte er sie.
Ganze Taqes band er oben und unten zusammen und brachte sie so zur Höhle, der Bär. Sowohl eine Taqe Mais als auch eine voller Kartoffeln. Eine weitere Taqe mit Moraya.
Von all dem ernährten sie sich.
Bald gebar sie das Kind.
»Gut, bring mir jetzt eine Kuh, eine weiße, ohne auch nur ein Tüpfelchen Schwarz«, sagte die Frau. Auch das brachte der Bär. Er fand schließlich eine, aber er suchte Monat um Monat danach.
– Irgendein Tüpfelchen Schwarz haben die Kühe immer, sagt man, rein weiße gibt es nicht. Weiß, ganz und gar weiß sind sie nie. –
Gut, die Kuh war auch bald gegessen.
Die Frau hatte das Kind ja bereits geboren und schon nach einem Monat begann es zu laufen. Nach nur einem Monat lief es bereits. Und nach sechs Monaten konnte es bereits die Felstür der Höhle bewegen. Ja, der kleine Samson, das Samsonchen, klar, denn er war der Sohn des Bären, in einer Menschenfrau gezeugt. So war das.
Ein anderes Mal kehrte der Vater von einer Reise heim und fand seinen Sohn bereits auf dem kleinen Platz vor der Höhle sitzen. Er konnte bereits das Haus öffnen, die Felstür schon bewegen.
Der Bär begab sich wiederum fort und ließ ausreichend Nahrung bis zu seiner Rückkehr in der Höhle.
Und Samson war schon herangewachsen. Die Felstür bewegte er schon mühelos. Ja, er war kräftig, carajo. Die Bäume vermochte er auch schon umzubiegen, einfach so. Er war ein wirklicher Samson.
Eines Tages schickten Mutter und Sohn den Bären los. »Bring uns eine Kuh, die nicht einmal ein Tüpfelchen Weiß hat, ganz und gar schwarz soll sie sein, wie eingefärbt.«
– Aber in Wirklichkeit haben die Kühe immer ein wenig Weiß, an irgendeiner Stelle immer. –
Ganz und gar schwarz konnte er keine finden. So suchte der Bär ein ganzes Jahr. Übers Jahr kehrte er zurück und fand Samson nun schon als richtigen Jüngling, kraftstrotzend.
Wiederum schickten sie den Bären los, diesmal um alte Kartoffeln zu bringen. »Ich werde dich unten an der Brücke erwarten, mein Vater«, rief ihm Samson nach. Die beiden Samsone ließen die Frau in der Höhle zurück. Der Sohn sagte ihr noch:

»Jetzt gib gut acht. Wenn mein Vater mich töten sollte, dann wird roter Nieselregen fallen. Wenn ich meinen Vater töte, dann fällt blauer Nieselregen.«
Die Mutter soll tief bekümmert von der Höhle aus zugeschaut haben. »Was wird geschehen, nun wird er wohl meinen Sohn umbringen.«
Und tatsächlich, fast, fast, beinahe fiel roter Nieselregen. Aber nur fast, denn danach fiel blauer. Jetzt konnte sie erleichtert aufatmen. Den getöteten Vater warf Samson in den Fluß. Samson, der Sohn des Bären.
Er brach mit seiner Mutter von der Höhle auf, zu seinem Taufpaten. Ja, Samson hatte einen Taufpaten.
Einen großen Topf nach dem anderen aß Samson leer. Ja, er aß übermäßig. Der Taufpate konnte ihn nicht ertragen. Darum schickte er ihn in den Regenwald. »So wird mein Patenkind wahrscheinlich sterben, aber er ißt wirklich zu viel.« Er schickte ihn mit einigen alten Eseln, die eigentlich schon zu nichts mehr taugten, los.
»Belade sie mit Brennholz.«
So geht Samson also in den Regenwald, und während er Brennholz schneidet, reißt der Tiger alle seine Esel, er frißt sie.
»Carajo, du verdammter Hund, carajo«, schimpft Samson und rennt hinter dem Tiger her. Den, carajo, belädt er dann mit all dem Brennholz. Mit dem beladenen Tiger steigt er wieder hinauf zu dem Haus des Paten.
»Ja sag mal, wie ist es denn möglich, den Tiger zu beladen, dieses Tier? Geh rasch und bring ihn dorthin zurück, von wo du ihn hergebracht hast.«
Von dort kehrt Samson wiederum heim zum Paten.
Aber als er einmal in seinem Dorf kleine Kinder liebkost, bringt er dabei einige von ihnen um. Er liebkost sie und dadurch bringt er sie um. Und auch Männer, mit einem einfachen Fausthieb bringt er sie um, der Samson. Man erzählt von einer Kuh, die soll einen Abhang herabgestürzt sein. Die beförderte er mit einem einzigen Fausthieb an ihren Platz zurück, auf die Anhöhe.
Er war wirklich ganz Samson, ja, so war er.
Es gab damals ein Dorf, das von einem bösen Geist ausgelöscht wurde, nicht wahr. Dorthin schickte der Pate den Samson. Diesen Bären in Menschengestalt. Ein einziger Mensch lebte dort nur noch, hinter der Kirche. Der böse Geist hatte alle anderen bereits umgebracht. Dieser soll dort mit seinem Q'aricha, seinem Hund, umherspaziert sein.
Der einsame Mann sagte zu Samson: »Schau mich an, caray, der böse Geist hat mich schon fast geschafft, carajo. Er frißt uns auf.«
»Na warte, diesen bösen Geist wirst du jetzt kennenlernen. Mit diesem Koppel hier werde ich dem Lump eines überziehen, den werde ich töten, carajo.« Und so erwartete er ihn des Nachts im Haus.
»T'alaq – t'alaq – t'alaq«, so klingt es, als der böse Geist den Raum betritt. Viele Geister sollen sich versammelt und auf den Samson gestürzt haben.

Der aber: »Geist, carajo, ich werde dich auffressen«, zieht ihnen kräftig mit dem Koppel eins über. Carajo. Sie kämpfen, carajo, bis ins Morgengrauen hinein. Und fast, fast hätten die bösen Geister den Samson besiegt. Aber im Morgengrauen gibt er ihnen den Rest, tötet er die bösen Geister.
Von dem einsamen Mann läßt er sich darauf bedienen. Kräutertee in großen Tonkrügen, Brot und von allem möglichen oder von allem, was es in diesem Ort gibt, läßt er sich servieren.
Als er den Geist bei den ersten Lichtstrahlen am Firmament tötete, da stieg eine weiße Taube zum Himmel auf, sie soll aus der Kirche aufgeflogen sein. Und durch das Portal der Kirche kam ein feiner Herr.
»Komm, mein Sohn, iß dieses Brötchen hier«, sagte er zu Samson.
»Ay, du gibst mir dieses Brot, diese jammervolle Kleinigkeit, wie soll ich davon satt werden?« sagte Samson.
Aber nichts da, er konnte das Brötchen nicht einmal aufessen. – So wurde der Magen von diesem Samson verschlossen. –
Aber da er ein ziemlicher Dummkopf war, bestellte er sich große Töpfe mit Essen, die er allerdings auch nicht mehr aufessen konnte. Dort hat unser Gott den Magen des Samson zusammengezogen.
Damit endet die Geschichte. Bis hierhin und nicht weiter weiß ich davon.

Frage: Und wenn der böse Geist den Samson besiegt hätte?

Pascual: Dann hätte der ihm den Rest gegeben. Uns alle hätte er ausgelöscht. Dann hätte es keine Menschen gegeben.

Erzähler: Pascual Samata, 40 Jahre. Q'ero 1980

Der Schwiegersohn Kondor

Es heißt, der Kondor habe einmal ein Mädchen zu seiner Höhle verschleppt. Ein menschliches Mädchen. Zu einer Höhle, zu einem Loch in einer Felswand. Dort hielt er das Mädchen.
So war das.
Dann aber erzählte der Kolibri ihrem Vater davon: »Steh still, kleiner Kolibri – schwirr herum, kleiner Kolibri –, wessen Tochter mag wohl in der Felswand leben?«
Deshalb ergriff der Kondor den Kolibri und verschlang ihn. Durch den Hintern – pharr – entwischte er, flog er davon. Durch den Schnabel schluckte er ihn hinunter, und durch den Hintern schoß er wieder hinaus.
»Wieso, wovon werde ich wohl Durchfall haben?« soll der Kondor da gesagt haben.
Dann gebar das Mädchen ein Kind von dem Kondor. Und deshalb seilte der Kondor das Mädchen von dem Felsen ab, mit einem Strick, damit sie die Windeln wasche.
Sie wäscht die Windeln. Dann aber bindet sie eine Kröte an das Seil, und sie selbst geht zu ihrem Elternhaus.
»Bist du fertig?« fragt der Kondor.
»Ich bin noch hier, mein Bruder – t'aq, t'aq – t'aq, t'aq – t'aq, t'aq –«, ruft die Kröte unaufhörlich.
Als der Kondor die Kröte sieht, die das Mädchen dort angebunden hat, da sagt er: »Carajo, sie ist mir fortgelaufen. Sie ist zur Schwiegermutter gelaufen, carajo. Sie ist bestimmt nach Hause gegangen.«
Die Schwiegermutter bereitet unterdessen kochendes Wasser in einem Raki (Bieramphore mit weitem Hals) und stellt ihn in ein Loch, das sie in den Boden des Hauses gegraben hat. Darüber breitet sie ein Fell aus. Ja, die Schwiegermutter.
»Mein lieber Schwiegersohn, setz dich hierher auf das Fell«, sagt sie zum Kondor, der inzwischen angekommen ist.
Unwirsch, klar, setzt er sich ... und fällt in den Raki mit dem kochenden Wasser – t'aq, t'aq, t'aq – t'aq, t'aq, t'aq –, und so tötet sie ihren Schwiegersohn.
Ja, er stirbt.

Erzähler: Pascual Samata, etwa 40 Jahre. Q'ero 1980

Vom Uhu und dem jungen Mädchen

Frage: Der Uhu war ebenfalls Schwiegersohn?

Pascual: Ich wüßte nicht, daß er so richtig Schwiegersohn gewesen wäre. Nur einen Tag lang oder so war er Schwiegersohn, glaube ich. Der Uhu hat das Mädchen betrogen. Des Nachts soll er nämlich ein sehr hübscher Knabe gewesen sein, carajo, aber am Tag ein rotziger Alter, nicht tot und nicht lebendig.
Damals sagte er dem Mädchen: »Morgen wirst du kommen, um mir beim Pflügen zu helfen.«
Also ging das Mädchen zum Pflügen, ihm bei der Ackerarbeit helfen. Sie schaute sich um, fand aber den Uhu nicht. Nur einen rotzigen Alten, mehr tot als lebendig, der dort den Acker pflügte.
»Was mag das wohl für ein Alter sein, diese Rotznase«, sagte sie sich und ging weiter.
Dagegen war der Falke ein sehr gutaussehender Bursche. Er arbeitete auf seinem Acker, und sie half ihm dabei, dem Falken.
Carajo, am Abend kam aufgebracht der Uhujüngling zu dem Mädchen: »Ich ging dort deutlich sichtbar, carajo, den Mond beschämend, ja sogar die Sonne erniedrigend (mit seiner Ausstrahlung und Schönheit). Aber du bist zu deinem Geliebten gegangen, um ihm beim Pflügen zu helfen. »Und wo warst du«, sagte das Mädchen.
– Sieh mal an, selbst in den Erzählungen gibt es Eifersüchteleien! – Tags darauf ging sie wieder zu den Äckern. Aber dort war nur dieser schwächliche alte Rotzer. Das Mädchen schleuderte ihn wie ein zerlumptes altes Fell fort. Sie riß ihn in Stücke, und mit dem jungen Falken begann sie ein Verhältnis. Sie gab sich dem Falken hin, den Uhu aber, ihren Mann, tötete sie.
Schrecklich rotzig soll der gewesen sein. So war das.
Bis hierher geht diese Geschichte. Nur bis hierher kenne ich sie.

Erzähler: Pascual Samata, etwa 40 Jahre. Q'ero 1980

Vom Fuchs

Einst kam ein Fuchs in Gestalt eines heranwachsenden Jungen an ein Haus, in dem eine Frau das Abendessen zubereitete. Sie aßen gemeinsam. Nach dem Abendessen wies die Frau ihm eine Ecke des Hauses, in der sie ein Fell für ihn ausgebreitet hatte.

»Hier kannst du schlafen.« Und sie gab ihm sogar einige Stücke Zuckerrohr.

»In einem Winkel des Hauses, in einer Ecke des Hauses soll ich schlafen, sagst du?« fragte der Junge.

»Dann schlaf halt neben dem Mahlstein«, antwortete die Frau.

»In einem Winkel neben dem Mahlstein, in einer Ecke beim Mahlstein soll ich schlafen, sagst du?«

»Dann schlaf halt neben dem Herd«, bot die Frau an.

»In einer Ecke beim Herd, du weist mich in einen Winkel am Herd?« fragte der Junge wieder.

»Ja, wo bist du denn gewohnt zu schlafen?«

»Ich schlafe gewöhnlich im Bett meiner Mutter«, antwortete er.

»Na, dann komm halt her und schlaf an meiner Seite.« Sie rief ihn zu sich. Da schlüpfte der Knabe mit unter die Decke der Frau. Also, sie lagen gemeinsam in einem Bett. Der Junge begann, sie vorsichtig zu berühren.

»Das ist dein was?« Dabei faßte er sie an die Stirn.

»Meine Stirn.«

»Und das?«

»Meine Nase.«

»Und das?«

»Mein Mund.«

»Und das ist dein ...?«

»Mein Herz.«

»Und hier, das hier?«

»Mein Bauch.«

»Und das, was ist das?«

»Mein Nabel.«

»Und hier, etwas weiter unten?«

»Das ist die Brotzeit deines Papas«, kicherte sie.

»Und könnte ich von der Brotzeit meines Papas ein klein wenig probieren?«

»Na, dann probiere sie halt mal.« Und er probierte.

Der Ehemann und Hausherr war ins Tal gereist, und als er nun zurückkam, da war der Fuchs noch am Probieren. Man erzählt, die Tür war von innen versperrt.

»Mach die Tür auf«, rief der Mann.

Aber der Fuchs konnte sich nicht aus dem Schoß der Frau befreien.

»Wie soll ich aufstehen, ich bin vollkommen nackt«, sagte die Frau. Aber der Fuchs konnte nicht von der Frau herunter. Sie zog und zog, aber nichts.
»Beeil dich, mach die Tür auf«, rief der Mann draußen.
»Ich ziehe mir noch den Rock an, und meinen Pullover muß ich noch überstreifen«, antwortete sie. Man erzählt, auf gar keine Weise hätte der Fuchs seine Waffe aus den Geräten der Frau befreien können. Daher ergriff sie ein Messer und schnitt den Fuchs ab.
Der aber schrie: »Waaaaauh – atakau.«
»Jetzt hab ich auch noch das Baby getreten, beim Aufstehen, drum hat es so geschrien«, rief die Frau. Sicher hatte sie ein kleines Kind. Der Junge versteckte sich unter der Oca. Dort versteckte er sich, nun ohne Penis.
»Aufmachen«, rief der Mann wieder, und endlich öffnete ihm seine Frau: »Jetzt habe ich auch noch das Kind getreten, daß es so schreien mußte.«
Der Heimkehrer zündete eine Kerze an und erblickte den Fuchs. »Carajo, ein Fuchs im Haus?« Mit einem Stock prügelte er ihn hinaus, klar.
»Meine Ocas, meine kleinen Ocas«, rief bald darauf ein Junge von der Tür her. »Meine Ocas.«
»Wieso nimmst du diesem Kind Ocas weg?« schimpfte der Mann seine Frau. »Was, überhaupt nichts nehme ich ihm weg.«
»Meine Ocas«, schallt es von der Tür.
»Er wird wohl seine Ocas verloren haben, klar«, sagte die Frau und warf sie ihm hinaus. Ja, das wird sein Penis gewesen sein, der wird sich aus dem Schoß der Frau gelöst haben, seine kleinen Ocas. Man erzählt, daß er nun wieder Fuchs war, kein Mensch mehr. Eilig ging er fort.
»Kleb ihn dir mit etwas Spucke an, das wird schon halten.« Das riet ihm der Kondor. Er folgte diesem Rat und klebte sich seinen Penis wieder an. Aber als er an einem Bach vorbeikam, sprang der Penis davon – p'ultin – ins Wasser. Man erzählt von einer Frau, die an den Bach ging, um Wasser zu holen. Beim Schöpfen angelte sie ein Stück vermeintliches Fischfleisch, das sie mit in ihr Haus nahm. Sie klopfte es und freute sich darüber. Aber als sie es klopfte – pulchiq –, sprang es ihr unter den Rock, in den Schoß. Man erzählt, sie konnte es nicht einmal zum Kochen herrichten. Sogar mit einer Axt versuchte sie das Stückchen zu bändigen. Aber wiederum ... in ihren Schoß.
Wütend warf sie es vor das Haus. Der Fuchs, der draußen wartete, nahm es an sich und ging rasch fort.
Er begegnete einem Sperber, der ihm riet: »Du mußt ihn dir besser ankleben, mit Nasenrotz, sonst verlierst du ihn wieder.«

Erzähler: Carmen Lonasco (Foto), 19 Jahre. Q'ero 1979. Mit einigen Ergänzungen seines Großvaters, Mariano Samata, etwa 70 Jahre

Der alte Mann und die Schlange

Es gab einmal Eheleute, die waren so wie wir, schon hoch betagt. Auch ich bin bereits betagt, nicht wahr.

Wir ziehen diesen jungen Burschen auf, wie du weißt. Auch jene sollen jemanden aufgezogen haben.

Sie besaßen Tiere, eine beachtliche Anzahl Tiere. Ganz schön reich waren dieser alte Mann und die alte Frau.

Man sagt, sie hätten ein junges Mädchen aufgezogen, einen Teenager. Ein Mädchen, das gerade zur Frau wurde. Außerdem waren sie reich, besaßen viele Tiere. Aber dann starb das Mädchen, das sie liebevoll großgezogen hatten. Es verstarb. Man erzählt, sie hätten geweint, geweint, geweint: »Wie hat uns unsere Tochter zurückgelassen. Nein. Wer wird jetzt mit den Tieren, mit den Herden auf die Weide ziehen?« Sie weinten.

Schon sind acht Tage seit ihrem Tod verstrichen. Und nach den acht Tagen geht der Alte, der alte Mann, um Brennholz zu holen.

Er macht Brennholz, macht Brennholz, Brennholz, an jenem Ort, an dem es Brennholz gibt. Es heißt, er machte Brennholz, und nachdem er das Brennholz mit einem Seil gebündelt hat, setzt er sich nieder, um seine Kokablätter zu kauen. Das Bündel Brennholz ist fertig. Es liegt bereit, um aufgeladen zu werden.

Es heißt, er habe sein Brennholz weinend gemacht und auch seine Koka weinend gekaut.

»Also dann, jetzt werde ich aber gehen«, sagt er und erhebt sich. Auf seinem Bündel liegt eine kleine Schlange. So, so winzig ist sie, mit einem Rautenbandmuster. »Das ist sicher meine Tochter, die Seele meiner Tochter. Meine Tochter ist erschienen, weil ich weine«, sagt der Alte. Und er nimmt die kleine Schlange liebevoll in seiner Hand mit sich. Er bringt sie zu seinem Haus.

Als er sie nach Hause bringt, da sagt er zur Alten: »Ich habe unsere Tochter gefunden. Wozu weinen wir noch, unsere Tochter ist erschienen.«

»Wo ist sie?« fragt die Alte. Sie schaut sie an und: »Was zum Teufel hast du mitgebracht? Wie wird die da unsere Tochter sein«, sagt sie. Und weil sie das gesagt hat, soll die kleine Schlange sie wahrhaft gehaßt haben. Diese ihre Tochter. Man sagt, sie habe die alte Frau sehr wild angeschaut. Züngelnd fixierte sie sie. Bei dem Mann, beim Alten jedoch schmeichelte sie sich ein.

Noch konnte er sie in einem Streichholzschächtelchen aufziehen. In einem Streichholzschächtelchen zog er sie auf, und er schnitt sich, um sich Blut abzunehmen, der Alte. Dieses sein Blut ließ er sie lecken, und damit zog er sie heran, in der Schachtel.

Und so wächst sie, wächst halt. Schon ist es soweit, daß sie die Schachtel sprengt. Sie sprengt das Streichholzschächtelchen.

Und er gibt ihr sein Blut zu essen. Er zapft sich Blut ab und läßt es sie trinken. Er läßt die Schlange trinken.
Bald schon muß er ein Lämmchen schlachten, und er gibt ihr das Blut des Lämmchens zu trinken. Das Blut eines Lämmchens gibt er ihr bereits. So kommt es, daß sie schon recht groß ist. Schon schafft sie das Blut eines Lämmchens.
Sie ist bereits herangewachsen. Das Lamm verzehrt sie längst mit Fleisch und allem.
Und von da ab und alsbald braucht sie ein Mutterschaf. Der Alte zapft einem Mutterschaf das Blut ab, und auch das verschlingt sie. Und danach sogar das Mutterschaf mit seinem Fleisch und allem.
»So ist das, carajo. Und was werde ich nun tun?« Sie ist schon ganz ansehnlich. Dutzendweise verschlingt sie die Schafe.
Längst ist sie groß. Längst mißt sie zwei Klafter. Längst mißt sie acht Klafter. Sie wächst.
Da soll der Alte der Schlange Aufgaben gegeben haben. »Geh die Tiere hüten!« Blitzschnell lief die Schlange und erklomm die Pässe wie nichts. – Q'achaq, q'achaq, q'achaq – schwungvoll treibt sie die Schafe und Lamas zusammen. Und sie hinterläßt auf den Sandflächen Spuren wie von hingeworfenen Baumstämmen.
»Meine Schafe hat sie bereits alle aufgefressen, soweit ist es schon gekommen. Sie verschlingt sie im Dutzend.«
Da ging der Alte in den Ort und erstattete dem Bezirkspräfekten und dem Richter Anzeige. »Also, ich habe sie großgezogen, und jetzt geschieht mir solches.«
Die Obrigkeit sagte ihm: »Na so was, carajo. Das darf nicht sein. Wir werden ein Haus aus Eisen anfertigen lassen. Denn sonst können wir die Schlange auf gar keine Weise töten. In dem eisernen Haus werden wir sie dann mit Feuer töten können.
Der Alte erstattete also Anzeige. Sie gaben das Haus in Auftrag. Es wird schon daran gearbeitet. Alles aus Eisen. Viele Klafter tief, heißt es, bohren sie in den Boden, errichten sie Stützpfosten aus Eisen.
»Dieses Haus aus Eisen, damit du darin schlafen kannst, damit du gut leben mögest, lasse ich dir errichten«, sagte das Alterchen und hinterging so seine Tochter.
Mittlerweile soll sie die Schafe schon zu Hunderten verschlungen haben, die Schlange.
Alsbald ist das Haus fertiggestellt, und die Männer besprechen sich. Danach tragen sie Brennholz zusammen. Die Männer bringen es herbei, sie sammeln es.
»Schau her, jetzt habe ich dir das Haus fertigstellen lassen«, und der Alte führt die Schlange zu dem metallenen Haus. Sie streckt sich also in dem Haus aus, legt sich zur Ruhe.
Der Alte verläßt das Haus und schließt es, er sperrt es mit einem Vorhängeschloß zu.

Carajo. Fast hebt die Schlange das Haus in die Luft, das Haus aus Eisen, so sehr springt sie. Während sie sich so gebärdet, legen die Männer das Feuer, mit trockenem Buschwerk und kleinem Geäst verbrennen sie sie. – So, wie ich es auch von der Maus erzählt habe, genau so, rundherum legen sie das Feuer. –
Carajo, sie springt – pataq, pataq –, sie soll toben – atan, atan, atan –, fast hebt sich das Haus in die Luft, fast wirft sie es um, caray, während die Flammen des Feuers höher schlagen.
Später kühlte das Haus nur sehr langsam wieder ab. Die Obrigkeiten sagten dem Alten: »Du sollst nicht nachschauen. Erst wenn acht Tage verstrichen sind, wenn alles abgekühlt ist, dann werden wir nachschauen.«
Aber der Alte ging, als das Haus abgekühlt war, nachschauen.
Bis zu dem Tag, den sie festgelegt hatten, fehlten noch zwei oder drei Tage. »Und was ist meiner Tochter geschehen?« sagte er, öffnete und schaute nach.
Es sollen dort Goldmünzen aufgetürmt gewesen sein. Die Schlange hatte sich in Geld verwandelt. Unglaublich viel Geld war dort aufgetürmt. »Klar, dieses Geld werden sie mir alles wegnehmen, nicht wahr. Und dabei hat sie so viele meiner Schafe gefressen«, sagte er sich, als er das Geld an sich nahm.
In einer großen Kiste hat er es eingelagert. Es soll in der Nähe einen See gegeben haben. Dorthin hat er die Kiste gebracht.
»Wie sollen sie die Kiste hier finden?«
In das Seeufer steckte er einen Pflock, an den er ein Seil band. So hat er die Kiste mit dem ganzen Geld in dem See versenkt. In dem See. Aber in dem Moment, als er die Kiste in dem See versenkte, da hat ihn – p'ultin – der See hinuntergezogen. Damals ist der Alte umgekommen. Die Schlange hat ihn unweigerlich verschlungen, selbst noch in Geld verwandelt.
Damit endet die Geschichte.

Erzähler: Mariano Samata (Foto), etwa 70 Jahre. Q'ero 1979

Der Dummkopf, der zwei Dörfer rettete

Eines Tages sagten die Eltern zu ihrem stinkfaulen Jungen: »Du Faulpelz, carajo. Wenigstens deine Läuse könntest du dir knacken. Wenigstens deine Boshaftigkeit könntest du ablegen. Scher dich zum Teufel!« Er ging tatsächlich. Er brach also auf zum Haus des Teufels. Auf einen Hügel, so einen wie diesen hier, soll er gestiegen sein. Dort lag das Fell eines Lamas, das vom Puma gefressen worden war. Das soll dort gelegen haben. Er nahm es mit sich, stieg weiter auf den Berggipfel und schlief dort, mit dem Fell zugedeckt.
Dorthin kamen auch die Kondore. Es kam einer, andere trafen ein, aber das Oberhaupt der Kondore konnte noch nicht erscheinen. Der Anführer der Kondore. Deshalb unterhielten sich die Kondore noch miteinander. »Da ja unser Anführer noch nicht erschienen ist, werden wir uns solange unsere Geschichten erzählen.« So sagten sich die Kondore.
»Ay, in meinem Dorf gibt es gerade großes Sterben. Es gibt überhaupt keine Rettung. Unterhalb des Dorfes ist ein roter Teich. Er ist es, der dieses Dorf, diese Leute verzehrt.« So soll einer der Kondore erzählt haben. »Das einzige Gegenmittel ist der Stein des Kondors«, erzählte er. Der Junge unter dem Fell hörte dabei zu.
Ein anderer Kondor erzählte: »In meinem Dorf herrscht Wassermangel. Dabei gäbe es oberhalb des Dorfes welches. Es gibt dort eine Wasserader. Unter einem Quarzstein gibt es einen Wassergraben, unterhalb dieses Steines ist Wasser versteckt. Dort gibt es Wasser.«
Unterdessen, carajo, kam ihr Anführer.« Lloqeq«, sagte er, »carajo!« Er kam an, carajo. Dieser Kondor verfügte über Steine.
»Ah, Wallawisa – Kunturwisa – Wallawisa – Kunturwisa, carajo«, sagte er und cholloq – cholloq – cholloq klang es, als er seine Steine auf dem Boden ausbreitete. Die Kondore sollen versucht haben, das Lamafell zu ergreifen für ihr Oberhaupt (als Sitz). Da aber soll sich der Dummkopf (der Junge) erhoben haben, »aaaaah, carajo!« geschrien und sich die Steine des Kondors genommen haben.
Der Dummkopf ging dann später zu dem Dorf mit der Krankheit. Dort soll es Fähnchen gegeben haben, wie sie an den Häusern aushängen, die Maisbier verkaufen. Man sagt, solche gab es auch dort.
»Verkauf mir Maisbier, Frau«, soll er gesagt haben.
»Wir sind in Trauer, in Leid. Und da wird es ausgerechnet für dich Maisbier geben«, soll sie ihm geantwortet haben.
»Ah, carajo, vielleicht hätte ich dieses Dorf heilen können, carajo«, antwortete er. Da erst sollen die Dorfbewohner sich gesagt haben: »Vielleicht, womöglich könnte er Gott sein oder so jemand.« Sie beteten, und nach dem Beten luden sie ihn ein. Sie boten ihm auch Maisbier an. Sie reichten ihm Essen.
– Na also. –

»Ich werde dieses euer Dorf im ganzen heilen. Für dieses Dorf gibt es ein Heilmittel«, sagte er ihnen.
Unterhalb des Ortes gab es einen roten See, einen Teich. Er warf die Steine des Kondors – p'ultin – in den Teich. Dabei soll dieser zu brodeln begonnen haben, so wie der Kochtopf brodelt, genau so. Brodelnd hätte er den Dummkopf fast überspült. Nur mit Mühe konnte er eilends entkommen.
Seither sollen die Kranken genesen sein. All diejenigen, die krank waren, am äußersten Rand des Todes standen. Alle sind genesen.
Der Dummkopf ließ sich bedienen, carajo. Dermaßen viel Geld ließ er sich bezahlen, carajo.
Zu dem anderen Dorf, von dem der andere Kondor gesprochen hatte, dorthin, sagt man, ging er auch.
Er betritt den Ort, und es gibt dort ebenfalls eine Fahne, die den Maisbierverkauf anzeigt.
»Frau, verkauf mir Maisbier.«
»Wie sollte es Maisbier geben, auch noch für dich? Wir kaufen sogar das Wasser, und damit machen wir das Maisbier. Und ausgerechnet für dich Tagedieb!«
»Carajo, aber sicher gibt es Wasser, ich werde das Wasser beschaffen«, sagt er zu ihnen.
»Sollte er Gott sein, carajo, oder was könnte er sein?« so fragen sie sich untereinander. Die Dörfler beraten sich. Sie halten eine Versammlung ab und laden den Dummkopf zu Maisbier ein. Sie reichen es ihm. Auch mit Essen bedienen sie ihn. Dann macht er sich auf den Weg. Er bittet um sechs Kilo Kokablätter, erbittet eine Stange, Spitzhacke und Schaufel. »Am Kopfende der Ortschaft gibt es Wasser«, hat der Kondor gesagt, klar. Und tatsächlich gibt es dort einen Wassergraben. Es gibt dort ein Stück versumpfte Weide, allerdings ausgetrocknet.
– Diese Stellen, nicht wahr, die ständig ein wenig feucht sind. – So soll auch dieser Platz feucht sein.
»Da ist es ja, carajo«, sagt er sich. Er kaut dort seine Kokablätter. Mit der Stange sitzt er dort beim Kauen. Mit der Stange klopft er – bum; klingt das, bum, bum –, und schon weiß er Bescheid. Er scharrt und sucht mit der Spitzhacke, klar. Und dann stößt er auf eine Spalte im Gestein. Mit der Stange bricht er die Spalte auf und findet eine Wasserader. Schon ist es soweit, das Wasser fließt.
Die Dörfler laden ihn ein. Maisbier, Cognac, Champagner, Bier, zu allem laden sie ihn ein. Er nimmt alles. An Ort und Stelle besäuft sich der Dummkopf, und feiert, und die Dörfler tragen ihn in einer Sänfte.
So wurde aus dem Dummkopf ein Herr. Schon wird er zum Bürgermeister gewählt. Dann übernimmt er das Amt des Provinzpräfekten, carajo. Und da ist es ihm gut ergangen. Er hat das nicht mehr verloren.

Erzähler: Mariano Samata, etwa 70 Jahre. Q'ero 1979

Die Heilung der verhexten Frau

Es gab einmal einen Mann, der war als Botengänger unterwegs, als es dunkelte. Die Nacht brach herein, als er noch unterwegs war. Deshalb übernachtete er in einem Unterschlupf in den Felsen. Er schlief in einer Felshöhle.

Oberhalb davon übernachteten die Falken. Die Falken unterhielten sich noch miteinander: »Es heißt, eine Frau sei erkrankt. Sie ist krank. Weder lebt noch stirbt sie. Aber sie ist nur scheinbar krank. Sie soll schon stark angeschwollen sein. Der Mann der Erkrankten hat sie durch den Paqo behandeln lassen.«

Die Falken erzählten weiter: »Er läßt sie mittlerweile von zwölf Paqos, von zwölf Ch'umpis behandeln. Aber das, woran die Frau erkrankt ist, können weder die Paqos noch die Ch'umpis herausfinden!«

Der andere Falke soll darauf geantwortet haben: »Ihre Tochter, ihre eigene Tochter, die Tochter der Frau hatte ihr das Haar gerichtet. Aber sie tat es nicht mit Sorgfalt, nicht so, wie die Mutter ihr aufgetragen hatte. Deshalb schlug die Mutter ihre Tochter, sie schlug sie, sie verdrosch sie. Die Tochter wusch der Frau damals die Haare, das Kopfhaar der Mutter. Dabei fielen einige ihrer Haare auf den Boden. Die Tochter sammelte diese Haare ein und band sie einer Kröte um. Das tat ihre Tochter. Nachdem sie die Haare an der Kröte befestigt hatte, band sie diese an. In dem Haus gibt es eine Wasserrinne an der Tür. – In unseren Häusern sind manchmal Wasserrinnen, nicht wahr. – Dort drinnen band sie die Kröte an, unter den Abdecksteinen. Und deshalb ist die Frau jetzt krank. Und weder die zwölf Paqos noch die zwölf Ch'umpis finden die Kröte. Ja, so ist das. In der Wasserrinne des Hauses sitzt die Kröte und schwillt an, wegen der Haare, die um sie geschlungen sind. Und deshalb ist auch die Frau angeschwollen. Manchmal geht es ihr besser, aber dann schwillt sie wieder an. Sie erholt sich wieder, und von neuem schwillt sie an.«

Es sollen zwei Falken gewesen sein, die dort übernachteten und miteinander sprachen. Und der Mann konnte alles hören, da er in der Höhle unterhalb der Felsen war. Dann dämmerte auch schon der Tag. Und da die Falken davon gesprochen hatten, daß der Ehemann viele Tiere besitze und überhaupt wohlhabend sei, ging er dort hin.

In dem Haus sind zwölf Paqos und zwölf Ch'umpis. Der Hausherr bedient die Paqos mit gebratenem und gekochtem Fleisch. So ist das, als er ankommt.

»Oh, sie ist erkrankt? Aber die Paqos werden sicher die Ursache ihrer Krankheit gefunden haben«, sagt der Mann.

»Sie läßt sich nicht finden«, antwortet der Ehemann.

»Ah, man muß sie schon finden können. Und warum laßt ihr euch zu gebratenem Fleisch einladen, obwohl ihr die Ursache nicht findet? Wieso eßt ihr bereits?« Das hält er den Paqos vor.

»Schau her, nach inständigem Bitten sind wir schließlich hier hergekommen und haben feierlich Kokablätter gekaut und geweissagt. Und wenn man uns schon einlädt, dann ist es doch selbstverständlich, daß wir auch essen«, sagen ihm die Paqos darauf.
»Na so was! Dann ladet wenigstens auch mich zum Essen ein«, sagt der Mann. Und sie geben ihm ein warmes Essen.
Die Paqos liegen in ihre Decken gewickelt zum Schlafen bereit und unterhalten sich. Sie haben sich bequem ausgestreckt und essen zu Abend.
»Na wartet, carajo.« Der Mann findet an der Tür des Hauses, so wie die Falken es erzählt hatten, eine Wasserrinne, die mit einem flachen Stein zugedeckt ist. Er öffnet den Graben und schaut hinein.
»Da ist sie ja, carajo.« Und da ist wirklich die Kröte angebunden. Die Haare schnüren den Kopf ein, der schon ganz rot angelaufen ist. Er bindet sie los.
»So hätten die Paqos das auch finden können, carajo. Und dennoch lassen sie sich mit Gebratenem bedienen«, und er wirft sie alle aus dem Haus, carajo. Alle Paqos verschwinden.
Ja, so fand er die Kröte und band sie los. In Wein baden sie die Kröte und lösen vorsichtig die Haare. Jetzt endlich erholt sich die Frau, sie gesundet.
Der Hausherr besaß ein gutes Maultier, und damit entlohnte er den Mann. Auf dem Rücken dieses Maultiers zog er davon.
Hier endet die Geschichte.

Erzähler: Mariano Samata, etwa 70 Jahre. Q'ero 1979

Der Dummkopf und der Teufel

Es gab einmal jemanden, der war ein Dummkopf. Er soll mit seiner Mutter zusammengelebt haben, die eine gute Frau war.
Es heißt, sie hätten ein Schwein groß gepäppelt für den Monat Februar. Da kam ein wandernder Händler zu ihnen. »Bist du Februar?« fragte ihn der Dummkopf. »Das bin ich«, sagte ihm der Händler. »Dann ist dieses Schwein für dich«, sagte der Dummkopf, »nimm es mit.«
Deshalb hat seine Mutter ihn geschlagen und ihn durchgebeutelt. Sie zogen los, hinter dem Händler her, und es soll bei anbrechender Dämmerung gewesen sein, als die Mutter zu dem Dummkopf sagte: »Sei so gut und geh rasch zurück, ich habe das Haustürschloß vergessen.«
Der Dummkopf ging zurück. Er hob die Tür aus den Angeln, lud sie sich auf und trug sie hinter seiner Mutter her.
Beim Gehen, als er so ging, da wurde es Nacht. Er legte sich auf einem Felsblock zum Schlafen nieder und deckte sich mit der Tür zu.

Mit einem Mal kamen die Teufel, und aus dem Felsinneren holten sie einen Tisch. An den vier Ecken des Tisches stellten sie Kerzen auf, die sie anzündeten. Sie schütteten einen Sack voll Geld über dem Tisch aus und begannen es zu zählen. Ziemlich viel Geld. Sehr viel.

Im Halbschlaf trat der Dummkopf unter die Tür und schleuderte sie so fort – chakaq –, die Tür flog fort und fiel direkt auf den Tisch. Wohin mögen sich wohl die Teufel geflüchtet haben. Klar, daß die Teufel ihr Geld zurückgelassen haben.

Dann brach auch schon die Morgendämmerung herein. Bestimmt tagte es in diesem Augenblick.

Das Geld war sehr viel wert. Der Dummkopf hat es zu seinem Haus geschafft, er lud es auf. Mit einem Esel transportierte er das Geld zu seinem Haus. Der Dummkopf mit seiner Mutter.

Später soll der Teufel ihn gesucht haben. Ja, der Teufel hat nach ihm gesucht: »Wo ist dieser Dummkopf, carajo. Wo hat er mein Geld hingeschafft. Ah, da ist ja der, der es mitgenommen hat.« Aber vorher konnte sich der Dummkopf noch verstekken. Er hielt sich verborgen. Man sagt, seine Mutter habe gerade ein Schwein geschlachtet. »Das ist der Dummkopf«, sagte sie.

Unverfroren reichte die Mutter dem Teufel das Schweinefleisch. Sie hatte es sehr sorgfältig in Wasser geputzt und enthäutet. Der Teufel wird wohl davon gegessen haben; oder was sonst mag er mit dem Fleisch getan haben.

»Das ist nicht der Dummkopf«, sagte der Teufel, als er das Schweinefleisch zurückgab.

Dann übergoß der Dummkopf alles mit Petroleum, oder mit was mag es sonst gewesen sein, und zündete es an. Das Feuer näherte sich dem Teufel, denn der Dummkopf hatte ihn im Haus eingeschlossen, mit einem Vorhängeschloß. Das Feuer vernichtete den Teufel im Haus, klar.

Das tat der Dummkopf. Er hat den Teufel ins Jenseits geschickt, oder wie mag das wohl gewesen sein? Aber der Dummkopf verblieb mit dem vielen Geld.

»Kann Geld auf dem Acker wachsen?« fragte er jemanden. Und dann begann er auch schon, das Geld auszusäen. Er legte einen Acker an.

»Das Geld wird sich vermehren, es wird sich gut fortpflanzen«, sagten die anderen. Und so brachten sie ihn dazu, das Geld auszusäen. Das waren bestimmt die anderen Männer des Ortes. Sie rieten ihm, auf einem großen Feld zu säen.

Und später sollen sie das Geld gegen Bohnensamen ausgetauscht haben. Sie nahmen das Geld aus den Löchern und setzten Bohnen an seine Stelle.

Später sprossen die Bohnen. Die Leute sagten ihm: »Da schau her, das Geld ist angegangen und wächst.« Und der Dummkopf war glücklich. Aber als sie dann Früchte trugen, da sah er, daß es lediglich Bohnen waren, die sich vermehrten und kein Geld.

Erzähler: Sebastian Quispe (Foto), etwa 26 Jahre. Q'ero 1979

Die drei Brüder und der Teufel

Es gab einmal drei Brüder, drei Menschen. Einer von ihnen besaß eine Feuerwaffe. Der Älteste, er besaß die Feuerwaffe, und der andere, der Mittlere, besaß eine Machete. Der Jüngste hatte eine Peitsche.
– Es gibt solche von mittlerer Größe, nicht wahr, mit einem Schlaufengriff, um sie hängend mitzutragen. –
Der Jüngste soll auch seine Gerätschaft und einige andere Dinge bei sich gehabt haben.
Damals trafen sie den Teufel. Er kam des Weges. »Wohin geht ihr?« fragte er.
»Wir gehen zum Haus des Teufels«, sagten die Brüder.
»Hört mal, ich habe viel zu arbeiten. Laßt uns zusammen arbeiten. In meinem Haus gibt es eine Menge Feuerwaffen, viele Macheten. Von allem gibt es, auch zahlreiche Peitschen«, sagte der Teufel. Er nahm dem Ältesten sein Gewehr weg, er hat es ihm fortgenommen in der Absicht, ihn zu fressen. Auch hat er dem Mittleren seine Machete abgeluchst. Er nahm sie ihm ab.
Aber der Jüngste sagte: »Nein, nein, carajo! Du wirst mir die Peitsche nicht wegnehmen, carajo. Weder meine Peitsche noch meine Gerätschaft. Nein! Die hast du mir nicht abzunehmen. Mein Vater hat sie mir gegeben, sowohl die Peitsche als auch die Gerätschaft. Die kannst du mir nicht fortnehmen.«
Und er hat sie ihm auch nicht fortgenommen.
– Na, schaun wir mal, carajo. –
Und während er so versuchte, ihnen ihre Dinge abzuluchsen, gelangten sie zum Haus des Teufels.
Die beiden älteren Brüder hat der Teufel gefressen, so daß von ihnen nur die Köpfe blieben. Dann carajo, na warte, carajo, dem Jüngsten mit der Peitsche, carajo – der hat diese fest im Griff – befahl er dann. – Ich weiß nicht, was er ihm befohlen hat, aber er hat ihm befohlen. – Die alte Teufelin sollte für den Alten Kräutertee in einem Tonkrug kochen. »Sobald du einen Tee von der Señora getrunken hast, wirst du aufbrechen. Sag ihr, dein Herr bäte um einen Tee der Señora«, sagte der Teufel. Aber der Tee kochte noch nicht. »Gesalzene Scheiße, carajo, Scheißalte«, sagte er und entriß ihr den Tee, wobei er ihr eins mit der Peitsche überzog.
»Also, dort sind unsere Kühe, sehr viele. Du mußt sie zählen«, befahl der Teufel. Da er dem Jüngsten seine Peitsche nicht hatte wegnehmen können, wurde dieser sein Angestellter. Aha, so war das, er wurde sein Landarbeiter.
Er zog also los, um die Kühe zu zeichnen, um sie zu zählen. Dabei soll er aber allen Kühen die Schwänze und die Füße abgeschnitten haben. Einfach abgeschnitten, die Schwänze und die Füße.
»Ja, deine Kühe waren sehr unbändig, deshalb habe ich ihnen diese Dinge abgeschnitten«, sagte er.

»Ah, carajo, und warum hast du ihnen das abgeschnitten? Das darf man ihnen nicht abschneiden«, rief der Teufel.
Alsdann schliefen sie.
Am nächsten Morgen trug ihm der Teufel auf: »Dort ist ein Weizenfeld. Dies wirst du sehr sorgfältig mähen. Du sollst den Weizen mähen. Von der Señora erbitte dir einen Tee, und mit diesem Tee als Frühstück wirst du aufbrechen.«
Aber die alte Teufelin hatte den Kräutertee wieder nicht fertiggekocht. Er zog ihr mit der Peitsche eins über, carajo.
»Zum Teufel, wofür, zum Teufel, wird der Herr diesen angestellt haben, der so zu schlagen fähig ist.« Weinend und schreiend gab ihm die alte Teufelin den Tee. Den alten Teufel beschimpfte sie: »Wen hast du da eingestellt! Jemanden, der auszupeitschen versteht.«
Der Jüngste brach auf, und er hat dem Teufel die Gerste in Brand gesteckt, indem er sie mit Streichhölzern anzündete. Vollständig soll die Gerste abgebrannt sein. Auch den Weizen hat das Feuer restlos verbrannt. Später sagte er: »Es war so schwierig zu mähen, denn dein Weizen war nur knapp über der Erdoberfläche. Deshalb habe ich ihn verbrannt.«
»Ah, carajo, wozu hast du den Weizen verbrannt, carajo. Das, carajo, das mit meinem Weizen kann ich dir nicht verzeihen, carajo«, sagte der Teufel.
»Scheiße, carajo«, der Jüngste prügelte den alten Teufel, carajo, mit der Peitsche. Er zog ihm mit der Peitsche eins über und tötete ihn so, carajo. Dann trat die alte Teufelin ein, carajo. Die Alte hat er ebenfalls getötet, carajo. Er hat alle umgebracht, carajo.
So konnte er, indem er sie tötete, carajo, sich sogar als Herr niederlassen, carajo, im Haus des Teufels. Nun gab er die Anweisungen.
Damit endet die Geschichte.

Erzähler: Mariano Samata, etwa 70 Jahre. Q'ero 1979

Der Geisterjüngling

Einstmals lief ein junger Mann mit dem Mädchen, das er liebte, von zu Hause fort. Ihre Eltern hatten nicht gewollt, daß sie zusammenlebten, und deshalb sind sie fortgelaufen.
Der Jüngling ließ das Mädchen in einer Höhle zurück, denn er ging noch einmal zu seinem Haus. In das Haus seiner Eltern. Nachts kochte er sich seine Verpflegung und bereitete sein Bündel. Da versetzte ihm sein Vater einen heftigen Schlag. Sein Vater schlug ihn tot. Das tat sein Vater. Und dann beerdigte er seinen Sohn, nicht wahr. Er bereitete ihm seine acht Trauertage, und am achten Tag ließ er für ihn beten. Diese acht Tage hat das Mädchen in der Höhle gelebt. Sein achter Tag ging

vorüber, und als die acht Tage nun verstrichen waren, da lebte das Mädchen noch immer dort.
Nach den acht Tagen soll der Jüngling losgegangen sein. Er kam, mit seinem Bündel auf einem Lama, zu dem Mädchen.
Der Vater hatte ein Lama geschlachtet, als er für ihn beten ließ. Eben dieses Lama. Und er hatte auch von allem bei sich, ausreichend Speisen. Dann brachen sie auf, gingen los, verließen die Höhle.
Sie gelangten damals zu einer alten Frau. Aber der Jüngling mochte nicht in ihrem Haus schlafen. Er schlief unter freiem Himmel.
In der Nacht ging die Alte hinaus zum Pinkeln. Es soll dort eine blaue Kerze geleuchtet haben, und das Mädchen war, so heißt es, fest am Schlafen. Aber an ihrer Seite lag der junge Mann in den »Kleidern des anderen Lebens«.
Am nächsten Morgen sagte die Alte zu dem Mädchen: »Dein Jüngling ist im ›anderen Leben‹, deshalb ist es dir nicht gut ergangen.«
Der Jüngling ging das Lama anpflocken und ließ das Mädchen solange zurück. Da sagte die Alte: »Nein, carajo, du sollst so nicht leben müssen. Ergreif die Flucht!« Die alte Frau soll ihr einen Spiegel und einen Kamm mitgegeben haben. Ja, einen Kamm hat ihr die Alte gegeben und außerdem eine Sacknadel, ja, eine Sacknadel.
Und während der junge Mann das Lama anpflocken ging, lief sie heimlich fort. Zornig rannte der Geist, der Jüngling, los. Jetzt war er Geist. Er schrie. Da soll sie den Spiegel von sich geschleudert haben, und der Spiegel verwandelte sich in einen See. An diesem See kam er nicht vorbei. Währenddessen konnte sie sich schon weiter entfernen.
Nachdem der Jüngling endlich den See passiert hatte, da warf sie auch den Kamm. Aus dem Kamm entstand eine endlos scheinende Kette von Bergpässen. Und während er sie überstieg, da war sie schon sehr weit fort. Als er schließlich auch diese überwunden hatte, da warf sie die Sacknadel, und es erschienen Felsen und mächtige Gesteinsbrocken, aber die konnte er nicht übersteigen, carajo.
Endlich kehrte der Geist um, da er das Mädchen nicht mehr einholen konnte. Diese Dinge retteten das Mädchen, ja.
Inzwischen war der Geisterjüngling wieder bei der Alten angelangt. »Warum hast du meiner Geliebten das geraten? Tanz, tanz und tanz!« Er ließ die alte Frau tanzen, carajo. Er nahm sie bei den Händen und ließ sie heftig tanzen. Und da er sie so sehr tanzen ließ, starb die alte Frau.
Damit endet es.

Erzähler: Mariano Samata, etwa 70 Jahre. Q'ero 1979

Die Kinder und der Geist

Es gab einmal zwei Kinder, die lebten in einem Haus wie diesem hier. Seinerzeit gelangte der Kukuchi, der Geist, dorthin. Eines der beiden Kinder konnte entkommen, aber das andere hat der Kukuchi gefressen. In einigen Häusern gibt es Rauchabzüge im Dach, nicht wahr. Durch solch einen konnte der Kleine entkommen.
»Kleiner, Kleiner«, rief der Kukuchi.
»Alter«, rief der Junge, wiederum aus dem Inneren des Hauses.
»Kleiner« - »Alter«, und wieder war er draußen. Der Junge entkam durch den Rauchabzug im Dach.
»Kleiner!« - »Alter?« antwortete er, nun wieder aus dem Inneren.
»Kleiner!!« - »Alter?« Wieder ist er außerhalb. Der Junge ist wieder draußen, aber er sagt nicht, daß er draußen ist. Nein, der Kleine sagt davon nichts. Der Kukuchi sagt sich das.
Und so soll der Junge es mit dem alten Geist getrieben haben.
»Junge!« - »Alter?« Und wieder ist er im Haus.
»Junge!« - »Alter?« Und wieder ist er draußen.
Er schlüpft hinaus, und wenn der Kukuchi von draußen ruft, dann ist der Junge schon wieder drinnen. Und wenn er von drinnen ruft, dann ist der Junge bereits wieder draußen.
Und währenddessen krähte plötzlich der Hahn - qoqori -. Beim Hahnenschrei floh der Geist. »Wau, wau, wau!« schrie er.
Entfloh er durch die Luft oder den Boden?
So entkam der Kleine. Später hat er alles seinen Eltern erzählt.
Das war schon die ganze Geschichte.

Erzähler: Mariano Samata, etwa 70 Jahre. Q'ero 1979

Der Fuchs und die Maus

Es gab einmal einen Gemüsegärtner, dessen Garten langsam leergefressen wurde. Man fraß ihn ihm leer. Deshalb rieten sie dem alten Gärtner folgendes: »Hör mal, mach dir doch eine Puppe aus Pech und stell sie vor dem Ausgang des Mauselochs auf.« Er stellte sie, wie angeraten, auf.

Da kommt die Maus: »Guten Tag, Señor, amarapusunki (Ave Maria Purisima)!« Der Schwarze steht aufrecht. Die Maus hört ihn nicht antworten.

Klar, wie wird sie ihn hören, wenn dieser doch nicht spricht.

So ist das und deshalb – also – soq – ayayay –, ihre Hand bleibt kleben. »Mit der anderen Hand! Ich habe ziemlich viel Kraft in der anderen Hand.« Und sie versetzt ihm einen Fausthieb.

»Ah, in dem Fuß sind meine wirklichen Kräfte!« Sie versetzt ihm mit dem Fuß einen Tritt, carajo, und auch der Fuß bleibt kleben.

»In der Peitsche steckt die eigentliche Kraft!« Und mit dem Schwanz zieht sie ihm eins über. Aber auch der Schwanz bleibt kleben.

Später ergreift der Gärtner die Maus. »Da ist ja der Dieb«, sagt er und hängt sie an einem Pfosten auf, an ihrem Schwanz.

Auch der Fuchs kommt in den Garten, und er fragt die Maus: »He, mein lieber Diego, warum hat man dich aufgehängt?«

»Ah, ›mit meiner älteren Tochter verheirate dich‹, hat man mir befohlen, aber ich habe nicht gewollt. Deshalb hat man mich hier aufgehängt«, so spricht die Maus.

»Sei doch so gut und häng mich dort hin«, sagt der Fuchs. »Ich werde mich schon mit seiner älteren Tochter vermählen.« So soll der zu der Maus gesprochen haben. Der Fuchs zur Maus.

Als nun der Gärtner zurückkehrt, ist der Fuchs dort aufgehängt, wo er die Maus hingehängt hatte. Er soll den Fuchs verdroschen haben, carajo. Er gibt es dem Fuchs mit einem Knüppel, carajo. Das Alterchen hatte einen Stock ergriffen.

»Ich werde mich unverzüglich mit deiner Tochter vermählen!« schreit der Fuchs.

»Hier nimm und vermähle dich damit«, sagt ihm der Alte, und erst als das Seil reißt, kann der Fuchs entkommen.

Später soll er die Maus eingeholt haben. »Hat man dich vielleicht deswegen aufgehängt? Wegen dem, was du gestohlen hast, deshalb geschah das«, sagt der Fuchs. Die Maus soll gerade unter einem Felsvorsprung gestanden haben. »Friß mich noch nicht, denn dieser Felsen wird uns zermalmen. Hilf mir lieber, ihn abzustützen!« So war das, ja, man sagt, so sei das gewesen, und später: »Ich werde losgehen, um einen langen Stützstein zu bringen, und du wirst den Felsen hier solange stützen«, sagt die Maus. Aber danach soll sie nicht mehr erschienen sein. Stille. Und der andere soll kräftig den Felsen abgestützt haben. Richtig fest stemmt sich der Fuchs hinein.

So beim Stemmen betrachtet er die Sache mit äußerster Sorgfalt und springt und – nichts! Der Felsen stürzt nicht ein. Da sagt sich der Fuchs: »Ah, carajo, jetzt ist es aber sicher, daß ich die Maus fressen werde.« Und er findet sie auch wieder.
»Friß mich noch nicht«, sagt sie. Sie hebt gerade eine Grube aus.
»Jetzt ist es soweit, carajo, ich werde dich fressen«, sagt der Fuchs.
»Nein, friß mich noch nicht. Es wird ein Feuerregen fallen. Wenn der Feuerregen vorüber ist, kannst du mich schon noch fressen. Aber hier werden wir immerhin Schutz finden. Danach wirst du mich fressen können«, spricht sie zu ihm.
»Sei so gut und grab mich ein, grab zuerst mich ein«, bittet der Fuchs. Er läßt sich eingraben. Die Maus vergräbt ihn in dem Loch im Boden und obendrauf legt sie Disteln.
Nach einer Weile streckt der Fuchs seine Hand aus und – achakau, achakau – wirklich, wirklich, es ist Feuerregen gefallen. Wahrhaftig, wahrhaftig, er ist gefallen! So war das. Und die Maus ist wiederum davongegangen. Auf diese Weise ist sie entkommen.
Carajo, der Fuchs holt sie wieder ein. »Jetzt werde ich dich fressen.«
»Friß mich noch nicht, mir fällt das Amt des obersten Fleischbraters und Feuerausrichters für das Fest zu.« Die Maus soll gerade kleines Brennholz geschnitten haben. »Für diejenigen, die die Flöte spielen, wird es jetzt Rostbraten geben. Nur für die Flötenspieler. Hammelbraten. Tu mir doch den Gefallen und spiel du die Flöte. Friß mich erst danach.«
Das soll sich der Fuchs dreimal gut überlegt haben. Währenddessen baut die Maus einen Pferch aus dünnem Astwerk. Eine kreisrunde Mauer aus ziemlich viel Brennholz, und dort drinnen, in der Mitte des Pferchs, läßt sie den Fuchs spielen.
Und der Fuchs spielt – wewa chukini – wewa chukinu – paqpaqapaqpaq – paqpaqapaqpaq –, so klingt das.
Im ganzen Umkreis entfacht die Maus das Feuer.
»He, ich werde lieber rauskommen«, ruft der Fuchs.
»Nein, nein, so ist der Brauch, so ist die Sitte. Spiel, spiel weiter.«
Sie ruft ihm zu: »Spiel! Spiel! Sonst gibt es eine Strafe.«
In dem Moment kommt eine Lawine von Mäusen über die Bergpässe. Es kommen Pusunis und es kommen Kenas.
Der Fuchs aber verbrennt. Er stößt gegen eine Seite, stößt gegen die andere Seite des Pferchs, und so verbrennt er.
So haben sie den Fuchs getötet, und die Maus ist, wie immer, entkommen.
Hier endet die Geschichte.

Erzähler: Juan Quispe, etwa 85 Jahre. Q'ero 1979

Vom Kondor und vom Fuchs

In dieser Erzählung frißt gerade der Fuchs ein Schaf. In dem Moment gesellt sich der Kondor zu ihm.
Damals unterhielten sich der Kondor und der Fuchs, sie trafen eine Übereinkunft.
»Morgen werde ich zum Himmel hinaufsteigen, ins Himmelreich«, sagte der Kondor.
»He, nimm mich doch auch mit«, sagte ihm der Fuchs.
»Gut denn«, sagte der Kondor.
Der Kondor trug den Fuchs zum Himmel. Dort strolchte er umher, klar, und klaute sich ein paar Sachen.
– Was für Sachen mag es wohl im Himmel geben? –
Auf jeden Fall hat er diese Dinge gefressen. Stehlend soll er umhergezogen sein, und während er so umherstrolchte, hatte sich der Kondor bereits wieder auf die Erde hinab begeben. Er hatte den Fuchs zurückgelassen.
Später stieg dann auch der Fuchs hinunter. Aber wie mag er das getan haben? Einen Faden, eine Kordel hat sich der Fuchs geflochten. »An dieser Schnur werde ich hinuntersteigen«, sagte er.
Also steigt er an dem Seilchen hinunter. Da kommt der Papagei vorbei.
– Es gibt diese Papageien, nicht wahr, mit gekrümmten Schnäbeln. Genau diese sollen vorbeigeflogen sein. –
»He, Papagei Krummnase«, ruft der Fuchs und klettert dabei weiter hinunter.
So soll er dem Papagei zugerufen haben. Der aber sagt: »Ich werde deine Schnur durchbeißen.«
»Nein, Väterchen, beiß sie mir nicht durch, mein liebes Papageilein«, so fleht er.
Aber wiederum ruft er ihn: »Krummnasenpapagei!«
Da schießt einer der Papageien herbei und zerbeißt das Schnürchen. Schreiend stürzt der Fuchs vom Himmel: »Breite dick gepolsterte Decken aus, Compaaaaadre!«
Er fällt zu Boden, er gelangt an den Boden, und da – pssssssh –, da zerschellt er, caray.
Über sieben Dörfer zerstreute er sich, caray. Über sieben Dörfer soll er sich verteilt haben, und in all den Dörfern gibt es nun Füchse, klar.
Wo fehlt schon der Fuchs, nicht wahr?

Frage: Er hat sich verbreitet?

Mariano: So hat er sich verbreitet, sagt man. Als er auf dem Boden auftraf.
Hier endet diese Geschichte.

Erzähler: Mariano Samata, etwa 70 Jahre. Q'ero 1979

Die Wette zwischen Kondor und Fuchs

Tiula Laliku, der Fuchs, verzehrte gerade ein Schaf. Da kam Mallku, der Kondor, dazu. Der Fuchs fraß gerade. Und dann fraßen sie gemeinsam, der Kondor und der Fuchs.
»Ich fresse das Schaf ebenfalls aufrecht sitzend. Ich werde es dir gleichtun«, sagt der Fuchs zum Kondor. »Stell mich halt auf die Probe, carajo. Ich werde auf die Schneeberge steigen, dort schlafen, und bei Tagesanbruch werde ich dann von dort das Fleisch zum Fressen erspähen.«
»Und ich werde dich hinauftragen«, sagt der Kondor und hilft dem Fuchs beim Fressen.
– Also gut. –
Sie beenden es, sie fressen es auf, das Lamm, und der Kondor sagt: »Laß mal sehen, was vereinbaren wir denn als Wette? Wie wär's, laß uns doch um die Wette aufrecht sitzen.«
Aber auf diese Wette mag der Fuchs nicht eingehen.
»Dann laß uns auf dem Berggipfel übernachten, und wir werden darum wetten, wer von uns in der Morgendämmerung den Regenbogen aus Blut aufsteigen sieht«, sagt der Kondor.
Also übernachtet Mallku gemeinsam mit dem Fuchs. Sie steigen zu dem Berg hinauf, und dort, auf dem Gipfel, schlafen sie.
Der Kondor bedeckt sich mit einem seiner Flügel, und über dem anderen streckt er sich aus. Dagegen breitet sich der Fuchs lediglich über seinem Schwänzlein aus.
Mallku fragt den Fuchs: »He, Tiula, ist dir schon kalt?«
»Wo könnte es einen tapferen Mann denn frieren!«
Beim ersten Hahnenschrei soll der Kondor ihn wieder gefragt haben, aber der Fuchs antwortet: »Was denn für Kälte?«
Noch einmal fragt er, und wieder antwortet der Fuchs, mit schon erlöschender Stimme: »Wo könnte es einen tapferen Mann denn frieren!«
Beim Morgengrauen fragt der Kondor wiederum, und ... Stille. Der Fuchs ist gestorben. So war das.
An die Stelle des Tales, an der die Sonne einstrahlt, wo sie aufgeht, dorthin bringt der Kondor den Fuchs. Er trägt ihn hin. Dort betrachtet der Kondor ihn, betrachtet ihn bedächtig, bis daß die Sonne ihn erwärmt. »Dieser Hund wird sich womöglich erholen«, sagt der Kondor und frißt den Fuchs auf. So war das.
Hier endet auch schon die Geschichte.

Erzähler: Pascual Samata, etwa 40 Jahre. Q'ero 1980

Vom Esel

Es gab einmal einige Viehtreiber, die waren mit einer langen Karawane von Maultieren unterwegs. Sie hatten ein Lager aufgeschlagen, mit ihrem Zelt.
– Diese Viehtreiber, nicht wahr, die mit Lasten unterwegs sind. –
Nun, sie waren gerade am Kochen, etwas abseits der Stelle, an der die Lasten gestapelt lagen, als der Fuchs das Zaumzeug fortschaffte, es stahl. Das gesamte Zaumzeug.
Die Viehtreiber sollen (später) danach gesucht haben, suchten, carajo, aber von dem Zaumzeug gab es keine Spur mehr, carajo. Der Fuchs hatte alles an sich genommen. Ganz verzweifelt suchten die Viehtreiber. Es gab damals einen kleinen Esel, ja, ein Eselchen befand sich unter den Zaumtieren, ein sehr mageres Eselchen. Der Viehtreiber soll ihn oft mit der Peitsche geschlagen haben. »Ja, du Scheißesel, immer wenn ich in Eile bin, läufst du mir über den Weg.« Darum schlug er ihn wieder mit seiner Peitsche.
»Weshalb hast du mich eigentlich geschlagen? Vielleicht könnte ich dir dein Riemenzeug zurückbringen«, so sagte der Esel. »Einen ganzen Zentner Gerste mußt du mir geben, dann werde ich dir dein Zaumzeug wieder beschaffen.« So sprach der Esel zu den Viehtreibern.
Daraufhin respektierten sie den Esel. Sicherlich hatten sie auch Gerste dabei, von der sie ihm gaben. Der Esel zockelte los, trieb sich herum, bis er in den höher gelegenen Regenwald und so zum Haus des Fuchses gelangte. Die Füchse waren alle dort, und auch das Zaumzeug lag im Haus.
– Das Haus des Fuchses ist eine Höhle, eine Höhle im Fels. –
Der Esel streckte sich vor dem Fuchsbau hin. Da kam ein Welpe heraus: »Papa, hier ist, hier ist etwas, was mag das nur sein?« rief er, und die anderen: »Wo, was?«
»Ah, carajo, das ist der Teufel. Wir werden ihn in unser Haus bringen«, so sagte der Fuchs. »Also los, bringt das Zaumzeug her, damit wir es an ihm festbinden.« Und man erzählt, sie haben die Riemen an seinen Beinen, seiner Vorderhand und seinem Nacken befestigt. Sie zogen, carajo, zerrten. Man sagt, der Esel sei bereits tot gewesen. Sie schleppten ihn, sie hatten ihn bereits ein gutes Stück weit mit den Riemen gezogen, carajo.
»In der Taille sitzen vor allem die Kräfte«, so sagte der Fuchs und band sich die Riemen um die Taille. Sie schleppten. Die Füchse waren durch die Riemen vollständig am Esel angebunden.
Mit einem Mal erhob sich der Esel. Hauchiq – hauchiq – hauchiq – s'tasaludamon – s'tasaludamon – s'tasaludamon – carajo, und die Füchse trug er mit sich fort. Ja, die Füchse, er hat sie allesamt über den Boden geschleift, carajo. Q'eteq – q'eteq – q'eteq –, in alle Richtungen ausschlagend, sprang der Esel davon, und so brachte er das Zaumzeug den Viehtreibern zurück.

Die gaben dem Esel dafür reichlich zu essen. Mit Gerste entlohnten sie ihn, sie häuften sie vor ihm auf, damit er sie fressen könne, ja. Dann beluden sie die Zaumtiere, befestigten die Last mit den Riemen und setzten die Reise fort.
Ja, so ist dieses Märchen.

Erzähler: Mariano Samata, etwa 70 Jahre. Q'ero 1979

Die Wildgans und der Fuchs

Einmal unterhält sich die Wildgans mit dem Fuchs. Der Fuchs fragt sie: »Sag mal, wieso sind deine Kinderchen so hübsch zweifarbig und meine nur gelb?«
»Ich mache mir – so und so und so – einfach einen Erdofen, und dann backe ich sie wie Kartoffeln im Feuer: Chuwilla – chuwilla – chuwilla. Wenn sie dann aufplatzen – p'otoq, klingt das –, dann schaue ich nach. Deshalb sind meine Küken so zweifarbig, alle hübsch und rund. Ja, meine Kinderchen«, antwortet ihm die Gans.
So tut der Fuchs dasselbe, baut einen Erdofen, und genauso backt er seine Kinderchen wie Kartoffeln. Chuwilla – chuwilla – chuwilla, so klingt das. Sie platzen auf – p'otoq –, und als er nachschaut, sind sie gar, gestorben, die Kinderchen vom Fuchs. Allesamt.
Da rennt der Fuchs los, carajo: »Na warte, Gans, carajo! Dafür werde ich dich verschlingen, carajo.«
Aber die Gans schwimmt gerade auf einem Teich. Der Fuchs kommt dorthin: »He, Gans, ich werde dich auffressen«, ruft er.
»Sauf erst diesen See aus, ja, dann wirst du mich auffressen«, antwortet ihm die Gans.
Der Fuchs säuft, säuft und säuft den See, carajo, säuft schlapsend wie ein Hund. Er säuft, und schon ist sein Bauch prallvoll, carajo. Aus seinem Hintern spritzt es wie ein Regenbogen, und deshalb dreht er sich Stroh zusammen und verstopft damit seinen Hintern.
Und so stirbt der Fuchs, mit argem Bauchweh. Und nichts, von wegen die Gans auffressen.
Er stirbt, und so endet die Geschichte.

Erzähler: Pascual Samata, etwa 40 Jahre. Q'ero 1980

VII Zeremonielle Texte

Das Hochzeitsgespräch

Das »Warmichakuy« ist die traditionelle Form der Eheschließung, die von der indianischen Bevölkerung auch heute noch in weiten Teilen Perus praktiziert wird.
Von den Weißen und Mestizen wird das Zusammenleben auf dieser Basis häufig als »Ehe auf Probe« angesehen. Dieser Irrtum hat seinen Ursprung wohl darin, daß die Spanier ausschließlich das christliche Sakrament der Ehe anerkannten und daher alle nur durch das »Warmichakuy« verbundenen Paare als unverheiratet galten. Heute wird diese Ansicht immer wieder dadurch bestärkt, daß Paare, die schon lange Zeit im »Warmichakuy« zusammenleben, in späteren Jahren, wenn es ihre finanziellen Mittel dann erlauben, noch die kirchliche Trauung vollziehen, die hohes Ansehen genießt.
Wenn zwei junge Menschen sich entschlossen haben, miteinander zu leben, tauschen sie kleine Geschenke, meist Webarbeiten, und drücken damit ihren Willen zu einer dauerhaften Verbindung aus. Dann suchen sie gemeinsam einen Schamanen auf, der durch Lesen in Kokablättern feststellt, ob sie eine glückliche Ehe führen und materielles Auskommen haben werden. Fällt diese Weissagung positiv aus, steht der Heirat nichts mehr im Wege.
An einem »guten« Tag, besonders der Donnerstag ist geeignet, gehen der junge Mann und seine Eltern um Mitternacht zum Haus der Eltern des Mädchens. Sie bringen ihnen Kokablätter, Schnaps und Zigaretten als Geschenk mit.
Im Verlauf eines mehrere Stunden dauernden persönlichen Gesprächs, das durch zeremonielles Kauen von Koka unterbrochen wird, sprechen die beiden Väter auch die nachfolgenden feststehenden Fragen und Antworten, die den Charakter eines Ehevertrages haben.

Lieder

Lieder spielen in der religiösen Praxis der Q'ero eine wichtige Rolle und geben als heute einzige Form der Poesie einen Eindruck von diesem Bereich ihrer kulturellen Ausdrucksmittel.
Die zeremoniellen Lieder unterscheiden sich deutlich von der profanen Musik der Anden, die überwiegend als Tanzbegleitung dient. Die Q'ero kennen für diese Lieder etwa zwanzig verschiedene Melodien, die ihren Ursprung wahrscheinlich in vorspanischer Zeit haben.
Die Liedtexte, die von Familie zu Familie leicht variieren, behandeln die Themen, die auch im Zentrum der Zeremonie stehen, in deren Verlauf sie gesungen werden. Sie sind reich an symbolischen Ausdrücken, die aber teilweise auch von den Q'ero selbst nicht verstanden werden.
Wie eng das Singen der Lieder mit den Festen verbunden ist, wird deutlich, wenn man versucht, die Q'ero zu einem anderen Zeitpunkt zur Wiedergabe zu veranlassen, etwa um sie aufzuzeichnen. Es fällt ihnen tatsächlich schwer, sich losgelöst von der Situation an die Texte zu erinnern. Hinzu kommt, daß sie eine gewisse Scheu davor haben, die religiösen Lieder ohne ernsthaften Anlaß zu singen.
Die nachfolgenden Lieder gehören zum Fest des Señalay, das im September oder Oktober für die Fruchtbarkeit der weiblichen Haustiere und die Fortpflanzung begangen wird. Das Fest dauert mehrere Tage, von denen der erste ganz der Zeremonie gewidmet ist.
Die Lieder begleiten die verschiedenen Abschnitte des Festes: »Qoriwanka« gilt den Schafen und wird während des Herantreibens der Tiere an den Pferch gesungen, in dem die Zeremonie des »Zeichnens« der Tiere stattfindet.
»Qolqewanka« wendet sich an die Lamas und wird beim Einzug der Tiere in den Pferch gesungen.
Mit dem Lied »Nostrachallay« werden die Tiere verabschiedet, während die Familie sie mit Blumen überstreut und aus dem Pferch hinaustreibt.

Warmichakuy (Hochzeitszeremonie)

A: Welche ist die Blume, die Gott gefällt?

B: Die Blüte des Rapses ist die Blume, die Gott gefällt.

A: Auf welche Frucht hat sich die Taube gesetzt?

B: Sie hat sich auf der Mispel niedergelassen, möge die Mispel farbig und gelb werden.

A: Auf welchen Baum hat sich die Taube gesetzt?

B: Sie hat sich auf den Rosmarin(-Strauch) gesetzt.

A: Und womit wirst du sie von dem Rosmarin(-Strauch) herunterholen?

B: Ich habe ein Paar Äxte, mit ihm werde ich sie herabholen, und ich habe siebeneinhalb Klafter (Zier-)Band, damit werde ich sie herunterholen.
Der Wurm in der Erde lebt mit seinem Partner.
Auch der Vogel in der Höhe fliegt mit seiner Geliebten, und in gleicher Weise ist der gesponnene Faden aus zwei Hälften zusammengefügt, nicht einzeln, er kann nicht aus nur einem Faden sein.
Genauso sollen unsere Kinder als Paar leben.

A: Ich habe meine Tochter in der Asche des Herdes herangezogen, töricht und unnütz. Wirst du Geduld haben und sie ertragen?

B: Ja, das werde ich.
Eineinhalb Zentner Raps habe ich vor der Tür meines Hauses ausgestreut. Diesen aufpickend, wird das Täubchen von selber hinfinden.

(*A:* Vater der Braut; *B:* Vater des Bräutigams.)

Erzähler: Mariano Samata, etwa 70 Jahre. Q'ero 1979

Qoriwanka

Meine Mutter, wir werden einen Tag verweilen, meine Mutter mein, Mutter.
Wo, meine Mutter, bist du gerade, meine Mutter mein, Mutter.
Die Mestizin möchte ich, meine Mutter mein, Mutter.
Mein rot-geschiefertes Schaf, meine Mutter mein, Mutter.
Sei es in Regen, sei es in Nebel, meine Mutter mein, Mutter.
Gemeinsam oder getrennt, meine Mutter mein, Mutter.
Meine Schleuder ist um meine Hüfte geschwungen, meine Mutter mein, Mutter.
Das Tragetuch ist über meine Schulter geworfen, meine Mutter mein, Mutter.
Die Spindel steckt in meinem Gürtel, meine Mutter mein, Mutter.
Verlorene Nadel, die du verloren bist, meine Mutter mein, Mutter.
Beim Pflücken ihres Waychancho, meine Mutter mein, Mutter.
Bleibt die Santos-Blume nicht zurück, meine Mutter mein, Mutter.
Gleich hier in den saftigen Weiden, meine Mutter mein, Mutter.
Ähnlich meinem Mond in der kleinen Schlucht des Baches, meine Mutter mein, Mutter.
Meine Mutter, du bist in stetem Gang, meine Mutter mein, Mutter.
Gute Weide steht in Blüte, meine Mutter mein, Mutter.
Mit einem Umhang aus feinen Schneeflocken, meine Mutter mein, Mutter.
Oder auch aus Bodennebel, meine Mutter mein, Mutter.

Erzähler: Carmena Samata, 18 Jahre. Q'ero 1980

Qolqewanka

Komm, meine Mutter mein, wir werden (einen Tag) verweilen, jetzt, hier.

Komm doch zurück, kehr doch um, dein Qoriwanka, er ruft nach dir,
deine silberne Tepe, sie ruft nach dir.

Komm, meine Mutter mein, wir werden (einen Tag) innehalten.

Mein Waranqayso will ich über dich streuen,
einen kleinen Weg (gesäumt) mit meiner Blumenkette.

Mein Qotoqoto mit meiner Nunucha
steigt als Band oder getrennt,
ist es Feuerregen oder nur vereinzelt.

Komm, meine Mutter mein, wir werden (einen Tag) verweilen,
denn der Tag heute ist dein Tag.

Erzähler: Carmena Samata, 18 Jahre. Q'ero 1980

Nostrachallay

Meine Mutter mein, meine Taube mein, wir werden nun (einen Tag) verweilen.
Komm doch zurück, kehr doch um, eröffne ihn, weihe ihn ein, den großen Tag.

Mein Mütterchen mein, der Tag wird verweilen.
Mein Poroto, Poroto mein, steh bereit.
Pallares, Pallares steht bereit.

Dein Qoriwanka, er ruft nach dir, deine silberne Flöte, sie ruft nach dir.
Meine Mutter mein, meine Taube mein, wir werden den Tag verbringen.

Komm doch zurück, kehr doch um, angeführt von deinen jungen Vögelchen.
Meine Mutter mein, meine Taube mein, du wirst zurückkehren.

Ihre Milch, ihr Käse ist sehr geschätzt, und die Besucher und Freunde sind wenig erwünscht.
Meine Mutter mein, meine Taube mein, wir werden bereitstehen,
wenn du dich von dem (Pferch-)Tor aus verteilst.
Muhend wirst du muhen, blökend wirst du blöken.

Überstreut mit meinen Waranqayso,
mit dem Schmuck meiner Vela Loq'o, meine Mutter, meine Taube,
schreitet behutsam davon.

Erzähler: Carmena Samata, 18 Jahre. Q'ero 1980

Anmerkungen zu den Erzählungen

Ñaupa Machu, Seite 52
Ñaupa Machu, Machula - myth. Figur. Er ist der Mensch des ersten Schöpfungszyklus.

Sonnenaufgang und Neuschöpfung, Seite 54
Ankawachana - Berg in der Nähe des Zentralortes.
Hatun Q'ero - Kartoffelanbaugebiet und Ruinenstadt gegenüber dem Zentralort.
Ruinen - von Rundhäusern. In der Nähe des Zentralortes gibt es Überreste mehrerer Siedlungen aus der Kilk-Kultur der frühen Inkazeit.
Totorani - Nachbargemeinde.
Chunchu - myth. Figur. Bedeutet in Quechua wilde, kulturlose Menschen, die ohne Salz essen. Die Waldindianer werden mit den in den Urwald geflüchteten und dort überlebenden Menschen des ersten Schöpfungszyklus identifiziert.
Soq'a - Böser Geist. Die Mumien der alten Gräber werden als die von der Sonne vertrockneten Ñaupa Machu angesehen. In ihnen lebt der Geist der Ñaupa Machu, der Soq'a.

Inkarrí und Qollarí in La Raya, Seite 56
Inkarrí, Qollarí - myth. Figuren.
La Raya - Gebirgspaß.
Apurimaq - Ist der Name sowohl eines Departamento als auch eines Flusses. Die Überschreitung dieses Flusses war ein entscheidender Moment in der Expansion des Inkareiches zur Großmacht. Aber La Raya liegt nicht in Apurimaq.
Vilkanota - Der Fluß entspringt in La Raya und fließt in Richtung Cuzco. Als Urubamba durchfließt er das »heilige Tal« der Inkas, das Urubambatal.
Paucartambo und Ocongate sind die beiden Ortschaften, mit denen die Q'ero in direktem Kontakt stehen. Sie liegen nicht am Vilkanota. Für Juan aber liegt Q'ero im Herzen des Inkareiches, durch das der Vilkanota fließt.
Puno - Stadt am Titicacasee. Hauptstadt und mythologisches wie geschichtliches Zentrum des Aymaragebietes.
Cuzco - Bedeutet in Quechua Mitte oder Nabel. Sie ist die geschichtliche Hauptstadt des Inkareiches und myth. das Zentrum der inkaischen Macht.
Rumiqioqa-Wakarpay - Bedeutet in Quechua Steinsilo und ist der Name der Befestigungsmauer, die das Tal von Cuzco in Richtung Titicacasee abriegelt. Sie steht heute noch in Wakarpay.
Jesus der Erdbeben - Schutzpatron von Cuzco.
Saqsaywaman - Befestigungsanlage oberhalb von Cuzco.

Q'eroyqosqo - Q'ero als Nabel der Welt, Seite 58
Qollarí Qapaq - Ist einer der verschiedenen Namen des Qollarí.

Inkarrí und Qollarí in Q'ero, Seite 58
Markachea - Nachbargemeinde. Sie liegt auf dem Weg von Q'ero nach Cuzco.
Qollarína - Qollarí aber nun als weiblicher Partner des Inkarrí.
Tamal - Maiskuchen.
Inkaq Yupin - Bedeutet in Quechua »der Fußabdruck des Inka«. Stein mit einer fußabdruckähnlichen Markierung.
Paititi - Sagenumwobene Stadt im Urwald. In der Mythologie der Wohnort des Inka nach der Eroberung durch die Spanier.

Inkarrí bindet die Sonne an und wandert mit der Schlange, Seite 62
Qoriwayrachina - Wörtlich: Goldtrockenplatz. Eine Tenne zum Maistrocknen, auf dem Weg in den Wald von Q'ero.

Ch'unchu und Inti, Seite 62
Ch'unchu - Webmuster, das einen mit Papageienfedern geschmückten Krieger der Waldindianer darstellt.
Inti - Wörtlich: Sonne. Es gibt unterschiedliche Webmuster, die die Sonne symbolhaft darstellen.

Die Zeit des Gott Vater und die Zeit des Gott Sohn, Seite 64
Chullpa Machu - Ñaupa Machu, Mensch des ersten Schöpfungszyklus.
Intiwatana - In der Inkaruine P'isaq steht ein behauener Stein, der angeblich der Zeitmessung diente.

Der Tod des Inka, Seite 68
Flugzeuge - Kurz zuvor war von Militärhubschraubern aus im Urwald unterhalb von Q'ero eine inkaische Ruinenstadt entdeckt worden.

Wie die Haciendas entstanden, Seite 68
Als diese Geschichte erzählt wurde, fanden gerade, nach 12jähriger Militärdiktatur, freie Wahlen statt.
Campesino - Kleinbauer. In diesem Zusam-

menhang aber als sozial unterprivilegierte Schicht der Bevölkerung gemeint.
Kommunisten - von den rechten Parteien »verteufelte« Menschen.
Apristen - Anhänger der politischen Partei APRA. Zur Zeit der Wahlen von den linken Parteien »verteufelte« Menschen.
Pongo - Hausdiener in der Hacienda. Teil des Frondienstes, den die Campesinos zu leisten hatten.

Wiraqochapampa, Seite 72
Paqo - Schamane.
Altomesayoq - Schamane hohen Ranges.
Moraya - Gefriergetrocknete Kartoffel.
Wiraqocha - Hier als respektvolle Anrede - Herr. Meistens für Spanier und Weiße benutzt.

Geschichte der Hacienda Q'ero, Seite 76
Pongo - Hausdiener in der Hacienda. Ein Teil des Frondienstes.

Apu Ausangate und Apu Wamanripa gehen zur Regierung, Seite 82
Apu Ausangate - Bergmassiv. Mächtiger Apu in der Region Cuzco.
Apu Wamanripa - Berg. Mächtiger Apu in Q'ero.
Pongueaje - Frondienst als Pongo, Hausdiener in der Hacienda.
Mit'a - System des Frondienstes. Bis 1968 in ganz Peru üblich.

Der Kopf Inkarrís hat sich bereits erhoben, Seite 84
Chana Wawa - Letztgeborenes Kind. Weltanschaulich der Spanier.
Tomia Mujia - Legendenumwobener Apu, der niemandem wirklich bekannt ist und deshalb als mächtig angesehen wird. Er steht mit der Macht der Magie in Verbindung.
Yachayniyoq - Wörtlich: der mit Wissen. Bezeichnung für den Schamanen.
Munayniyoq - Wörtlich: der mit Willensmacht. Im allgemeinen nur Eigenschaft der Götter.

Die Enkel der Inkas, Seite 88
Mandon, Alcalde, Contador - Ämter in der Gemeindeselbstverwaltung.
Koka soll verschwinden - Zur Zeit der Erzählung versuchten die USA durch Druck auf die peruanische Regierung den Kokaanbau im Land zu drosseln. Da dies aber nur den offiziellen, für den traditionellen Verbrauch bestimmten Anbau treffen konnte, stieg der Preis für die verbleibende Kokamenge dermaßen, daß sie für die Kleinbauern unerschwinglich wird. Das Monopol für Abbau und Vertrieb hat der peruanische Staat. Angeblich ist der offizielle nur ein kleiner Teil des gesamten Kokaanbaues.

Die Zeit des Espiritu Santo, Seite 90
Taripaypacha - Wörtlich: Zeit des Zusammentreffens. Zeitspanne vor dem Taripaypunchay, dem Tag des »Jüngsten Gerichtes«, oder Tag vor der Katastrophe.
Espiritu Santo - Wörtlich: Heiliger Geist. Das Wort Espiritu wird aber im Quechua auch für »Vogel« verwendet.

Pacha (Zeit und Raum), Seite 96
Kay Pacha - Wörtlich: diese Zeit/Welt. Das Hier und Jetzt, das Diesseits.
Pachamama - Erdmutter.
Ñaupa Machu - Mensch des ersten Schöpfungszyklus.
Hanq Pacha - Himmel. Jenseits.
Taripaypacha - Wörtlich: Zeit des Zusammentreffens. Zeitspanne vor dem Taripaypunchay, dem Tag des »Jüngsten Gerichtes«, oder Tag vor der Katastrophe.

Pachamama, Seite 100
Apu Wamanripa - Berg. Mächtiger Apu in Q'ero.
Paqo - Schamane.
Winaq Rumi - Kausaq Rumi. Lebender oder beseelter Stein und Felsen.
Oca - Pflanze mit eßbarer Knolle, dem Sauerklee verwandt.
Lisa - Auch Ullucu. Pflanze mit eßbarer Knolle.
Quinua - Eine Meldenart.
Yucca - Eine eßbare Wurzel.
Camote - Eine Süßwurzel.
Parafernalien - Zutaten für das Brandopfer (Despacho)
Cholo - Indianer, der sich bemüht, ein Mestize zu sein.

Das Kind der Mitte sind wir, Seite 102
Misti - Mestize. Mischling von Spanier und Indianer.

La Mar Qocha, Seite 106
La Mar Qocha - Das Meer der Tränen. Zeit der Einsamkeit im Alter, Leben ohne den Partner, also ohne Yanantin-Beziehung.
Kausay Pacha - Leben in Glück. Zeitspanne zwischen der Vermählung und dem Tod des Partners. Das Leben und die Kraft der Yanantin-Beziehung.
Cristobal - Sohn von Julian und Enkel von Domingo. Er ist das einzige Kind von Julian, der mit Domingo zusammenlebt.
Chunu - Gefriergetrocknete Kartoffel, ähnlich der Moraya.

Juana Puyka, Seite 116
Ausangate - Bergmassiv und mächtiger Apu. Für die Region Cuzco, auch Q'ero, ist er der Oberste in der Hierarchie der Apus.
Roal - Bezeichnung für einen mächtigen Apu.
Arrobe - Spanische Maßeinheit - 12,5 kg. In Peru üblich.
Kokakauen - Hier ist rituelles Kauen gemeint. Unterscheidet sich vom alltäglichen Kauen durch seine zeremonielle Art, begleitet von Anrufungen, Gebeten und anderen speziellen Handlungen.
Escopetani - Berg. Apu in der Waldregion von Q'ero.
Wirtacarcelo - Eigenname.
Doña Señora Santa Barbara Qaqha - Apu der Frauen und Weberinnen in Q'ero.
Verwandelt - Versteinert oder aber in eine feste Materie verwandelt. Wörtlich: erkaltet.
Saqra Chullumpi - In diesem Zusammenhang: geistgewordenes, göttliches Lama.
Santiago Fiesta - Tierfest für die männlichen Lamas, die Lastentiere.
Ch'ilkapampa - Ch'ilka ist eine Buschpflanze, die in großer Höhe wächst. Ch'ilkapampa ist der Name einer Ebene am Fuß des Ausangate, durch die früher der Karawanenweg nach Cuzco führte.
Santiago San Felipe Qaqha - Der Blitz als Gottheit (Apu).
Pulperia - Maisbierausschank.
Condor Waman Pablo San Cristobal Choqayrumi - Eigenname eines Ñaupa Machu.
Bullullu - Trinkgefäß aus einer Kürbisschale, das nach dem Leertrinken über den Boden gerollt wird. Die Lage, in der es zur Ruhe kommt, wird als Orakelspruch angesehen.
Qolla - Bewohner des Altiplano, Aymaraindianer.
Schwarzes Yana - Schwarzgeflecktes Fell.
Weißes Yana - Weißgeflecktes Fell.
Roter Poncho Yana - Rotbraungeflecktes langes Fell.
Schneezipfel - Weiße Fellzipfel in der Flanke des Lamas.
Choqepillu - Lamaleittier, männlich.
Phallchay - Akt des Überstreuens der Tiere mit Blumen, zum Abschluß der Tierfestzeremonien im Festkorral.
Unku - Traditionelles Hemd. Es stammt aus der Inkazeit und wird nur noch sehr selten, von den Q'ero aber durchweg getragen.
Hanku Ch'ullu - Mütze aus naturfarbener Wolle.
Roter Ch'ullu - Mütze aus überwiegend rotgefärbter Wolle.

Doña Simona, Seite 124
Vicuna - Freilebendes Wildkamel, aus dem einst das Alpaca gezüchtet wurde.

Doña Makarway, Seite 126
Pascuafest - Osterfest. Es ist der menschlichen Fruchtbarkeit und dem Wohlergehen gewidmet.

Die Brüder Frost, Hagel und Schnee, Seite 128
Patron Santiago Tierra, Qaqha, San Felipe Qaqha - Der Blitz als Gottheit (Apu). Dieser Name gilt seiner »bösen« Erscheinungsform, dem Wetterleuchten.
Chunu - Trockenkartoffel.

Hak'akllu, Seite 132
Hak'akllu - Andenspecht.
Qaratu - Einheimischer Baum mit großen Blättern.
Q'ewina - Einheimischer Baum mit abblätternder, pergamentartiger Rinde.
Pukuchu - Rote Blume mit glockenförmiger Blüte.
Chiwaku - Drossel.
Espiritu Santo - Wörtlich: Heiliger Geist. Das Wort Espiritu wird aber im Quechua auch für Vogel verwendet.

Jesus und die Teufel (sowie Adam und Eva), Seite 136
Ch'unchu - Waldindianer, Wilde. Menschen des ersten Schöpfungszyklus, die in den Wald geflüchtet sind und dort überleben.
Qoyllur Rit'i - Eine der größten Pilgerfahrten der Region Cuzco, an der hauptsächlich Indianer teilnehmen. Der Wallfahrtsort liegt in der Nachbarschaft von Q'ero.
Judasse - Mehrzahl von Judas. Einer der vielen Namen für »Teufel«.
Chiwaku - Drossel.

Apu Pasto Grande, Seite 150
Antisuyo - Urwaldregion.
Khuya - Verwandeltes, meist versteinertes Lebewesen. Heilige Objekte, die die Apus für die Menschen schaffen.
Pasto Grande - Name eines Berges und Apus in der Nähe des Zentralortes von Q'ero.
Polani - Ein Berg, der dem Pasto Grande gegenüberliegt.
Churu - Quechua: Bezeichnung der Kuh.

Tiula und Santiago Felipe Qaqha, Seite 154
Rimaqniyoq, Altomesayog - Schamane höheren Ranges, der mit den Apus zu reden vermag.

Die Schwiegertöchter Berna, Q'ayra Maria und Rebhuhn, Seite 156
Layqa - Brujo. Schamane, der mit Hilfe der bösen Mächte Schaden zufügt.
Wallawisa, Kunturwisa - Nicht übersetzbare Anrufung an die bösen Mächte.
Steine - Khuya. Zeremonialsteine des Schamanen.

Die Maultiertreiber, Seite 160
Mishkayani, Qoriwayrachina, Ichumoqo - Eigennamen von Orten im Regenwald von Q'ero, in der Nähe der Maisfelder.
Saqmaqocha - See in der Nähe des Berges Polani, dem Zentralort von Q'ero gegenüber gelegen, gilt als gefährlich.
Cocachipampa - Lagerplatz unterhalb des Zentralortes Q'ero.
Coralpata - Lagerplatz oberhalb des Zentralortes Q'ero.

Maria Angola, Seite 162
La Raya - Bergpaß auf dem Weg vom Titicacasee nach Cuzco.
Maria Angola - In der Kathedrale von Cuzco hängt eine sehr große Glocke, deren Klang bis weit über die Stadt hinaus zu hören ist. Sie heißt Maria Angola. Über sie gibt es sehr viele Erzählungen, in denen sie meist als Inkaprinzessin erscheint.

Pacha Tusan, Seite 164
Wak'a - Von Göttern und Geistern bewohnter und daher gefährlicher Ort. Ort, an dem das »Böse« überwiegt.
Pacha Tusan - Wörtlich: Stütze des Universums. Ein hoher Berg in Q'ero.

Puriq Uma - Der fliegende Kopf, Seite 170
Ein Kopf löst sich vor allem dann von einem schlafenden Körper, wenn der Mensch eine unerlaubte sexuelle Beziehung eingegangen ist.

Samson, Seite 172
Taqe - Zylindrischer Vorratsbehälter aus Bambusmatte, der oben und unten offen ist. Er faßt zirka $1m^3$
Moraya - Gefriergetrocknete Kartoffel.

Der Schwiegersohn Kondor, Seite 178
Raki - Bieramphore mit weitem Hals

Vom Fuchs, Seite 182
Atakau - Lautmalender Ausruf für »welch Schmerz«.
Oca - Pflanze mit eßbarer Knolle, die in der Form dem menschlichen Penis sehr ähnlich ist.

Der Dummkopf, der zwei Dörfer rettete, Seite 192
Lloqeq - Ausruf, etwa wie »alle Teufel«.
Wallawisa, Kunturwisa - nicht übersetzbare Anrufung der bösen Mächte.
Steine des Kondors - Khuya. Zeremonialsteine des Schamanen.

Die Heilung der verhexten Frau, Seite 196
Paqo - Schamane.
Chumpi - Pampamesayoq. Schamane niederen Ranges.

Der Fuchs und die Maus, Seite 210
Pusuni - Pututu. Blasinstrument aus einer Meeresmuschel. Wird von den Assistenten des Alcalden (Bürgermeisters) bei Versammlungen, Gemeinschaftsarbeiten und Festen geblasen.
Kena - In den Anden übliche Flöte. Die Q'ero benutzen die Kena mit 4 Löchern.

Vom Kondor und vom Fuchs, Seite 214
Compadre - Gevatter.

Die Wette zwischen Kondor und Fuchs, Seite 216
Regenbogen aus Blut - Der Geruch des Blutes eines verendeten Tieres soll den Kondor erreichen, wie ein Regenbogen zwei Punkte miteinander verbindet. Auf diese Weise kann er die Tiere aus großer Entfernung ausmachen.

Warmichakuy, Seite 224
Warmichakuy - Bezeichnung der traditionellen Vermählung.
Raps - Blüht in der Regenzeit, in der meist Ehen geschlossen werden.
Mispel - Aus dem katholischen Brauchtum übernommenes Symbol für Fruchtbarkeit.
Rosmarin - Aus dem katholischen Brauchtum übernommenes Symbol für Liebe und Treue.
Taube - Steht als Symbol der Braut.
Zierband - Ist zum Schmücken der Festkleider und Hüte der Frau notwendig und für die Campesinos sehr teuer, meist müssen sie für den Kauf dieser Bänder Tiere verkaufen.
$1\frac{1}{2}$ Zentner Raps - Das junge Paar wird sein Auskommen haben.

Qoriwanka, Seite 226
Meine Mutter ... - Ansprache an das weibliche Tier, dem das Lied gewidmet ist.
Mestizin - Bezeichnung eines Tieres mit rein weißem Fell.
Schleuder - Steinschleuder, die zum Treiben der Tiere benutzt wird.
Verlorene Nadel - Die Tiere verstreuen sich an den kargen Hängen, damit ein jedes genügend Weide findet. Dabei verlieren die Hirten die

Tiere aus den Augen, oder es geht schon mal ein Tier verloren.
Waychancho - Blume, die in der Zeremonie des Tierfestes das Schaf darstellt.
Santos Blume - Festblume, die in allen Zeremonien der Tierfeste vorkommt.
Umhang aus feinem Schnee - Die drei letzten weisen auf die Jahreszeit hin, in der das Fest stattfindet. Mit einsetzender Regenzeit beginnt alles zu blühen. Da es aber noch recht kalt sein kann, fällt schon einmal etwas Schnee, und die hohe Luftfeuchtigkeit bringt viel Nebel, in hohen Lagen Bodennebel.

Qolqewanka, Seite 226
Tepe - Eine frisch aus der Stammweide der Tiere ausgestochene Rasenplatte. Sie symbolisiert während des Festes Pachamama. Zusammen mit anderen Symbolen liegt sie auf dem dafür errichteten »Altar« und wird nach dem Fest an ihren Platz wiedereingesetzt.
Waranqayso - Blume, die in der Zeremonie das Lama darstellt.
Qotoqoto, Nunucha - Blumen, die beim Phallchay verwendet werden.

Nostrachallay, Seite 228
Nostrachallay - Phallchay. Das Lied begleitet das Überstreuen der Tiere mit Blumen, während sie aus dem Korral getrieben werden. Das Überstreuen mit all seinen begleitenden Handlungen nennt man Nostrachallay oder Phallchay.
Poroto, Pallares - Mehrfarbige Bohnen, die in dem Brandopfer Despacho verwendet werden. Hier ist es die Bezeichnung für gescheckte Tiere.
Silberne Flöte - Der Ofen im Festkorral zum Verbrennen des Despacho wird als »silberne« oder »goldene Flöte« bezeichnet.
Freunde sind wenig erwünscht ... - Nur die engen Familienangehörigen nehmen an dieser Zeremonie teil. Die Gäste kommen erst danach.
Vela Loq'o - Pflanze, die in dem Phallchay verwendet wird. Die Bedeutung ist unbekannt, aber sie gehört in die Familie der Pflanzen, die den Menschen symbolisieren.

Bilderläuterungen zum Erzählungsteil

S. 65 Eine Gruppe »Bärentänzer« stellt das Kreuz an dem Gletscher des Wallfahrtsortes Qoyllur Rit'i auf.

S. 71 Manuel Quispe. Er ist Altomesayoq und oberster Schamane in Q'ero.

S. 75 Der Pampamesayoq Santiago Flores verbrennt ein Despacho an den Apu Wamanripa, der im Hintergrund zu sehen ist.

S. 77 In Gemeinschaftsarbeit wird das Dach des Lagerhauses der ehemaligen Hacienda neu gedeckt.

S. 83 Der Ausangate ist mit 6372 Meter Höhe der höchste Berg in der Region Cuzco und zugleich der mächtigste Apu.

S. 87 Eine Versammlung der Würdenträger. In der Mitte sitzt der Alcalde (Bürgermeiter).

S. 91 Auf der Qanchis Sipas werden nur Festlieder gespielt.

S. 93 Das Kokablatt neben dem Auge von Florentino Apaza soll vor dem »bösen Wind« schützen, der Augenentzündungen und Kopfschmerzen hervorrufen soll.

S. 101 Auch bei der Feldarbeit ist die Aufgabenverteilung genau festgelegt.

S. 117 Den männlichen Lamas wird im Verlauf des Tierfestes »Santiago Fiesta« Maisbier eingeflößt. Das ist Bestandteil der Zeremonie.

S. 119 Sebastian Flores trinkt aus dem Bullullu.

S. 121 Mädchen im Tanzkleid.

S. 127 Osterprozession in Q'ero.

S. 129 Felipa Ordoñez bei der Kartoffelernte.

S. 137 Tänzer im Ch'unchu-Kostüm.

S. 153 Die Berge Pasto Grande und Polani.

S. 157 Marcelino Samata beim Mahlen von Winapu, gekeimtem Mais, aus dem das Maisbier hergestellt wird.

S. 173 Tänzer im »Bärenkostüm«.

S. 195 Felix Machaqa mit Bieramphore.

S. 219 Juan Quispe beim Entfachen eines Kartoffelfeuers.

S. 227 Señalay, das »Zeichnen« der Tiere mit roter Erdfarbe.

S. 229 Andres Ordoñez verbrennt ein Despacho während des Santiagofestes.

Straßenkinder

Uwe Pollmann

Im Netz der grünen Hühner

Die Straßenkinder von Recife

Ein »terre des hommes«-Buch

Broschur, 11 Abbildungen
DM 16,80
ISBN 3-88977-059-2

In Recife, einer Stadt mit mehr als zwei Millionen Einwohnern im Nordosten Brasiliens, leben Zehntausende von Kindern buchstäblich auf der Straße. Sie sammeln Abfall, betteln, stehlen, schnüffeln Kleister, werden von den »grünen Hühnern«, der Polizei, gejagt, in Anstalten gesteckt, aus denen sie wieder fliehen ...
Uwe Pollmann hat mehrere Monate mit ihnen verbracht. Sie haben ihm von ihrem Leben erzählt, von ihrem täglichen Kampf ums Überleben. Entstanden ist **ein eindrucksvolles Buch über die Straßenkinder von Recife. Aber es beschreibt nicht nur ihr Schicksal, sondern das vieler Jungen und Mädchen in Lateinamerika.**

Ein Auszug aus dem Buch:

Eines Morgens kommt Severino zielstrebig auf mich zu. Er ist heiser und kann kaum sprechen. Am Körper und im Gesicht hat er blaue Flecken. Er will etwas erzählen, was ich weiterberichten soll ...

»Es war so: Es war letzte Nacht«, beginnt er. »Wir waren an einem Restaurant. Ein Mann hat fünftausend aus seinem Schloß, seinem Geldbeutel, gezogen. Und da hab ich sie mir genommen, die fünftausend. Und später haben sie uns gepackt, der Alte und die grünen Hühner ... Dann haben sie mir mit dem Schuh ins Gesicht gehauen ... Und sie haben gesagt: 'Diesmal töten wir dich nicht! Aber das nächste Mal, wenn wir dich schnappen, dann nehmen wir dich mit ins Gebüsch und machen Schluß mit dir ...' Ich habe nichts gesagt, nein, weil ich Angst hatte. Die ganze Nacht haben wir im Kombi verbracht. Mit Dresche! Nur Dresche! ...
Klar, ich stehle. Und ich schnüffle auch. Aber ich kann das doch jetzt nicht lassen. Wie denn? Ich kann wohl sterben, aber das, was ich mache ... Ich kann doch nicht aufhören ...«

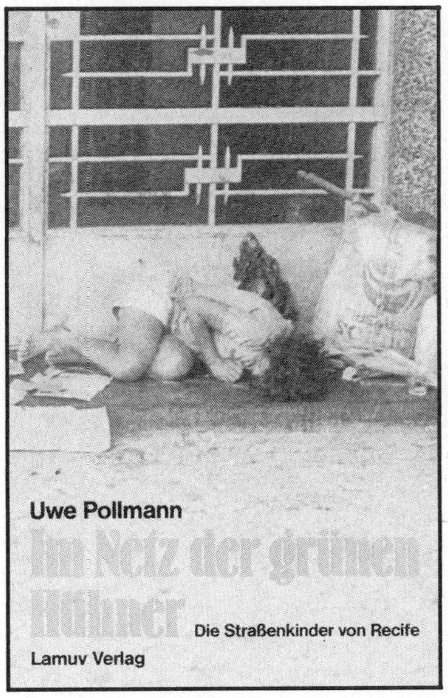

... Severino schenkt mir ein altes Armband, das er bei einer Wette von Júcelio gewonnen hat. Er fragt mich, warum ich bald fahre, wann ich denn nach Recife wiederkomme.
»Vielleicht in zwei oder drei Jahren«, antworte ich.
»Dann sehen wir uns nicht mehr wieder«, sagt er traurig. Dann lebe ich bestimmt nicht mehr ... Weil mich die Polizei oder das Leben auf der Straße getötet hat.«

»Im Netz der grünen Hühner – Die Straßenkinder von Recife« wird herausgegeben vom Kinderhilfswerk **terre des hommes.** Sein Mitarbeiter Hans-Martin Große-Oetringhaus stellt in einem Nachwort Projekte seiner Organisation in Lateinamerika vor, die jene gesellschaftlichen Ursachen zu bekämpfen versuchen, die Kinderschicksale, wie Uwe Pollmann sie beschreibt, ständig neu schaffen.

»Im Netz der grünen Hühner« –

auch ein Buch für Jugendliche!

Lamuv-Neuerscheinungen

Dialog Dritte Welt

Das Programm der großen Lesereisen

Lamuv Verlag · Peter Hammer Verlag · Unionsverlag

A. Céspedes/Bolivien, **Teufelsmetall.** Lamuv DDW 1 · M. Mwangi/Kenia, **Nairobi, River Road.** Peter Hammer Verlag DDW 2 · T. al-Hakim/Ägypten, **Staatsanwalt unter Fellachen.** Unionsverlag DDW 3 · S. Schwarz-Bart/Guadeloupe, **Ti Jean oder die Heimkehr nach Afrika.** Peter Hammer DDW 4 · G. A. Jácome/Ecuador, **Auf der Suche ich nach mir.** Lamuv DDW 5 · F. M. Arion/Curaçao, **Doppeltes Spiel.** Peter Hammer DDW 6 · D. Chraibi/Marokko, **Die Zivilisation, Mutter.** Unionsverlag DDW 7 · A. Wendt/Samoa, **Der Clan von Samoa.** Peter Hammer DDW 8 · M. A. Asturias/Guatemala, **Die Maismenschen.** Lamuv DDW 9 · S. Khalifa/Palästina, **Der Feigenkaktus.** Unionsverlag DDW 10 · Lu Yan-zhou/China, **Die wunderbare Geschichte des Himmel-Wolken-Berges.** Lamuv DDW 11 · M. Argueta/El Salvador, **Tage des Alptraums.** Peter Hammer DDW 12 · B. Wongar/Australien, **Der Schoß.** Lamuv DDW 13 · K. Markandaya/Indien, **Eine Handvoll Reis.** Unionsverlag DDW 14 · O. Cabezas/Nicaragua, **Die Erde dreht sich zärtlich, Compañera.** Peter Hammer DDW 15 · R. Mais/Jamaica, **Und alle Hügel sollen jubilieren.** Unionsverlag DDW 16 · M. Benedetti/Uruguay, **Die Sterne und du.** Peter Hammer DDW 17 · I. Naidoo/A. Sachs/Südafrika, **Insel in Ketten.** Lamuv DDW 18 · J. Icaza/Ecuador, **Caballero im geborgten Frack.** Lamuv DDW 19 · T. J. Awwad/Libanon, **Tamima.** Unionsverlag DDW 20 · E. Mphahlele/Südafrika, **Chirundu.** Peter Hammer DDW 21 · E. Lovelace/Trinidad, **Der Drachentanz.** Lamuv DDW 22 · M. R. Anand/Indien, **Der Unberührbare.** Unionsverlag DDW 23 · E. Galeano/Uruguay, **Tage und Nächte von Liebe und Krieg.** Peter Hammer DDW 24 · J. Amado/Brasilien, **Die Auswanderer vom São Francisco.** Peter Hammer DDW 25 · K. Bugul/Senegal, **Die Nacht des Baobab.** Unionsverlag DDW 26 · O. Froehling (Hg.)/Sri Lanka, **Mein zerbrochenes Volk.** Peter Hammer DDW 27 · E. Zschacke (Hg.)/China, **Das Weinen in der kalten Nacht.** Lamuv DDW 28 · Y. Kemal/Türkei, **Der Wind aus der Ebene.** Unionsverlag DDW 29 · J. St. Alexis/Haiti, **General Sonne.** Lamuv DDW 30 · G. Belli/Nicaragua, **Wenn du mich lieben willst.** Peter Hammer DDW 31 · B. Wongar/Australien, **Die Seele.** Lamuv DDW 32 · Y. Kemal/Türkei, **Eisenerde, Kupferhimmel.** Unionsverlag DDW 33 · S. Khalifa/Palästina, **Die Sonnenblume.** Unionsverlag DDW 34 · M. Benedetti/Uruguay, **Frühling im Schatten.** Peter Hammer DDW 35 · A. Roa Bastos/Paraguay, **Die Nacht der treibenden Feuer.** Lamuv DDW 36